数字经济

内涵与路径

黄奇帆 朱岩 邵平 著

中信出版集团｜北京

图书在版编目（CIP）数据

数字经济：内涵与路径 / 黄奇帆，朱岩，邵平著. -- 北京：中信出版社，2022.8（2024.11重印）
ISBN 978-7-5217-4502-3

Ⅰ.①数… Ⅱ.①黄… ②朱… ③邵… Ⅲ.①信息经济-研究 Ⅳ.① F49

中国版本图书馆 CIP 数据核字（2022）第 110155 号

数字经济：内涵与路径
著者：　　黄奇帆　朱岩　邵平
出版发行：中信出版集团股份有限公司
　　　　　（北京市朝阳区东三环北路 27 号嘉铭中心　邮编　100020）
承印者：　北京通州皇家印刷厂

开本：787mm×1092mm 1/16　　印张：24　　字数：300 千字
版次：2022 年 8 月第 1 版　　　　印次：2024 年11月第 16 次印刷
书号：ISBN 978-7-5217-4502-3
定价：79.00 元

版权所有·侵权必究
如有印刷、装订问题，本公司负责调换。
服务热线：400-600-8099
投稿邮箱：author@citicpub.com

目 录

序 一 I
序 二 V
序 三 IX
序 四 XV
引 言 XXI

第一章 数字经济概述

一、国外数字经济发展状况 003

二、国内数字经济发展状况 008

三、中国发展数字经济的优劣势分析 011

第二章 数字逻辑：数字经济与东方哲学的一致性

一、人类社会经济体系的演进规律 017

二、从还原论到系统论：东西方哲学中的数字逻辑 022

三、数字经济的新思维：面向二维人群的发展模式 026

第三章　数字生产力

一、数字生产力的技术基础与应用范围 040

二、数字生产力的"五全基因"及其颠覆性作用 051

三、奠定数字生产力发展的基础：新基建 053

四、我国数字生产力领域存在的短板 058

五、数字生产力的未来 064

第四章　数字生产关系

一、与不同生产力匹配的生产关系 100

二、数字时代人类社会的组织特点 104

三、数字化生产关系的三个特征 109

四、数字人民币：建立全新生产关系的尝试 115

五、争做数字生产关系的创造者 125

第五章　数据要素化与要素数据化

一、要素市场是人类社会经济系统运行的基础 131

二、数据要素化 137

三、要素数据化 164

四、数据要素理论是数字经济理论的重要组成 183

第六章　数字经济的平台化发展：从消费互联网到产业互联网

一、消费互联网天花板渐近，产业互联网是数字经济新

热点 188

二、产业互联网通过四个步骤走向数字孪生 191

三、消费和产业互联网平台经济的垄断问题及对策 194

四、数字产业化和产业数字化 206

第七章　数字金融

一、金融创新与科技革命 217

二、数字金融的发展：成绩、问题与对策 221

三、金融回归实体经济：产业数字金融 231

第八章　数字治理

一、数字治理概述 250

二、数字时代的政府职能转变 256

三、建设新型数字基础设施 263

四、打造良好的数字营商环境 265

五、监管沙盒 278

六、数字治理需要遵循的十条原则 281

第九章　数字经济实践案例

一、百度：用科技创新助力产业转型，打造数字经济"制高点" 291

二、腾讯产业互联网：以C2B优势和科技创新助力数实融合 304

三、京东：以数智化社会供应链为载体，助力实体经济数

字化转型　319

四、阿里云在数字经济领域的思考与实践　329

后　记　341

参考文献　345

序 一

数字经济是数字技术与人类社会全面融合的产物，是人类经济社会系统发展的新阶段，对中国未来社会建设具有举足轻重的作用。党的十八大以来，中央对发展数字经济做了大量部署，提出了加快数字产业化、产业数字化，加强数字社会、数字政府、数字生态建设，尤其是把数据作为基本生产要素进行市场化配置。与全球各国相比，这些系统化的数字经济政策都更具有前瞻性和可操作性，是中国发展数字经济的有力保障。

对数字经济的理解，不同领域的人有不同的看法，这些看法大体上分为三个角度：技术、市场和治理。技术是最普遍的角度，可以说数字经济到目前为止还主要是以技术专家为主来推动的，无论是国外的谷歌、苹果，还是国内的百度、华为，都充分体现了技术创新的巨大价值。但是不可否认的是，仅就数字相关技术而言，我国还存在大量需要突破的关键点。不过在某些特定技术领域和应用场景上，比如数据安全领域，我国已经取得了一定的突破。早期的市场视角更准确地说是资本市场对数字技术的理解，他们更关注网络传输的无限可达性所引发的流量聚集，并给出了不同于工业企业的价值评估模型，从而掀起了互联网公司、数字科技公司一轮又一轮的上市热潮，数字科技企业几乎成为高市盈率的代名词。随着政府遏制资本无序扩张，数字技术开始回归到与实体市场的深度融合上，数字市场进入了一个更加理性发展的阶段。治理的视角是从数字政府建设的角度展开的，更强调数字技术发展的公平性，各国政府都高度重视技术进步所带来的各种治理问题，并依托数字技术努力出台各种数字治理新工具，为数字技术发展营造更好的生态环境。

因为拥有不同视角的人的理解不同，所以市面上出现了大量不同观点的数字经济著作，总体而言从技术角度入手的著作较多，也不乏对数字市场、数字治理深入探讨的论著，这些著作为中国数字经济理论和实践体系的建立提供了大量观点和素材。但如何把这三个视角统一起来，系统性地给出数字经济的内涵和发展路径，到目前为止还缺少这类的专著。因为这个问题是跨学科的问题，回答它需要对技术、经济、治理等多个学科领域有深入的理解，既要体现理论体系的前瞻性和完整性，又要具有现实性和可操作性。所以它既不是传统意义上的技术应用问题，也不是用经典经济学方法能简单解释的问题。

《数字经济：内涵与路径》这本书的第一作者黄奇帆教授，他既是中国知名的经济学家、复旦大学的客座教授，也曾经是主政一方的官员。他独特的阅历使他具备了不同于一般学者的分析视角。基于多年支持地方发展数字经济的实践经验和深厚的经济治理理论功底，黄奇帆教授联合清华大学朱岩教授和平安银行原行长邵平先生，对中国数字经济的内涵和发展路径进行了分析和总结，推出了这本语言平实、内涵丰富的著作。

这本书不是一般意义上的经济理论著作，也不是数字技术视角的著作。从一开始，这本书就从哲学的高度提出了数字逻辑的重要性，并通过东西方哲学理念的对比，指出了为什么中国能够孕育并发展世界领先的数字经济。这一论点对所有数字技术工作者都有重要的意义，从系统思维模式层面为技术自身以及技术与市场的融合发展指明了方向。在数字逻辑指引下，这本书提出了"实体空间+数字空间"是人类未来的生存空间，我们应该研究在数字技术背景下这两个空间的协同发展规律，并基于此建立数字经济的理论体系和技术体系。这本书的理论框架包括数字生产力、数字生产关系、数据要素（数据要素化和要素数据化）、数字应用（产业互联网、数字金融）、数字治理等方面。这一框架体系把技术、市场、治理等几个视角统一在一起，建立了"围绕如何激活数据要素，发展数字生产力，建立数字化生产关系"的数字经济发展主线，从政治经济学的视角，描述了一个中国原创的数字经济理论体系。

这本书对数字生产力的解读是我最关注的章节之一。对传统生产力中的劳动对象、劳动资料和劳动者，作者给出了数字时代对应的理解，提出算法（劳动工具）、连接信息（劳动对象）、分析师（劳动者）是数字生产力的表现形式，并在这一逻辑下分析了劳动对象的"五全"特性，指出"五全"信息是数字生产力巨大创造力的基础。新基建是国家培育数字生产力的重大举措，这本书也从产业角度给出了对新基建的理解，尤其是提出了新基建孕育新产业的方向，这对各行业积极参与新基建有一定的指导意义。

这本书的另一个贡献是较为系统地分析了与数字生产力匹配的数字化生产关系。针对生产关系中的生产资料所有制、人们在生产中的地位和交换关系、产品的分配方式，书中分别探讨了数字化所带来的转变，并重点分析了在区块链、云计算等技术支持下，网状对等人际关系的形态和价值，提出了"智慧人口红利"这一重要概念。发展数字经济有助于释放中国的"智慧人口红利"，无论是政府还是企业，都要以有利于智慧人口红利释放为目标来变革生产关系，做好基于数字技术的制度变革。这些关于数字化生产关系特征的探讨，为深入理解数字经济所带来的制度变革提供了很好的思考方向。

此外，这本书对平台经济、产业互联网的构建、数字治理等方面也有着独特的看法，充分体现了作者对中国产业未来发展和数字政府建设的深刻洞察。针对平台经济反垄断等问题，作者在书中也给出了自己的见解。数字金融是数字经济的重要组成，中国产业数字金融的发展到了一个需要建立自己的金融模型的阶段。这个金融模型一定是建立在数字技术所带来的新型信用体系基础上，服务中国数字实体经济的发展。这本书面向中国中小微企业的需要，提出了要利用数字技术打造交易信用体系，通过算法与传统金融业一道建立"产业数字金融"模式。这一模式是对传统金融理论的完善，是数字技术与金融理论创新融合的典型代表。我作为中国产业数字金融实验室的专家组长参与了这一理论体系的提出过程，也深刻感受到了数字技术与传统领域融合的巨大潜力。

总之，《数字经济：内涵与路径》是作者在数字经济领域多年积累的成果，其中的大量新颖观点非常值得广大读者深思。做强做优做大中国的数字经济是一个复杂的系统工程，需要打破旧的条条框框，需要各个学科的交叉融合，需要不断提出并印证新观点。这本书对探索中国数字经济理论体系和实践都具有一定的指导意义，也衷心希望更多专家学者共同参与到数字关键技术攻关和数字经济建设的伟大事业之中。

中国工程院院士
2022 年 8 月

序 二

国家《"十四五"数字经济发展规划》指出:"数字经济是继农业经济、工业经济之后的主要经济形态,是以数据资源为关键要素,以现代信息网络为主要载体,以信息通信技术融合应用、全要素数字化转型为重要推动力,促进公平与效率更加统一的新经济形态。"习近平总书记在《不断做强做优做大我国数字经济》一文中高度评价数字经济的意义,指出:"数字经济发展速度之快、辐射范围之广、影响程度之深前所未有,正在成为重组全球要素资源、重塑全球经济结构、改变全球竞争格局的关键力量。"

一方面,数字经济是在工业经济基础上发展起来的,数字化对工业经济的渗透孕育着数字经济,从工业经济向数字经济形态的发展是一个过程,将包含数字形态的工业经济从工业经济中分离是很难的,至今国内外关于数字经济在 GDP(国内生产总值)中占比的计算尚未达成共识。另一方面,数字经济的数字化属性和突出数据作为生产要素的作用使得数字经济与工业经济有很大的不同,新要素、新动能、新资产、新业态、新模式等不仅体现了新的生产力,也推动生产关系的变革,带来了监管与治理的新思考。总之,数字经济在理论与实践上都面临很多新问题和新挑战。

这本书从人类社会经济发展的哲学逻辑出发,力图梳理数字经济发展的理论体系。首先分析生产要素，数字经济的全要素生产率在传统的土地、资本、劳动力、技术等基础上增加了数据，生产场所从农田、工厂扩展到网络，生产的组织结构从树状发展到网状。新的生产要素推动生产关系的变革，机械化和电气化时代优化出层级化管理、精细化分工和标准化生产，即一种不断细化分解的思维模式，这种对应于西方社会还原论的哲学思想在工业经济时代发挥了积极作用。而信息化时代的网络化组织、智能化生产和个性化服务则强化了对跨时空协作的需求，体现了系统论的思维，与中国传统哲学思维不谋而合。数字经济的内在逻辑是一种广泛连接的社会经济系统，需要还原论与系统论思维的完美结合，创造出能更好地发挥数字生产力的新的生产关系。

在生产要素中，数据最能反映数字经济的属性，但数据只是对事实、概念或指令的一种形式化表示，数据要通过开发才能起到要素的作用，即数据需要经过采集、传输、计算、存储和分析等过程才能成为有价值的信息和知识，才能在生产、业务、决策和管理中发挥重要作用。这本书重点论述了通过数据资源化、数据资产化和数据资本化实现数据要素化的过程，剖析了数据确权、定价、交易等难点，以及信用和数据安全等挑战，并提出了解决思路。这本书还深入研究了要素数据化，在数字时代，土地、资本、劳动力和技术这些传统生产要素因与数据要素结合将被赋予新的价值，抓住传统生产要素与数据要素融合带来的机遇，并创新市场化配置方式是数字经济时代的新命题，这本书结合我国国情提出了需要注意的问题和推进方法。

这本书分析了金融的主要形态随技术革命发展的演变，探讨了数字金融发展的成绩、问题与对策，重点论述了从消费金融服务到产业金融服务创新，给出了产业金融数字化转型方案和建设中国特色金融体系的建议，其中关于发展数字人民币需要注意的问题和促进数字金融对中小企业支持的做法值得重视。

任何一种经济形态都需要有相应的监管框架，社会的治理和政府的职能需要与数字经济发展相适应，有效的市场需要有为的政府来规范。不过，数字经济时代很多新业态是前所未有的，竞争与垄断等市场行为在数字经济时代也有不同的表现形式，这些给政府监管如何把握时与度提出了不少难题。这本书不但不回避这些矛盾与问题，反而给出了相应的回答。

这本书不仅是一本经济著作，还设有专门的章节分别介绍了关键的数字技术、数字新基建、数字产业化与产业数字化，并收集了一些数字经济实践的成功案例。三位作者深入学习和领会习近平总书记关于数字经济的论述，认真研究国内外与数字经济有关的政策与实践，结合在工作中的体会，以探寻数字经济发展规律为己任，形成了这本著作。这本书内容全面，信息技术与数字经济相融，发展机遇与风险挑战并存，国际视野与中国特色兼备，理论研究与现实问题结合，不仅提出了问题，还给出了应对之策。这本书勇于探索并提出了一些新的观点，虽然目前还不一定能达成共识，但是期待抛砖引玉之作能够推动更多有志之士投入对数字经济的研究中，这也是对习近平总书记提出的"要加强数字经济发展的理论研究"的响应。总之，营造数字经济发展的生态，充分释放先进生产力，更好地推动数字经济健康有序发展以及与传统工业经济融合发展，是构建发展新格局、高质量建设中国特色社会主义的时代使命，我们一定要抓住先机科学作为，不断做强做优做大我国数字经济。

是为序。

邬贺铨

中国工程院院士

2022 年 8 月

序 三

2020年9月22日，习近平主席在第七十五届联合国大会上宣布中国力争2030年前二氧化碳排放达到峰值、2060年前实现碳中和目标。这一庄严承诺体现了中国的大国担当，中国经济社会发展也面临诸多挑战。发达国家的碳达峰都是在后工业社会完成的，例如欧洲国家在20世纪七八十年代实现碳达峰，美国在2005年左右实现碳达峰，碳中和目标大多是在2050年左右，所以它们有相对长的时间进行经济调整。中国从碳达峰到碳中和只有30年的时间，所以对中国经济社会发展而言，时间更为紧迫、压力更大、困难更多。

当前中国社会仍处在工业化和城市化建设进程中，发展经济、改善民生仍是重要任务。无论是城市与工业基础设施建设，还是新基建，其对能源的需求还在不断增加。在目前以化石能源为主体的能源结构下，二氧化碳排放不可避免地会有所增长。因此如何形成经济发展、社会进步和环境保护以及应对全球气候变化多方共赢的局面，是中国政府和社会各界都在努力破解的难题。面对这一难题，中国提出了大力发展数字经济的战略布局，并把数据作为社会经济系统的一个重要生产要素，推动数据要素的市场化配置。数字经济正在成为重组全球要素资源、重塑全球经济结构、改变全球竞争格局的关键力量。中国的数字经济战略是对绿色低碳高质量发展的直接诠释，也是中国产业结构、能源结构、生态结构调整的重要抓手。

数据作为支撑数字经济的关键要素，具有与土地、矿产等传统生产要素不同的特征。它的生产循环（产生、存储、使用）不直接消耗自然资源，它与传统要素的叠加会提升传统要素的使用效率，创造出数据流通的新价值。虽然加工数据的劳动工具（服务器、存储器）依然会产生碳排放，但数据产生的新产业、新业态、新模式所带来的附加价值远超过其他时代的产品。所以，从可持续发展的角度来看，建设基于数据要素的数字经济是人类社会发展的必然选择。

数字经济的概念是近些年才逐渐形成的，这是一个数字技术逐渐向社会经济系统渗透的过程，也是一个过去60年的量变逐渐积累成今天的质变的过程。这一过程经历了三个主要阶段：信息系统阶段、互联网经济阶段和数字经济阶段。1969年美国国防部开发的ARPAnet（阿帕网），让人类开始构想信息互联之后的价值。事实证明，用网络把一个企业分散的数据连接起来，会极大地提升效率，于是管理信息系统（MIS）、制造执行系统（MES）、企业资源规划（ERP）等理论和方法迅速出现，信息文明开始与工业文明融合，并且使数据在企业系统优化中的巨大价值展现了出来。1989年欧洲粒子物理实验室首次提出了万维网（World Wide Web）的模型，人类开始进一步思考全球信息互联的意义和价值，并由此开启了互联网经济快速发展的20年，也就是这本书所讲到的消费互联网的黄金20年。随着连入互联网的计算机和网民数量的飞速增长，流量红利使资本市场趋之若鹜，并催生了让人应接不暇的大量互联网创新应用，互联网经济以井喷态势席卷全球。进入2009年，全球经济出现下滑，人们也开始反思流量经济所引发的问题，就像这本书中分析的，缺乏信用的流量经济无法承载企业之间的大额交易，更无法承载产业链和产业生态。于是信息连接的范围从互联网经济时期的广度阶段开始走向与传统产业融合的深度阶段。只是这个融合并不容易，中国凭借巨大的数据市场，在这一轮融合发展中发挥了重要作用，并开始逐渐找到了数字经济发展的脉络体系。

经过了十余年的实践，中国数字经济在政策层面具有一定领先性，操作层面也有很多优秀案例，唯独在数字经济理论层面还没有取得太多突破。数字经济理论不只是传统经济学理论应用范围的变化，更是在促进产生新的经济学概念和方法，这对于推动经济学的进步是难得的历史机遇。我读这本书的第一个认识，就是书中提出的在中国会发展出引领全球的数字经济理论和方法。这本书在论述东方哲学系统论的思想先进性的基础上，强调了数字经济是一个万物互联的系统，并把这一系统区分成实体空间和数字空间，对两个空间中人群的组织方式、消费模式也做了讨论，相信这些有益的探讨对中国数字经济理论的深层次发展裨益良多。

数字经济是技术经济学也是政治经济学，需要从生产力和生产关系的视角来深度理解。在数字生产力部分，作者总结了数字生产力的"五全基因"，从而很好地解释了为什么数字生产力具有如此巨大的创造性。在数字生产关系部分，作者强调了发展数字经济的关键是要进行生产关系变革，并提出了发展数字经济要释放"智慧人口红利"的观点。无论是政府部门还是企业，都可以从这样的论述中找到实际操作的思路。

黄奇帆同志作为中国经济发展的直接参与者，其经济思想以简洁、务实著称。这本书也一如他的其他著作，于朴实无华的语言之中揭示着一些深层次的规律。他在书中对数据要素化和要素数据化的阐述不落窠臼，从实践的角度分析了数据要素化在宏观层面所带来的社会变革方向，讨论了数据的资源化、资产化、资本化过程，并提出了微观上对数据确权、登记、定价、交易的一些思考。尤其是在数据确权方面，作者的很多观点在未来相关政策制定上非常值得借鉴。对传统要素与数据要素的融合，作者更是从房地产市场、资本市场、知识产权市场、人才市场的角度分析了数字化发展方向，并探讨了各种创新的可能性。

数字经济建设的一个重要形态就是平台化发展，作者针对产业互联网平台建设提出了四个基本步骤，并对数字产业化、产业数字化、平台经济反垄断等问题做了深入分析。针对数字经济建设中的数字金融领域，作者在多年参与金融实践工作的基础上，也给出了具有启发性的思考，指出数字技术在解决信用评价、资产穿透等方面所发挥的巨大作用，并探讨了如何基于数字技术建设产业数字经济理论和方法体系，这对我国形成新时期的中国式金融理论具有重要的意义。

数字治理是黄奇帆同志最为擅长的领域之一，这本书在数字治理部分提出了数字治理的十条原则，掷地有声，解决了我们在发展数字经济过程中如何监管、平台运营基本原则、数据交易、数据安全等必须思考的基本问题。

这本书最后给出的实践案例，充分体现了中国领先科技企业百度、腾讯、京东、阿里巴巴等在发展数字经济过程中所做的大量探索。它们从实践的角度一方面印证了这本书所提出的理论观点，另一方面也形成了中国传统产业数字化转型的方法论。这本书中收录的这些经验，值得其他传统企业借鉴。

《数字经济：内涵与路径》这本书是三位来自政、研、产界的作者共同完成的，是构建中国式数字经济理论体系的一次有益尝试。我在与三位作者的交流合作过程中，也深刻感受到作者对中国数字经济发展的深入思考和广泛实践。数字经济对促进我国经济社会高质量发展、实现双碳目标具有重要战略意义。我期待着广大读者与作者一道，共同分析思考中国数字经济发展的相关问题，为中华民族在数字时代的伟大复兴贡献力量！

清华大学原常务副校长
2022 年 8 月

序 四

2022年是人类历史上不平凡的一年。在新冠肺炎疫情、地缘政治冲突、技术垄断、环境保护、产业调整等几股力量的共同作用下，人类的经济系统经过了近50年相对平稳的发展之后，在2022年又进入了一个加速调整的时期。在这百年未有之大变局中，以信息技术、人工智能为代表的新兴科技快速发展，大大拓宽了我们获得信息的范围和速度，提升了我们分析数据并基于分析结果做出判断和决策的能力，增加了产品和资产的种类，在方式和内容上改变了交易、互动、组织和管理，形成了数字经济这一新的经济形态。

对数字经济的研究是当今经济学领域的热点，大量专家学者已经取得了许多卓有成效的研究成果。与纯学术领域的研究不同，黄奇帆教授基于其多年在政府一线工作的经验，对中国社会经济系统的规律有着独特而深刻的认知。他在清华大学经济管理学院开设的课程和讲座深受老师和同学的欢迎。黄奇帆教授善于把政府和市场统一起来，系统性、创新性地解决现实中的问题。基于在工作中积累的鲜活案例，黄奇帆教授善于从中总结规律，并形成自己独到的学术观点。最为可贵的是，随着数字技术开始全面影响人类社会发展，他积极思考数字时代的基本规律，把政府、市场、数字技术综合在一起，提出了数字生产力、数字生产关系、数字金融、数字治理等领域的一系列新观点、新方法，既有力地指导了政府部门和企业的数字化创新工作，也丰富了数字经济理论，对相关领域的研究有很高的指导价值。自 2019 年以来，黄奇帆教授与清华大学经济管理学院在数字经济领域开展了大量合作研究工作，并重点指导了互联网产业研究院全方位进行数字经济和数字化转型方面的研究工作，开拓了数字信用体系、产业数字金融、低碳数字经济等一系列研究方向，发表了若干智库报告和学术文章，并逐渐形成了他的数字经济理论体系。《数字经济：内涵与路径》这本书就是这一理论体系的集中体现。

这本书是黄奇帆教授与朱岩教授、邵平先生联合推出的。朱岩教授是我院管理科学与工程系的教授，具有扎实的工科技术背景，从事互联网、数字化方面的研究工作多年，是我院数字经济和数字化转型领域的学术骨干。邵平先生是平安银行原行长，具有丰富的金融领域实战经验和很高的数字金融理论水平。这本书是三位来自不同领域的学者共同合作的成果，既体现了较高的思想前瞻性，也体现了较强的实际操作性。通过阅读这本书，我个人有以下三个体会。

较为系统地搭建了数字经济理论框架体系，尤其是对数字经济的哲学逻辑进行了探索

要深入构建数字经济理论体系，就必须超越经济学一般意义上的研究对象，做社会经济系统更底层规律的研究，也就是要从人群的变化、社会秩序的建立、人类对世界规律的探究方式等更为基础性的问题入手，从哲学的角度探索数字经济理论的核心内涵。这本书恰恰是从这一基本思路开始的，书中所讲的数字逻辑，就是力图在哲学层面上探究数字经济发展的基本逻辑。通过对东西方哲学的

对比，提出了中国发展数字经济的逻辑脉络和优势，指出数字经济理论研究进入了系统论的时代，需要用数字技术重构社会运营的基础，并在数据透明、公平、可信的基础上，在实体和数字两个空间里形成新的经济平衡。这个逻辑体系对深刻理解社会和经济的发展规律有重要价值。

按照这一数字逻辑，这本书搭建了在数据要素基础上的数字生产力和数字生产关系匹配发展的理论体系。其中，对于数据要素化和传统要素的数据化，该书结合中央的相关政策给出了自己的理解，指出激活数据要素是发展数字经济的关键所在，也是人类未来创造财富的重要源泉。该书在此部分的贡献有两个：一是对数据如何成为生产要素做了深入探讨，尤其是对数据交易市场的建立给出了自己的见解；二是深入分析了传统要素在融入数据要素后可能发生的改变，这为依托传统要素市场的传统产业数字化转型提供了很好的思路。

指出数字经济是面向"实体 + 数字"两个空间的经济理论，并强调同时面向两个空间发展数字生产力和生产关系

数字经济在人类经济发展史上之所以如此重要，是因为它力图找到人类社会不同于工业文明的发展路径，该书指出此发展路径是在实体空间与数字空间的融合发展中形成的。数字生产力之所以会迸发出如此巨大的创造性，书中指出是因为其具有"五全"特性，而这些特性是必须在实体和数字两者融合的空间中才能发挥效用的。不同于技术书籍对生产力的介绍，书中对大数据、云计算、人工智能、区块链等技术的讨论，重点是这些技术给产业发展带来的影响，以及释放这些生产力所需要的基础环境，比如新基建。为了更好地发展围绕产业的数字生产力，作者也专门分析了中国的"卡脖子"技术问题，并指出了弥补短板的方式和方法。

讨论数字经济既需要考虑数字生产力，也需要对数字生产关系进行深入的分析。该书提出要面向实体、数字两个空间构建数字化生产关系，是对传统政治经济学的创新尝试，虽然中间还有诸多问题需要进一步研讨，但这一方向的提出，无疑为更多学者提供了指引。书中所归纳的数字生产关系的特征，具有很强的实战性，对政府部门和企业思考如何建立开放、公平、高效的组织架构有重要的指导意义。

面向数字经济热点问题，有针对性地构建了平台经济、产业互联网、产业数字金融和数字治理的知识架构，并创新性地提出了一系列解决方案

数字经济是在互联网经济的基础上发展起来的。互联网经济发展到今天遇到了很多问题，比如互联网平台的垄断、诚信缺失等。与此同时，数字化发展带来了海量的中小微企业，而这些中小微企业的金融服务问题也成为现今社会的一个难题；政府如何提升数字治理能力、建立数字治理新模式，也为发展数字经济提出新的挑战。围绕这些热点问题，该书在自身理论框架的基础上，建立了数字经济平台化发展、数字金融、数字治理三个知识体系。针对平台化，这本书重点分析了构建产业互联网平台的基本思想和步骤，并提出传统产业要逐步走向面向实体、数字两个空间的数字孪生。针对平台经济中关于反垄断的热点问题，该书也给出了自己的看法，并分别从政府和企业的视角探讨了如何避免产业数字化之后可能会带来的平台垄断问题。

数字金融是数字经济的重要组成部分，建设数字金融的关键还是要利用数字技术让金融回归到为实体经济服务上。过去一段时间，互联网金融创新遇到了一些问题，但是不可否认的是，基于数

字技术的创新金融产品，一定是金融业发展的未来方向。但是，如何构建数字金融体系、降低数字金融创新的风险，依然是金融领域的一个难题。该书面向实体产业的需要，提出了要利用数字技术打造交易信用体系，通过对动产的实时穿透，形成风险可控的动产金融模型，书中称其为"产业数字金融"模式。这一模式的提出，是对传统金融理论的完善，对建立具有中国特色的数字金融模型有一定的推动作用。

政府数字治理能力的提升是黄奇帆教授思考比较多的领域，也是成果比较集中的领域，该书从头到尾都体现了黄奇帆教授数字治理的基本思想。第八章集中讨论了政府如何进行数字监管，尤其针对监管沙盒在数字经济中的应用做了重点分析。在此基础上，该书针对政府管理者，从宏观到微观，非常务实地给出了推进数字经济时要注意的十个问题。

数字经济时代的到来势必迎来又一轮经济理论革命，这给我们带来了进行理论创新的难得机会。《数字经济：内涵与路径》的出版，是对构建中国式数字经济理论体系的一次尝试。清华大学经济管理学院愿意与大家一道，就数字经济理论创新的相关问题做更广泛的研究。衷心希望更多学者能站在推动人类文明进步的高度，扎根于中国经济近些年的丰富实践，共同引领数字经济时代的经济理论创新。

清华大学经济管理学院院长
2022 年 8 月

引 言

当今世界正经历百年未有之大变局，新冠肺炎疫情肆虐全球加速了世界经济格局的重构。人类历经数百年建立的经济、金融秩序随着全球产业链、供应链面临冲击而发生改变，基于全球数字化浪潮而出现的各种经济发展模式、金融创新模式层出不穷，哪个国家能够在数字化发展模式上取得理论和实践上的突破，哪个国家就拥有了未来。面对动荡的世界所带来的错综复杂的环境，2021年1月16日出版的《求是》杂志发表了习近平总书记重要论述《正确认识和把握中长期经济社会发展重大问题》，为中国经济发展指明了方向和目标。未来一段时间，中国经济要以畅通国民经济循环为主构建新发展格局，"要推动形成以国内大循环为主体、国内国际双循环相互促进的新发展格局。这个新发展格局是根据我国发展阶段、环境、条件变化提出来的，是重塑我国国际合作和竞争新优势的战略抉择"。如何切实落实经济双循环的发展格局，中国各级政府部门已经开始了积极、富有成效的尝试。但是在基于数字技术的经济和金融理论方面，还需要更多专家学者用更大的格局进行更大胆的创新。2020年8月24日习近平总书记在经济社会领域专家座谈会上进一步强调"时代课题是理论创新的驱动力"，理论研究要"从国情出发，从中国实践中来、到中国实践中去，把论文写在祖国大地上，使理论和政策创新符合中国实际、具有中国特色，不断发展中国特色社会主义政治经济学、社会学"。中央一系列的部署已经为数字经济的发展指明了方向。

2021年3月12日《中华人民共和国国民经济和社会发展第十四个五年规划和2035年远景目标纲要》发布，在第五篇"加快数字化发展　建设数字中国"中进一步部署："迎接数字时代，激活数据要素潜能，推进网络强国建设，加快建设数字经济、数字社会、数字政府，以数字化转型整体驱动生产方式、生活方式和治理方式变革。"激活数据要素、建设数字经济，已经成为社会的共识。

一般而言，数字经济是指人类在全球化数据网络基础上，利用各种数字技术，通过数据处理来优化社会资源配置、创造数据产品、形成数据消费，进而创造人类的数据财富、推动全球生产力发展的经济形态。

数字经济的内涵非常宽泛，从广义来看，凡是直接或间接利用数字技术来引导要素市场发挥作用、推动生产力发展的经济形态都可以纳入其范畴。但正是因为其内涵过于宽泛，使得其概念过于模糊、抓手不够突出。本书从人类社会经济发展的哲学逻辑出发，力图梳理数字经济发展的理论体系。在对国内外数字经济发展状况概述的基础上，本书探讨了中国发展数字经济的固有优势，并从哲学和人类历史演进的视角，分析了从工业经济到数字经济的基本哲学思维方式的变化，指出在数字经济时代西方的还原论和东方的系统论得到了统一，并指引了人类技术、经济、社会前进的方向。从社会经济系统来看，未来人类社会面对的必然是"实体＋数字"的二维空间，数字经济也是面向这个二维空间而建立起来的新经济模式、治理模式，是基于数据要素、利用数字生产力建立的数字生产关系。基于这一逻辑出发点，本书第三章对数字生产力的内涵和战略布局进行了论述，指出数字生产力具有"五全"特性，并分析了这些特性为什么会带来社会经济系统的颠覆性革命。为了能进一步释放数字生产力，中国政府提出了大力发展新基建，本书也讨论了新基建的三个领域分别将带来什么样的生产力革命和产业革命。在数字生产力领域，中国还存在大量的"卡脖子"问题，书中也专门针对芯片、软件等六个方面的技术短板做了深入探讨，重点指出了弥补短板的产业方向。面对数字生产力发展迅速的趋势，本书试图从产业的视角给出生产力进步的逻辑方向，并对量子计算、脑科学、算力网等前沿生产力做了前瞻性介绍。

当生产力发展到一定程度，落后的生产关系必然会出现阻碍生产力发展的现象。当前，面向工业时代所形成的生产关系已经不能适应数字生产力的需要，发展数字经济的另一个重要方面就是创新数字生产关系，本书的第四章就专门探讨了该如何构建数字市场关系。在分析数字时代人类社会组织特点的基础上，本书提出数字化生产关系需要面向实体、数字两个空间构建，并形成开放、公平、高效的组织架构。本书也给出了构建数字生产关系时可参考的三个特性：透明性、可信性、对等性。货币是人类社会生产关系的一个集中体现，本书也对数字人民币的相关问题进行了分析和探讨。

数字经济建立的基础是要充分激活数据要素潜能，本书第五章专门分析了如何实现数据要素化和要素数据化。在分析我国发展要素市场面临的挑战基础上，第五章讨论了进行要素补充和要素市场改革的重要意义。针对数据要素化，第五章给出了数据成为要素的基本条件，对数据的确权、定价、交易等问题做了深入的分析，并指出建立数据交易市场的重要性和需要注意的问题。数据要素激活的标志，就是建立健康的数据产业生态，第五章也描绘了这一生态的基本特性。针对要素数据化，这一章分别探讨了数据与土地、资本、科技、劳动力等要素融合后将带来的社会经济系统的转变，分析了融合过程所产生的商业机会。

数字经济建设的一个重要模式就是走向产业互联网平台，本书第六章专门探讨了数字经济平台化发展的相关问题。第六章首先指出，消费互联网发展的天花板临近，而产业互联网则是数字经济建设的蓝海。建设产业互联网分为四个基本步骤，其最高境界将是面向实体、数字两个空间的数字孪生。针对目前平台经济中关于反垄断的热点问题，这一章也做了一些原理上的探讨，并给出了一些可能的解决路径。

金融作为经济发展的血脉，在数字技术支持下必将发生革命性的变革，本书第七章专门探讨了数字金融发展的若干问题。第七章首先回顾了四次工业革命对应的金融创新，力图总结创新历史脉络中的基本逻辑。之后，第七章针对目前我国在数字金融领域所做的部分尝试做了分析，总结了经过若干实践后，当前数字金融的成绩、问题和对策。在此基础上，第七章重点指出数字金融的发展方向是回归实体经济的产业数字金融，并给出了实施产业数字金融的基本逻辑。对有志于发展产业数字金融的企事业单位，这一章也给出了一些基础建议。

发展数字经济离不开政府数字治理能力的全面提升。2022年4月19日，习近平总书记主持召开的中央全面深化改革委员会第二十五次会议审议通过了《关于加强数字政府建设的指导意见》，中国数字政府建设进一步加速，数字治理能力有望进一步增强。本书第八章探讨了我国数字治理的相关问题，在分析数字时代政府职能发生何种转变的基础上，重点给出了如何打造良好的数字营商环境，并以监管沙盒为例，总结了监管科技对我国发展数字经济的重要意义。这一章最后针对数字治理中的常见问题，向相关政府部门提供了推进数字经济时可供参考的十项建议。

数字经济理论是在实践中形成的，本书的很多观点也是来自数字经济实践的总结。为此，本书第九章整理了部分数字经济的实践案例，这些案例来源于百度、腾讯、京东、阿里云等平台在数字经济领域的探索，涉及大量传统产业的数字化转型尝试。

这本书不是按照传统经济学的框架体系来组织的，我们力图按照数字经济在人类社会进步过程中所引发的基础秩序改变的底层逻辑，分析论述建设数字经济过程中可能遇到的一些基本问题以及解决问题的基本路径。本书的创作过程得到了清华大学互联网产业研究院、中国技术经济学会产业数字金融技术应用实验室、聚量集团以及数字经济相关企业的大力支持，得到了诸多数字经济领域相关学者的关注和指导，在此一并表示感谢。衷心希望这本书能够给数字经济相关工作者提供些许参考，能够助力中国数字经济的发展，并助力数字经济时代中华民族的伟大复兴！

黄奇帆　朱岩　邵平
2022 年 8 月

第一章

数字经济概述

一、国外数字经济发展状况

(一) 数字经济内涵

数字经济是继农业经济、工业经济和服务经济之后产生的新经济形态。不同于农业经济、工业经济，数字经济是以数据为核心生产要素的经济形态。

表1-1中列举了不同组织对数字经济的理解。

表1-1　数字经济内涵

机构名称	定义	数字经济关键特征或要素
G20（二十国集团）	数字经济是指以使用数字化的知识和信息作为关键生产要素、以现代信息网络作为重要载体、以信息通信技术的有效使用作为效率提升和经济结构优化的重要推动力的一系列经济活动	使用数字化的知识和信息作为关键生产要素
		以现代信息网络作为重要载体
		以信息通信技术的有效使用作为效率提升和经济结构优化的重要推动力

续表

机构名称	定义	数字经济关键特征或要素
美国商务部经济分析局（BEA）	数字经济主要指向互联网以及相关的信息通信技术（ICT）	数字基础设施 电子商务 数字媒体
国际货币基金组织（IMF）	将数字经济划分为狭义和广义：狭义上仅指在线平台以及依存于平台的活动，广义上是指使用了数字化数据的活动	数字经济。通常用于表示数字化已经扩散到从农业到仓储业的经济的各个部门 数字部门。覆盖三大类数字化活动：在线平台、平台化服务、ICT商品与服务，其中平台化服务涵盖了共享经济、协同金融、众包经济等新型业态
联合国贸易和发展会议	将数字经济细分为三类：核心的数字部门，即传统信息技术产业；狭义的数字经济，包含数字平台、共享经济、协议经济等新经济；广义的数字经济，包含电子商务、工业化4.0、算法经济等	
中国信息通信研究院	数字经济是以数字化的知识和信息为关键生产要素，以数字技术创新为核心驱动力，以现代信息网络为重要载体，通过数字技术与实体经济深度融合，不断提高传统产业数字化、智能化水平，加速重构经济发展与政府治理模式的新型经济形态	
中国信息化百人会	数字经济是全社会基于数据资源开发利用形成的经济总和	
阿里巴巴	数字经济两阶段说，即1.0和2.0	数字经济1.0的核心是IT（信息技术）化，信息技术在传统的行业和领域得到推广应用，属于IT技术的安装期 数字经济2.0的核心是DT（数据技术）化，以互联网平台为载体、以数据为驱动力

资料来源：根据公开资料整理。

目前，全球重要国家和国际组织都积极探索数字经济规模的测算方法。美国与中国对数字经济的认识和统计上最大的区别是在数字经济的统计范畴的界定上，更具体地说，就是在如何处理基础数字经济部分和融合数字经济部分的关系问题上。美国主张将基础数字经济作为数字经济的直接和核心部分进行统计，而融合数字经济则作为产业溢出效应，归入其他各自行业统计。中国主张将基础数字经济和融合数字经济两个部分一起统计。

（二）代表性国家数字经济发展趋势

目前，全球数字经济体量呈现如下特点：各国数字经济排名与 GDP 排名基本相当；各国数字经济成为国民经济重要组成部分；从数字经济内部结构看，数字产业平稳推进，是数字经济的先导产业；产业数字化蓬勃发展、差距较大，是数字经济发展的主引擎；全球数字经济"三二一"产逆向渗透发展特征明显。

美国聚焦前沿技术的创新和突破，持续推动先进技术的产业化应用；德国通过工业 4.0、"数字战略 2025"等推动数字经济发展，以传统产业数字化转型为重点，加强基础设施建设，全面推动中小企业数字化转型；日本以科技创新解决产业发展问题为重点，推动数字化转型、数字技术革新、数字人才培养，加速实体经济尤其是制造业的数字化转型；英国以数字战略和数字经济战略为指导，致力于产业结构调整、支持技术创新和智能化发展，数字经济发展重心偏向产业互联网。

1. 国外代表性国家数据要素的市场化配置状况

全球各国都非常重视数据要素的市场化配置，具体情况如表 1-2 所示。

表1-2　国外数据要素市场化配置状况经验

细分领域	经验及典型做法
数据开放	完善组织架构，设立相关政府机构，明确权责，保障数据开放的有效推进
	各个数据部门跨部门协调，建立明确的分工与跨部门协作机制
数据交易	基于标准化构建安全可靠的数据共享虚拟结构，将分散的数据转化为可信的数据交换网络
	交易监管。《通用数据保护条例》（GDPR）提出全面监管原则，涵盖数据的归集、交易、使用等多个环节
数据保护	对跨国的数据提出了更高的监管要求，避免因其他国家法律保障不足而导致数据被滥用的风险
	推动个人信息保护制度的完善
数据监管	数据监管立法
	数据流动监管的原则：自由流动、规则透明、公共安全保留

资料来源：根据公开资料整理。

2. 国外代表性国家产业互联网发展状况

从整体上看，大多数国家的工业数字经济发展较为缓慢。产业互联网主要提供企业服务，每个企业所处的行业、规模和发展阶段不同，面临的痛点和需求也就不一样，这就导致了企业服务的多样性和复杂性。如表1-3所示，大体来说，产业互联网主要有以下三类。关于产业互联网的发展趋势第六章会有详细的论述。

表1-3　产业互联网提供服务及具体类别

类别	具体种类
云基础设施服务	IaaS（基础设施即服务）、PaaS（平台即服务）和托管私有云服务
企业级SaaS（软件即服务）	主要有CRM（客户关系管理）、HR（人力资源）、ERP、财务、IM（即时通信）等
B2B（企业对企业）交易服务	主要围绕电商和支付环节展开，以提升企业的交易效率

资料来源：根据公开资料整理。

3. 国外代表性国家数字经济基础设施

（1）数字经济硬件实力——5G、新基建等

美国积累了大量5G（第五代移动通信技术）核心技术，也在推进5G研发建设，其在研发、商用和国家安全等方面有一定的领先性；德国发布了《德国5G战略》，注重5G在工业、国家安全等领域的应用研究；日本最早启动5G实验，掌握了多项5G上游技术，但应用进展缓慢；英国积极推动部署5G技术研发、测试，但应用进度较中国、美国相对落后。

（2）数字经济软件实力——数字货币

美国目前数字货币市场发展较为完善，已建立了数字货币交易市场、期货市场、BTC（比特币）、ETH（以太坊）指数等，并且在利用数字货币开展跨境支付方面的研究和应用也取得了很多成果；德国率先承认比特币的合法地位，允许比特币等数字货币作为购买商品和服务的工具，并制定相关规定规范数字货币的交易；日本是全球首个将数字货币纳入法律体系的国家，并出台了多个政策为数字货币交易的安全提供保障；英国2020年提出加快推进中央银行数字货币（CBDC）的建设，并发布《加密货币资产指引》等来进一步引导和保障数字货币市场健康发展。

4. 全球数字经济发展趋势

从全球数字经济发展历程可以看到，数字经济呈现三大特征：平台支撑、数据驱动、普惠共享。在这三个特征的支撑下，全球数字经济发展呈现以下六个趋势。

第一，工业时代的基础设施发生数字化重构，社会经济系统的既有规则将面临数字化挑战。

第二，数据逐渐展现出生产要素的基本特性，并逐渐成为全球新型的战略竞争资源。

第三，数字空间逐渐成为实体空间的补充，并正在展现与现实社会不一样的组织和市场特性。

第四，传统产业开始大规模进行数字化转型，产业互联网平台成为传统产业转型的一个重要方向。

第五，提供数字技术支撑的新兴产业、面向数字空间的新兴企业在国民经济中的比重不断增加。

第六，数字政府建设成为各国政府建设的重点，数字治理能力水平的高低成为营商环境、政府安全的重要标志。

从上述六个方面的趋势来看，即使是发达国家，其数字经济发展也处于初级阶段，在规则重塑、模式创新等方面也面临着重大挑战。虽然这些国家有发达的传统工业及配套体系，也有数字技术的领先优势，但正是因为传统思维体系的巨大惯性，想要重塑一套数字经济新规则，还是有很大难度的。

二、国内数字经济发展状况

(一) 数字经济概念界定

中国学术界对于数字经济的研究也刚刚起步，来自不同背景的政府官员、专家学者以及企业从业人员对数字经济都有不同的理解。目前中国普遍采用的数字经济定义和测算方法与国际社会还是有一定差别的，特别是与美国在数字经济的统计口径上有很大不同。

中国目前最主流的数字经济GDP测算方式，是中国信通院和信息化百人会所倡导和采用的方法。这种方法将数字经济分为数字产业化和产业数字化两部分考量，比较适合中国目前经济系统分析的需要，对中国数字经济的发展能够起到一定的指导作用。

（二）中国数字经济未来发展趋势

据信通院测算，2020 年我国数字经济总量预计为 39.2 万亿元，名义增速为 9.6%，明显高于当年 GDP 增速，占 GDP 比重达 38.6%。数字经济已成为带动经济增长的核心动力，产业数字化开始成为数字经济增长的主引擎。

总体来看，中国已经在中央层面开始数字经济的系统化布局，尤其在社会基础规则变革层面，充分发挥了举国体制的优势，奠定了数据要素、新基建、数字人民币等一系列数字经济运行的基础规则体系。同时，中央政府鼓励各级地方政府、企业在国家统一数字规则的基础上，大胆创新，尝试数字经济的新模式、新业态、新产业。中国的数字经济正呈现出全社会、全产业、全国民立体推进的态势，具体表现为以下六个趋势。

第一，数据要素的资源、资产属性逐渐清晰，数据要素市场化配置展现多种形态，并逐渐开始形成规模。

第二，在全国统一大市场的基本原则指引下，正在建立基于数据要素的社会经济系统基础规则体系。中国数字经济海量数据和丰富应用场景优势正在以建立新规则的方式显现。

第三，传统要素的数据化正在改变这些要素的配置方式，进而引发房地产、资本市场、科技创新、人才市场等传统领域相关产业的数字化革命。

第四，传统产业数字化转型加速，产业互联网逐渐被传统产业认同，并开始逐渐重视企业的数据资产以及相应的运营方式。

第五，开始重视数字空间与实体空间的相互作用，并重视探寻实体经济在数字空间中的运行规律。

第六，数字治理能力是我国治理现代化建设的重要组成部分，数字政府正在加速全面推进数字技术与实体经济深度融合。

1. 我国数据要素市场化配置状况

我国数据要素市场尚处于发展的起步阶段，数据确权、开放、流通、交易等环节的相关制度还有待进一步完善。具体现状概括如表1-4所示。

表1-4 中国数据要素配置状况

类别	现状
数据开放	数据开放程度有限，尚缺乏数据的安全可信流通平台
数据产权制度	数据产权不明晰，有大量数据不在现有数据产权制度保护范围内
数据产权制度	数据资产化方式还不明确，数据资产的确权、评估、定价、质押等规则有待建立
数据保护	相关法规欠缺，监管能力还难以满足市场需要
数据流动	数据产权规则不清晰，数据要素流转机制尚处于探索期

资料来源：作者整理。

2. 我国产业互联网发展状况

与消费互联网发展相比，我国产业互联网发展相对滞后。由于发展产业互联网不只是由信息技术来推动，还涉及产业生态中的价值链重塑以及大量的组织变革，所以很难如消费互联网那样实现单点突破。

我国产业互联网平台的发展已经具备一定基础，一批领先企业率先推出了相关产品及解决方案。然而国内的产业互联网平台产品在性能和适用性上仍存在一定的问题。国内数据平台多为专用系统和单项应用，缺乏基于平台二次开发的支撑能力。此外，虽然产业数字化转型"三二一"产逆向融合路径逐渐明朗，但工业、农业数字化转型仍面临较高壁垒。虽然平台经济、分享经济等新兴产业发展较快，但是体量尚小，对经济增长的支撑作用有限。

为了迎接数字经济的全面发展，中国正在加速构建数字化发展的社会经济系统基础规则体系，比如统一的信用体系、统一的市场准入体系等。数字经济正在从以流量为核心的消费互联网向以信用为核心的产业互联网提档升级，发展产业互联网正成为中国数字经济的关键抓手。

与消费互联网相比，产业互联网的价值链更复杂、链条更长，是产业链集群中多方协作共赢。产业互联网的盈利模式是为产业创造价值、提高效率、节省开支等。在发展产业互联网的过程中，传统产业要进行大胆的变革，敢于抛弃落后的商业模式，对组织架构、组织能力进行升级迭代，提高组织内部协同效率，更好、更快地为数字化转型服务。

三、中国发展数字经济的优劣势分析

习近平总书记在 2022 年第 2 期《求是》杂志发表的《不断做强做优做大我国数字经济》一文中指出，"数字经济……正在成为重组全球要素资源、重塑全球经济结构、改变全球竞争格局的关键力量"，要"推动实体经济和数字经济融合发展"。中国积极布局发展数字经济，既是自身经济转型发展的需要，也是改变全球竞争格局的需要。我们要清醒地看到自身发展数字经济的优势和劣势，扬长避短、迎头赶上。

(一) 发展数字经济的优势

中国数字经济的优势集中体现在以下四个方面。第一，制度优势。中国坚持党的领导、人民当家作主、全面依法治国、实行民主集中制。数字经济需要对社会经济系统做全方位的变革，有了党的领导，才有可能完成这一使命。人民当家作主、民主集中制与发展数字经济的建设理念具有高度的一致性，有利于数字经济的发展。第二，政策优势。我国政府把发展数字经济上升为国家战略。中国数字经济的相关政策经历数年的发展，战略目标和实施步骤已经越来越清晰。第三，基础设施优势。5G的提前布局、新基建的推进助力中国的数字经济基础设施建设。第四，消费互联网优势。中国消费互联网市场体量庞大，拥有世界各国中最大的网民群体、多元化的消费互联网商业模式。

（二）发展数字经济的劣势

我国发展数字经济的劣势主要有以下五个方面。第一，在数字基础技术领域还存在大量"卡脖子"环节，亟须弥补。第二，数字营商环境有待优化，中国各地域的数字营商环境参差不齐。第三，多角度、全方位的数字信用体系建设还存在明显不足。第四，数字经济治理体系缺失，我国在数据治理、算法治理、数字市场竞争治理、网络生态治理体系上存在一定的不足。另外，由算法带来的社会伦理和法律问题也日益突出，在产业互联网的建设发展过程中，伴随数字科技与传统产业的融合加深，各种新问题也不断涌现。第五，数字化转型人才不足。主要表现在：重大原创性成果缺乏，掌握数字技术和产业技能的复合型人才的缺乏，数字工人的不足。

数字技术的飞速进步叠加中国巨大的市场，为中国发展数字经济提供了广阔的空间，主要表现在以下四个方面。第一，世界经济秩序的数字化重构。中国发展数字经济最大的机遇就是世界经济秩序的数字化重构，这种重构就是习近平总书记所讲的"百年未有之大变局"的重要体现。在全球经济秩序重构的过程中，我们有机会成为行业领头者。第二，数据要素的全球市场化配置。数据作为发展数字经济的生产要素，正面临着全球市场化配置的机遇。中国在全球率先提出了数据要素的市场化配置、激活数据要素市场，这将有利于中国吸引全球数据资产尤其是与产业集群相关的数据资产，从而形成中国数字经济发展的新优势。第三，数字化生产关系的重塑机遇。数字生产力需要数字化生产关系来匹配，当今世界的生产关系主要是适应工业经济的需要而建立起来的。数字生产力近年来得到了快速发展，现有的生产关系与数字生产力的矛盾越来越突出，亟须变革。在这一变革过程中，中国具有一定的领先性，因此也具有发展数字经济的新机遇。第四，产业互联网的新机遇。中国在构建产业互联网上已经开始了大量尝试，并有望通过产业互联网加入全球产业链重塑的过程中，占据全球产业链的主导地位。

综上所述，与发达国家相比，在发展数字经济方面中国具有诸多优势。中国已经进入数字经济时代，基于数据生产要素，创造数字化生产关系，是中国发展数字经济的理论方向；大力开展新基建，做好信息基础设施、融合基础设施、创新基础设施，一方面可以为数字经济发展建立应用环境基础，另一方面也可以迅速弥补中国在数字技术上的短板，因此这是中国发展数字经济的必由之路；以信用为基础的产业互联网是中国发展数字经济的主战场，也是中国整合全球产业链的重要机会；完善数字经济相关法律法规、打造更加开放的数字营商环境，是中国发展数字经济的有力保障。

第二章

数字逻辑：数字经济与东方哲学的一致性

一、人类社会经济体系的演进规律

工业时代历经百年形成的全球经济体系、治理体系，在突如其来的新冠肺炎疫情冲击下遇到了巨大困难，开始加速变革。2020年成为人类社会从工业文明演化到数字文明的一个重要分水岭。

历史上，文明的更迭往往与科学技术革命有着密不可分的关系，并由此引发社会经济系统中矛盾的全面爆发，从而导致人类社会治理体系的革命。以往历次文明更迭所引发的矛盾，大多是以战争的形式解决的，这使得人类文明总是在破坏中创造，在倒退中前进。数字文明的更迭有望打破这一历史前进的方式，以一种更加先进的社会巨变模式代替战争这种不文明的方式。面对这场异常严峻的考验，中国政府表现出了应对这场大变革时的从容自信。双循环、新基建、数据要素、数字化转型、数字人民币、服务贸易等一系列举措陆续推出，中国正在以一种顺应历史潮流的方式，科学地参与并开始主导这一轮全球数字经济和社会秩序的重构。

一个国家或民族能够引领世界发展的潮流，往往需要在思想领域领先。西方哲学的思想体系和东方哲学的思想体系都是人类宝贵的财富，对人类社会的发展都有不同阶段的指导意义。在过去的400年中，以还原论为代表的西方哲学思想与人类的工业化和科技化完美契合，指引了世界的进步。数字经济时代，以系统论为代表的东方哲学天人合一的思想，在数字技术的支撑下，对揭示世界的本源、创造新经济体系有了全新的指导意义，而这也必将是下一代工业革命的重要思想源泉。

（一）四次工业革命的历史进程

到目前为止，人类社会经历了三次工业革命，目前正在兴起第四次工业革命，也可以称之为数字革命。

第一次工业革命，开创了"蒸汽时代"（1760—1840年），标志着人类社会从农耕文明向工业文明过渡，是人类发展史上的一个伟大奇迹。当时中国还处于封建王朝后期，清王朝的闭关锁国政策让中国与现代工业文明逐渐拉开了差距。

第二次工业革命，人类社会进入了"电气时代"（1860—1950年），开启了"电气文明"。在这近100年的时间里，电力、钢铁、铁路、化工、汽车等重工业兴起，石油、煤炭等成为世界财富的源泉，并促使交通行业迅速发展，世界各国的交流更为频繁，并逐渐形成了一个全球化的国际政治、经济体系。这一阶段，中国社会正处于水深火热之中，清王朝覆灭、军阀混战，接下来是抗日战争以及后来的解放战争。直到中华人民共和国成立，中国才真正开始走上工业化的轨道。

"二战"结束后，第三次工业革命开创了"信息时代"（1950—2020年），人类社会进入了"信息文明"。在这70年中，全球信息和资源交流变得更为迅速，大多数国家和地区都被卷入全球化进程中，世界政治经济格局因为信息的流动而风云变幻；但从总体上来看，人类在这一阶段创造了巨大的财富，文明的发达程度也达到空前的高度。第三次工业革命中国赶上了一半，改革开放以前中国发展的核心任务使我们顾不上信息革命，随着改革开放逐渐深入，中国开始逐渐融入"信息文明"，工业化与信息化并重的发展战略，使中国经济保持了30年的高速增长，并逐渐形成了当前世界第二大综合经济体和第一大工业经济规模的体系。

目前我们面对的是第四次工业革命，人类社会即将迎来"数字文明"的新时代："数字时代"（2020—）。第四次工业革命我们不仅要跟进参与，而且要努力成为引领国之一。在这一次革命中，人类社会优化分配资源的方式因为数字技术的普及、数据资源的丰富而发生改变，并因此创新出大量的社会新需求、消费新模式。中国拥有庞大的人口基数、海量的数据资源、丰富的应用场景，具有创造数字文明新发展模式的良好基础，因此我们必须要从文明更迭的角度，理解、把握好习近平总书记所讲的"百年未有之大变局"，抓住机遇谋发展，在努力弥补中国在科学技术上短板的同时，在经济社会领域同样要突破短板，创新数字经济理论和实践，让中国能够从思想到实践上引领第四次工业革命。

（二）数字时代的经济社会变革

从工业经济向数字经济转型，是人类文明的又一次巨大飞跃，它将涉及社会治理、宏观经济、企业经营、个人生活等各个方面。

从社会经济总量来看，每一次大的文明飞跃，人类创造财富的能力都会有数以十倍、百倍计的提升，数字经济就是数字文明时代人类创造财富的新模式。这不同于传统的依赖消耗自然资源的工业经济，数字经济的运营基础是数据，数据将会成为人类社会新的治理之本、财富源泉。基于数据资源，传统产业的生产资料将发生改变，产品内涵变得更加丰富，商业模式也会不断创新，从而走向数字化转型升级之路。

从企业发展的角度来看，数字时代的企业将拥有更多新机遇，但前提是要能够区分信息化和数字化的不同。信息化主要是向企业内部发力，通过内部协同实现降本增效，提升自身的竞争力；数字化主要是向企业外部发力，用外部协同的方式挖掘链上数据资源的价值，挖掘产业生态内数据要素运营的新模式，形成新产业。因此，我们不能用简单的信息化思维推动数字化的发展，也不能用简单的信息化队伍解决数字化的问题。所以，采用各种新工具、新技术来解决企业的发展战略以及其他内外部问题，推动产业链及产业生态的转型升级，是企业实现数字化转型的根本目标。

以金融为例，"数字时代"为金融赋予了新的内涵，带来了新的挑战，需要建立新思维，运用新技术，创立新理论，打造新模式，创造新价值。

数字金融不是简单的P2P（点对点网络借款）等互联网金融模式，而是人类发展到数字经济阶段所产生的，它不仅是传统金融服务的数字化，还包括应用数字技术对传统金融基础理论的延展，是对工业社会所形成的整套金融秩序的数字化再思考。

为此，我们一定要意识到数字金融本质上是第四次工业革命的一个重要结果。从历史的角度来看，人类的金融认知是和产业革命紧密联结在一起的。第一次工业革命使人类工业相关产业快速发展，随着制造速度的加快，需要更大量和快速的资金流动，但当时社会存在的服务于慢节奏农业生产体系的钱庄根本满足不了工业企业的需要。于是，以苏格兰银行为代表的商业银行开始在1770年前后出现，并极大地促进了工业企业的发展。第二次工业革命期间，工业科技高速发展，证券市场逐渐成熟，企业融资发展需求越来越迫切，为进一步加速企业融资，出现了投资银行这种新的金融业态。摩根大通、高盛等投资银行极大地推动了企业的上市进程，形成了优质企业与社会资本之间的良性循环。第三次工业革命开始建设信息高速公路，电子信息技术尤其是互联网的快速发展，使新技术企业得到空前重视，这些企业具有高风险、高回报的特性，传统银行和投行都很难满足它们的金融需要，于是出现了风险投资、创业投资、私募基金等金融形式。这些模式通过不同风险偏好资金的汇集，分担了创业企业的高风险，推动了电子信息时代的大发展。随着第四次工业革命的到来，数字技术开始改变存续百年的社会经济发展基本秩序，人类开始进入数据要素时代、人工智能时代。工业互联网、大数据、云计算、人工智能、区块链、5G等技术，深刻地改变了产品的基本形态、企业盈利的方式以及产业组织的模式。产业生态中的数据确权、透明、穿透，改变了传统金融中的信用、杠杆、风险的内涵，并急需一种基于数字技术、更好地服务产业生态的金融模式，也就是我们讲的数字金融。

需要注意的是，每次工业革命产生的新金融概念绝不会简单否定原来的金融概念。比如，投行所带来的直接融资、资本市场和股票市场并没有替代商业银行，商业银行最初形成的基本原则一直得到延续，但是在原有银行体系外增加了一个直接金融体系，弥补了间接金融的不足，形成了间接金融和直接金融并存的新秩序。再如，第三次工业革命中出现的风投并没有改变商业银行的规则，当然也没有改变传统的上市公司资本市场融资的规则，而是在这些规则基础上，建立了能够包容技术企业更高风险的新规则体系。这样即使一家企业三年、五年都是亏损的，也能够上市，形成巨额的增值。所以，每一次的金融创新一定不是以否定旧有的金融形式为前提的，银行在经营存贷业务时要遵循《巴塞尔协议》；虽然没有针对传统资本市场的专门协议，但资本市场也建立了大量新规则；创投、风投也通过多年实践，形成了自己的规则体系。之所以如此，是因为这些金融模式本身是从不同角度服务实体经济的，是从不同时代的技术出发，完善对发展实体经济的杠杆计算、风险管控。

在数字经济时代，发展数字金融同样不是对前面三种金融服务模式的否定，并不是有了数字金融就不需要商业银行的基本规则了。这是前几年中国互联网金融发展陷入的一个误区：金融创新脱离实体经济需要而单独发展。那么，从实体经济出发，数字时代最需要补充的金融体系是什么？从全球的实践中不难发现，现有的金融体系难以服务缺乏主体信用的广大中小微企业。这个问题由来已久，前三次工业革命中小企业数量、规模都不是很大的时候，社会只要解决好主体企业的金融需要，就可以稳定发展；而数字时代中小微企业蓬勃发展，已经成为任何一个产业生态中不可或缺的重要组成部分，因此忽视它们的金融需要，将会动摇整个产业的数字化发展。各国政府、金融机构都在力图解决中小微企业融资难、融资贵的问题，但是成效都不太明显。也就是说，第四次工业革命要补上的金融短板，就是如何用数字技术发展数字金融，满足中小微企业的金融需求，这是对以主体信用为核心的传统金融理论体系的巨大挑战。

二、从还原论到系统论：东西方哲学中的数字逻辑

2500年前，西方的毕达哥拉斯以"万物皆数"为基础，开始了对自然规律的揭示；而差不多同一时期的东方哲学家老子、孔子以人的"德行"为开始，力图发现人类社会的系统性规律。于是我们看到，在随后的漫长岁月中，西方社会的发展大多源于对自然认知的不断细化，是一种近似于"分解"的思维模式，而东方社会的发展却围绕人和社会自身，是一种"系统"的思维模式。

（一）西方哲学指导下的工业革命

如前所述，到了18世纪中叶，工业革命彻底颠覆了封建时代的农耕文明，由古希腊哲学逐渐衍生出的欧洲逻辑主义哲学与美

国实用主义哲学成为工业文明的指导。在工业时代，借助于机器，人类似乎到了无所不能的地步，此时西方哲学思想的应用达到了顶峰。

进入 21 世纪，人类开始进入网络文明阶段，互联网的诞生让人们逐渐意识到世界存在的意义在于人自身而不是机器。当我们将"人"用互联网连接起来时，人类社会出现了一种从来没有过的群居形态——"社交网络"，并在这种社会组织模式中，孕育出了在工业时代从来没有的生产力和创造力。

在这样的"人的网络"的基础上，诞生了以谷歌、脸书（Facebook，已更名为 Meta）、爱彼迎、微信、天猫等为代表的新经济业态，而由于人群的改变，传承百年的传统工业经济也面临巨大挑战。我们依稀可以看到，指导这些新经济发展的已经不再是原来西方哲学的"分解"思路。

所以，随着数字时代的到来，我们必须换一种方式、换一个维度重新审视人类文明进程的指导思想。

（二）数字经济时代的经济发展思维

从工业思维上看，效率就是一切，集中居住、谋求方便、分工协作即基础。于是，在西方严谨的逻辑哲学与实用主义的分工模式下，出现了 GE（美国通用电气公司）等大批以精细化制造与分工明确闻名的企业。在这一时期，西方哲学寻找到了最适合的生长土壤。

然而，时至今日，GE 不仅被那些具有互联网基因的老牌科技公司如微软、苹果、谷歌甩在了身后，更是被 2004 年才上线的脸书以及来自中国的后起之秀 BAT（百度、阿里巴巴、腾讯）超越。

不得不承认，统治世界多年的西方工业文明，正遭受来自互联网的挑战。理论上讲，工业时代遵循的是生产型规模经济理论，即通过增加产量降低单位产品的价格，从而获取更大利润。而在互联网时代，经济发展所遵循的不仅是供给方的规模经济效应，还应该充分考虑信息互联之后的需求方规模效应。

当人类被社交网络连接为一个整体的时候，人类社会的组织形态发生了巨大的转变，其中一个表现就是需求可以在社交网络上轻易聚集，从而出现了需求方的规模经济效应。在这一经济模式中，产品的内涵发生了巨大的转变，一件传统的工业品不仅要具有物质功能，还要有其文化和信息内涵、具有连接的属性。也就是说，企业每卖出一件产品，所带来的收益不只是这件商品的销售收入，还包括产品的互联以及购买产品的人的互联所带来的附加价值。

在西方工业文明背景下，企业内部的逻辑分工是不可或缺的核心部分，协作处于相对弱势的地位；而对外则是绝对竞争的关系，是零和博弈，市场中的"二八效应"决定了只有行业寡头才能够实现价值最大化。但"互联网+"的实质则是信息技术和人类生产生活的深度融合，进而深刻而持续地影响和改变人类经济活动的基本面——生产方式、流通方式和消费方式，重塑传统产业，创新经济模式，引导人类进入真正的数字化时代。

如果把工业时代和互联网时代做一个简单的对比，就能发现，后者取代前者是一种必然：工业时代，我们更关注的是物质生产，是商品的物质属性，这就使得传统的工业商业模式注重的是如何传输商品、怎样满足大家最基本的物质生活需要，于是产量便成为工业生产的最大目的。

不过，这种生产—销售关系是单边的，在信息传播不畅、需求简单直接的时候，这种单边关系可以促进工业文明的进一步发展；但到了信息产业高度发达的今天，单边经济效益显然已落后于时代的发展。

（三）数字思维与东方哲学的融合

时至今日，数字经济大潮中的参与者追求的是降低边际成本、拓展多边连接，以获得更高的边际收益。尤其在今天，全世界都开始考虑产品和服务的数字属性，并以文化、社群的方式加以体现。这是因为以信息为载体的文化更适合于网络传播，因此如何促进信息高效率、可信流动就变成了企业追求的最重要的目标。

早期的互联网商业模式让零售从线下转到了线上，让信息传播从实体空间转到了网络空间，这一阶段的数字经济发展受益最大的行业是信息聚合平台，传统产业中的物流业也得到了大发展。但现在，人类积累了海量数据，依托于这些数据的文化与思想可以在数字空间中低成本传输，这样需求的自我扩散能力就会变得非常强。企业的经营将不再单纯以销售产品为目的，而是借助产品的数字属性，把需求方连成网络，并借助于这种需求网络规模效益，一方面提升服务市场的效率，另一方面不断创新数字化产品和服务满足海量需求，并形成需求方的规模经济效应。

所以，数字经济思维的核心，不是一种商业模式，更不是一次产业革命，而是一种创造和满足市场数字需求的过程，是市场的"形"与"神"的有机结合，契合了中国《易传》提出的"一阴一阳之谓道"、宋明理学家提出的"一物两体""分一为二，合二以一"的观点。

通俗来说，数字产业化和产业数字化，并不是数字技术和传统产业的简单叠加，而是利用数字技术以及互联网平台，让数字市场与传统行业进行深度融合，用数字思维引领人类产业的创新发展。数字思维代表了新社会形态下对世界的再认识，即充分发挥数字技术在社会资源配置中的优化和集成作用，将数字创新成果深度融合于社会经济系统的各个领域，提升全社会的创新力和生产力，形成更广泛的以数字基础设施和数字技术为主要生产工具的经济发展新形态。

数字经济刚开始起步，未来存在着发展的不确定性。但长期来看，数字思维对经济基础如何重塑和促进上层建筑更好地适应、指导当下和未来社会的发展，以及如何有效利用数字思维来创新社会经济的发展模型、构建创新型国家，具有举足轻重的作用。这已经远远超越了"技术"的范畴，上升到了思想领域，变成了哲学命题。

与美国的"工业互联网"、德国的"工业4.0"相比，中国所倡导的数字经济与它们有着共同的技术特质，但同时又拥有独一无二的中国哲学智慧，因此拥有更高的指导意义和更丰富的内涵。因为继承了五千年源远流长的系统哲学思维、有中国特色社会主义理论框架的指引、有中华人民共和国成立以来经济领域的建设经验，所以中国必将能够为人类社会的发展贡献数字思维、创造数字哲学。

三、数字经济的新思维：面向二维人群的发展模式

在工业经济发展过程中，《国富论》《资本论》等一系列伟大的著作，在理论制高点上为人类经济社会发展指明了方向，从而使人类走出了文明更迭时的迷茫。时至今日，我们又一次面临着文明更迭，人类社会所发生的基础转变更是历史上从未遇到的。那么我们该如何看待数字文明下的人类社会？数字文明下的数字经济有什么基本特征？

（一）网状人群：数字经济的社会基础

数字化时代，当人群开始向数字空间（Cyber space）聚集时，人类文明必将进入一个全新的阶段。在这一阶段的经济发展模式和方法、社会的治理模式，都值得我们重新思考和归纳，数字经济理

论体系正呼之欲出。

1. 从物理聚集到网络聚集

首先从规模上看，数字经济时代人类聚集的规模是历史上从未有过的。随着网络渗入每个个体的日常行为之中，人类突破了物理空间的限制，转而可以在数字空间中聚集在一起。随着这个聚集规模不断扩大、影响深度不断加深，人群形成了一种新的聚集形态：虚拟社会（Virtual Society）。虚拟社会中的人群聚集规模是工业时代无法比拟的。比如，2019年，微信的活跃用户数就已经超过10亿，脸书的活跃用户数超过15亿，WhatsApp（瓦次普）的活跃用户数超过15亿，淘宝的活跃用户数超过10亿。这些用户就如同生活在同一座现实城市中的人，生活在同一个网络空间里，用一种不同于城市生活的方式沟通、交易、学习、成长，从而在这个空间中形成新的文化、新的共同价值取向、新的消费习惯和消费模式等。于是，新的市场在虚拟社会中诞生了。

2. 从树状结构到网状结构

工业社会中工业分工的扩大，使人群逐渐演化出了一种职能化、层级化的树状结构，这种结构在工业生产的分工协作方面具有无可比拟的优势。随着社交网络的出现，人与人之间的关系形成了一种网状结构（见图2-1）。区块链等点到点（P2P）计算技术的应用，更使得在数字空间中人与人之间的平等性有了一定的技术保障。尤其对年轻群体来说，他们就是在物理和数字两个空间中成长起来的，更习惯于数字空间里面的新特征。当社会主流人群逐渐习惯了数字空间中的网状结构后，以下两个效应就会出现。

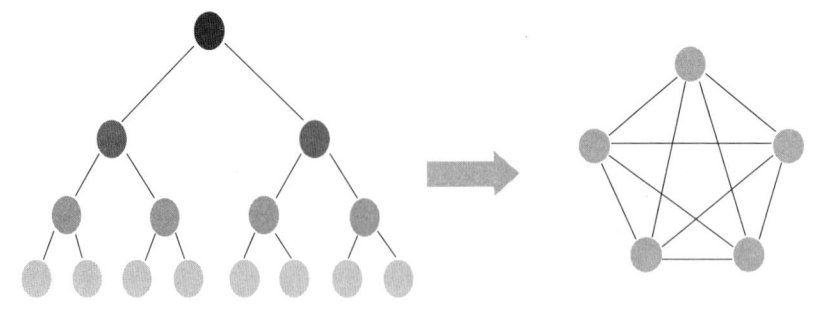

图2-1 从树状结构到网状结构

资料来源：作者整理。

一是六度效应。六度效应是基于哈佛大学心理系斯坦利·米尔格拉姆（Stanley Milgram）教授在 1967 年提出的六度分隔（Six Degrees of Separation）理论，是数字空间内的一种传播效应。米尔格拉姆教授提出，你和任何一个陌生人之间所间隔的人不会超过六个，也就是说，最多通过六个人你就能够认识任何一个陌生人。如果人类社会在数字空间里面形成的网状人群已经足够大、信息传递的成本足够低，那么从网上任何一点出发，信息通过最多六次传播，就可以覆盖到网络上所有节点，这就是信息传播在网状人群中的六度效应。这种信息传播的方式不同于工业时代针对树状人群结构的传播模式，面向树状人群结构最有效的传播方式是广播、电视等公共媒体，它们借助机器的力量，实现对人群的快速覆盖，是截至工业时代人类最有效的信息传播方式，但成本相对比较高昂。针对网状人群，六度效应可以依靠人的力量在网络上形成自传播，一旦网络人群的自组织信息成本足够低、可信度足够高，这种传播将会以速度更快、成本更低的方式达成人群共识，也就是依靠数字口碑效应实现人群的共性认知，也可以说是建立了一种新的市场营销渠道。

二是挤出效应。在数字空间的网状人群结构中，每一个节点都有自己周边的子网络，因此每个节点都更倾向于相信自己邻近节点所传递来的信息，而对于间隔较远的节点信息吸收有限。至于来自网络外部的信息，也就是传统公共媒体所发出的信息，虽然仍然会广覆盖到很多节点，但因为节点信息来源变得多元化，公共媒体对它的影响力变弱。我们把这种网状人群对网络之外的信息输入依赖降低的现象称作挤出效应。一方面，挤出效应对传统媒体行业提出了挑战，要求媒体宣传必须同时重视大规模覆盖和六度传播。现在大量传统媒体走融媒体的道路，就是主动适应这种变化的表现。另一方面，挤出效应为数字市场建立提供了机遇，也就是加速了人类社会市场建立模式的变革，因此要善于利用信息传播的新特性低成本建立高可信的市场。

随着人类在网络空间里的聚集规模不断扩大、聚集形式日益多元化，人类已经开始从最初在网络上的自然聚集，逐渐走向在数字空间中的规范聚集，数字空间随着治理结构的完善，正在变成人类社会的一个重要组成部分。人类将不只是聚集于以城乡为主体的实体空间之中，还开始聚集于以网络社区（游戏、论坛、兴趣组等）为主体的数字空间中，并形成了不同于任何历史时期的人与人之间的二维（实体+数字）关系网络，这种二维的人群关系以及由此演化出的数字消费、数字化生产关系，是孕育未来数字经济的重要土壤。

3. 数字消费：数字经济的根本推动力

与工业时代相比，网状人群的消费模式也发生了巨大的变化，人们已经不是仅满足于实体商品的消费，而是更多地关注数字技术和基于数据的数字服务类的消费。这些消费的新业态和新模式是促进数字经济发展的根本动力。从人类数字经济迄今的发展历程可以看到，数字消费已经开始逐渐成为社会总体消费的重要组成部分。

数字消费是指消费市场针对产品和服务的数字内涵而发生的消费。随着数据成为新要素，生产单一的工业品已经不能完全满足消费市场的需要，无论是2B（面向企业）还是2C（面向用户），都需要企业所提供的产品和服务具备数字内涵、文化内涵。当企业的产品和服务被赋予这些数字特性之后，就可以充分利用数据要素来改变其消费方式，而这些数字消费方式会给市场注入新的活力，给企业带来新的发展机遇。与工业时代的消费不同，数字消费产生了如下变化。

一是从功能型消费到数据型消费。随着消费者逐渐习惯对数据的消费，市场上的产品和服务不仅要具有某些物理功能，更要具备基于数据的服务功能。数据使得产品服务的能力在不断延展、便利性在逐渐增加，因而无论是企业还是民众都开始愿意为产品所提供的数据能力买单，从而形成了大量与数据相关的消费市场。

二是从一次性消费到持续性消费。产品的数字化创新提高了产品与客户交互的频次和黏度，从而与客户形成了基于数据和连接的持续性服务模式。以互联网电视为例，客户不再只是一次性购买电视机，而是为联网的各种内容持续性付费。这种持续性消费模式改变了传统企业基于产品的商业模式，是传统企业必须重点考虑的数字化转型方向。

三是从单一产品消费到联网型消费。工业时代具有一定功能的工业品的销售往往只是单一产品的消费。数字化转型使工业品具备了联网的能力，从而促使企业要对产品网络、客户网络进行管理和服务，并针对这些网络空间的特点，为市场不断提供创新型数字消费模式。

四是从个体消费到社群消费。工业时代的消费模式以单一个体为单位，其生产、销售等往往都围绕着如何激活个体消费市场展开。在数据要素化时代，人与人之间具备了更加广泛的数据连接，这种紧密的连接关系使得商家面对的不再是单一个体，而是一个个的网络社群。

数字消费的特点是网络化，具有一定的自发性和民主性，因此要采用不同的政策体系来监管和释放数字消费。一方面要激发产品社群的活力、鼓励在各种社群中的自治行为，把社群变成为社会治理服务的重要工具；另一方面要加强对社群的监控管理，加强社群信用体系建设，避免违法犯罪行为的发生。

总体而言，数字消费是构建数字经济发展模式的基础，是全球经济转型的根本动力，是传统产业数字化发展的必由之路，是人类创造新财富的根本源泉。抓住数字消费这一机遇，是实现新旧动能转换、促进产业转型升级的关键。

（二）二维市场 + 连接资源：数字经济的价值基础

数字经济面对的是实体和数字两个空间，人群也不再只存在于实体空间之中，进入数字空间里的人群比重还在持续增大。人类社会的这种人群构成特征，形成了数字经济的二维市场结构。也就是说，数字经济时代的企业需要兼顾实体和数字两个市场，在实体市场上延续并创造新的实体消费，同时辅以在数字层面释放大量的数字消费，这种类型的企业我们称为社区型企业（如图2-2所示）。社区型企业能够把分布于不同城市中的员工、合作伙伴、消费者等用数字社区的方式整合起来，并用社区的组织方式把所有的利益相关者、产品、服务连接在一起。

在这样一个二维市场中，挤出效应使市场传播模式从传统的广告模式，开始向基于六度效应的传播方式转变。企业一旦有了自己的数字市场，就拥有了在数字经济时代自己的"媒体"，这也就是常说的"自媒体"时代的到来。每一个企业借助二维市场都可以变成媒体，并形成一种基于人的力量的传播模式。

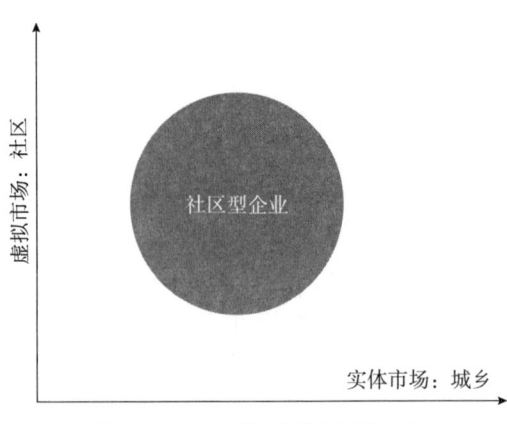

图2-2　面向二维市场的社区型企业

资料来源：作者整理。

在二维市场中，一方面，虚拟空间里每个参与者的平等性能最大限度地调动每一个参与者的潜力，让每一个参与者都能为社区贡献价值，并且在贡献价值的过程中实现每一个参与者自身的更大价值；另一方面，在社区中建立了大量连接，进一步形成了基于这些海量连接的新的价值创造模式。这种价值创造方式的改变，既为企业转型升级提供了成长的空间，也是经济发展新动能的重要源泉。

工业经济时代及以前的时代主要服务于实体市场，通过对自然资源的开发利用，人类解决了衣食住行各方面的问题，并借此为人类创造了巨大的价值。这一时期的发展消耗了大量的自然资源，以至于发展到当下，全球气候变暖、环境污染等问题日益突出。所以，人类美好生活的创造不能再以消耗自然资源为基础了。数字经济时代，人类必然会创造更为巨大的财富。但财富来源的基础是什么呢？或者说，在数字经济时代，人类拥有的取代自然资源的、赖以创造财富的资源是什么？通过审视这样的二维人群，我们不难发现，人群除了在实体中活动，还会在虚拟社区中活动。所以，在数字空间的社区，以及社区与实体的互动中，会产生大量的数字消费，这就是数字经济时代能够创造出不同于工业经济时代的社会财富的重要基础。

数字消费基于数据要素的市场化，产生于二维市场中广泛存在的各种连接之上，因此由二维市场带来的海量连接就是数字经济时代开发数据要素的重要手段，也是企业建立二维商业模式的最为重要的新财富源泉。企业需要利用各种新技术开发可能存在于自己周围的大量连接，并基于这些连接建立一种新的盈利模式。所以，在可信的数据要素基础上开发利用"连接"资源，是数字经济时代企业转型升级的重要基础，也是走向产业数字化的必由之路。

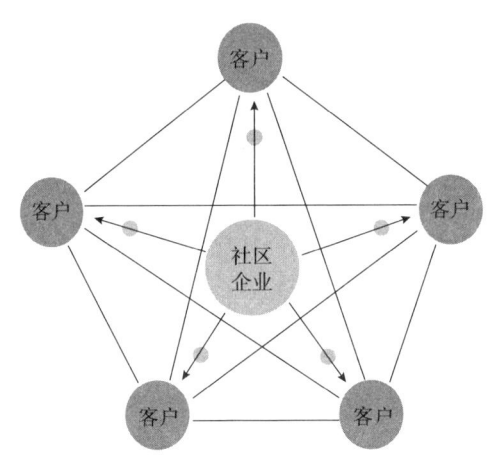

图2-3 社区型企业的连接资源

资料来源：作者整理。

如图2-3所示，传统企业大多是在把产品和服务提供给自己的客户，如果只有五个客户，那这家企业经营的主要就是图中标出的五条连接。但如果这家企业为客户建立了一个可以互相连接的数字空间，就形成了15条连接，比原来多出了10条连接。并且随着客户量的增加，连接的数量会变成阶乘增加，从而急剧放大企业所拥有的连接资源。所以，数字经济时代的企业模型就是要思考如何利用新增加的大量连接资源，企业所提供的产品和服务也都要为建立和维持连接资源而服务。如果企业能在这些新增的连接资源上获取价值，那么在工业时代经营传统产品和服务的边甚至可以放弃，这意味着该行业的商业模式将会发生彻底革命。

所以，二维市场＋连接资源，构成了数字经济存在的价值基础，这是我们重塑数字经济时代各行业尤其是传统产业商业模式的基本路径。传统产业可以通过增加其产品的数字内涵，建立产品与产品之间的连接，并通过客户使用产品建立客户与客户之间的连接。在建立这些连接的过程中，客户的数字需求被满足，同时客户对数字内涵的消费，为企业成长开辟了新的空间，从而形成了新的数字经济生态。

数字经济的内在逻辑是一种广泛连接的社会经济系统，是中国传统哲学中系统思维的集中体现。人类社会发展到数字时代，中国无论是从璀璨传统文化中流传下来的哲学思想，还是近现代所形成的中国特色社会主义的理论创新，都与数字经济的发展逻辑具有一致性。在这些哲学思想指导下，中国市场能够孕育出最符合数字经济发展需要的数字化生产关系，并进而能够更好地释放数字生产力的创造性，引领人类社会整体进入数字经济新阶段。

数字经济的社会基础是人群在实体和数字两个空间中的聚集，实体空间以树状结构为主，数字空间以网状结构为主。而人群的新行为特征创造了大量新的消费模式，其中数字消费成为推动数字经济发展的重要力量。数字消费大大改变了传统市场，并进而成为诞生大量新经济企业的土壤。释放数字消费也就必然成为传统企业转型升级的重要目标。企业在面对网状人群、数字消费时的市场变化时，其商业模式也会做数字化延展，并逐渐转变为面向实体和数字两个市场的社区型企业。二维市场对社会经济发展的价值存在于对每个参与者的能力释放，也存在于参与者与参与者之间建立的广泛连接之中。因此，形成广泛连接的平台是开发数据要素的重要途径，而"连接"也是数字经济时代的重要资源，企业需要像是在工业时代利用自然资源一样，大量开发连接资源，建设数字平台型企业。

第三章

数字生产力

任何一个时代，推动社会经济系统发展的从来都是不断进步的生产力。生产力是人类利用自然、改造自然的能力，因而随着"自然"概念内涵的变化，生产力的范畴也在不断变化。尤其是进入数字时代以后，人类"自然"的概念已经从物理空间延展到数字空间，因而生产力的内涵也从经典政治经济学中改造物理世界的工具，变成了改造物理和数字两个世界的工具。

生产力是社会发展的内在动力基础，也是人类运用各种科学技术创造物质和精神产品、满足自身生存和生活需要的能力。一般意义上，构成生产力的基本要素包括劳动资料（生产工具）、劳动对象、劳动者，而科学技术是生产力中最为活跃和最具创造性的一部分。1988年邓小平同志提出了"科学技术是第一生产力"。科学技术渗透在生产力的各个基本要素之中，并能够直接转化为实际生产能力。科学技术领域的发明创造，会引起劳动资料、劳动对象和劳动者素质的深刻变革和巨大进步；科学应用于各类生产的组织管理，能够大幅度提高管理效率；科学技术也在不断改变劳动者，提高他们的劳动生产率和价值创造的方式。

数字生产力是指在数字经济时代，人类在创造财富过程中所用到的数字化工具（硬件、软件、算法等）、数字对象（数据、连接、信用等）和数字生产者（分析师、程序员、设计师等）。如果说在农业经济时代生产力的主要构成要素是牲畜、土地、农民，在工业经济时代的生产力的构成要素是机器、工厂、工人，那么相对应的，在数字经济时代的数字生产力的构成要素可以概括为算法、连接、分析师。

一是以算法为代表的数字技术（劳动资料）。数字技术是一种全面影响人类社会进程的科学技术，是先进生产力中最为突出的代表。数字技术包括通信网络基础设施、数字产品、算法等内容，其中算法在数据要素的开发过程中至关重要，因此它也是数字经济时代最主要的生产工具。

二是以连接为代表的数据要素（劳动对象）。数字经济的劳动对象不再只是实体空间中的农田、机器，而是数字空间中基于可信数据要素建立起来的各种连接。万物互联、人物互联，使得世界在数字空间中成为一个整体，并为劳动者提供了完全不同的劳动对象。

三是以分析师为代表的数字劳动者（劳动者）。数字空间的劳动者可以是数据分析师、程序员、算法工程师、虚拟产品设计师等。他们运用新生产工具，不断激活数据要素的潜在价值，满足人类日益增长的数字消费，创造实体和数字两个空间的人类财富。

本章将重点讨论数字生产力的技术基础、数字生产力发展的根本动力，以及孕育数字生产力的基础设施——新基建，并探讨量子计算、神经计算、算力网等未来数字生产力。

一、数字生产力的技术基础与应用范围

数字经济的一个突出特点就是要充分利用"云大智区"和 5G

等数字技术，建立社会经济运行的新规则。"云大智区"和 5G 既是数字生产工具的典型代表，也是数字生产力的技术基础。以下这五个方面的技术有机结合，成为一个类似人体的智慧生命体，从而支撑整个数字经济的发展。

（一）云计算

云计算可以被理解成一个系统硬件，一个具有巨大的计算能力、网络通信能力和存储能力的数据处理中心（IDC）。数据处理中心本质上是大量服务器的集合，数据处理中心的功能、规模是以服务器的数量来衡量的。

比如，2015 年北京市拥有 2 000 多万部手机、2 000 多万部座机、七八百万台各种各样上网的笔记本电脑和台式电脑，以及七八百万台家庭的电视机机顶盒。北京市上述信息的后台服务系统和数据处理中心拥有的服务器共计约 25 万台。上海也是 20 万台。谷歌处理全世界的互联网大数据且需要进行智能化处理，它需要多少服务器呢？据悉，谷歌有 150 万台服务器分布在全世界七八个地方，现在正在建设的服务器还有 100 多万台。

云计算有三个特点。第一，在数据信息的存储能力方面，服务器中能存储大量数据。第二，在计算能力方面，每个服务器实质上是一台计算机。与 20 世纪六七十年代世界最大的计算机相比，当代计算机具有运算能力更强、占用空间更小的优势。第三，在通信能力方面，服务器连接着千家万户的手机、笔记本电脑等移动终端，是互联网、物联网的通信枢纽，是网络通信能力的具体体现。

由此可见，数据处理中心、云计算的硬件功能具有超大规模化的通信能力、计算能力、存储能力，并赋予其虚拟化、灵活性、伸缩性的特点。服务商以 IDC 为硬件，以私有云、公共云作为客户服务的接口，向客户提供数据服务。

(二)大数据

大数据之大有三个要点：静态之大、动态之大和运算之后叠加之大。一是数据量大，例如，大英博物馆的藏书能全部以数字化的形式存储。二是实时动态变量大。每一秒钟、每一分钟、每一小时、每一天，数据都在产生变化。全球70亿人有六七十亿部手机，这些手机每天都在打电话，每天都在计算，每天都在付款，每天都在搜索。所有的动态数据每天不断叠加、不断丰富、不断增长。"量变会引起质变"，就像累积60张静态照片可以形成一秒钟的实时电影，大量静态数据的存放也会不断更新、累积，形成新的信息。三是数据叠加处理后的变量之大。人们根据自身的主观需求，对动态和静态的数据进行处理分析、综合挖掘，在挖掘计算的过程中，又会产生复核计算以后的新数据。这种计算数据也是数据库不断累积的数据。

总之，所谓大数据之大，一是静态数据，二是动态数据，三是经过人类大脑和计算机处理、计算后产生的数据，这三者共同构成了大数据的数据来源。

大数据若要转化为有用的信息、知识，则需要消除各种随机性和不确定性。数据在计算机中只是一串英语字母、字符或者阿拉伯数字，可能是混乱的、无序的。数据应用一般有三个步骤：数据—信息，信息—知识，知识—智慧。

第一步，数据变信息。任何结构化、半结构化或非结构化的数据本身是无用的、杂乱无章的，但数据经过分析去除随机性干扰以后，就变成了有指向的信息。数据变信息的处理过程用的工具有滤波器、关键词，滤波以后可提炼出相关的信息。第二步，信息中包含的规律，需要归纳总结成知识。知识改变命运，但知识并不是简单地等于信息。如果不能从信息中提取相关知识，每天在手机、电脑上看再多的信息也没用。第三步，有知识后要运用，善于应用知识解决问题才是智慧。综合信息得出规律是将信息转化为知识的过程。有的人掌握了知识，对已发生的事讲得头头是道，可是一到实干就傻眼，这是缺乏智慧的表现。所谓智能，实际上就是在信息中抓取决策的意图、决策的背景等相关信息，最后在"临门一脚"时能够做出决策。

信息和知识是辅助决策系统，它们帮助人做出决策，人根据机器做出的决策实施，这就是智能化的过程。

所谓大数据蕴含着人工智能，就在于把杂乱无章的数据提取为信息，把信息归纳出知识，通过知识的综合做出判断，这就是大数据智能化所包含的三个环节。

（三）人工智能

第一，人工智能如何让数据产生智慧？大数据之所以能够智能化，能够决策，能够辅助决策，是因为在人工智能或计算机操作过程中有四个步骤：一是采集、抓取、推送，二是传输，三是存储，四是分析、处理、检索和挖掘。第一步，在大数据中不断地过滤出有一定目的和意义的信息，也就是采集、抓取、推送。第二步、第三步是传输和存储，内涵不言自明。大数据之大，不是在抽屉里静态的闲置大数据，而是在云里存储、动态传输的大数据。第四步是分析、处理、检索和挖掘，关键技术在于算法。算法是辅助人类在繁杂、巨大的海量数据空间中，快速找到目标、路径和方法的工具。

第二，人工智能依靠大数据在分析、处理、检索和挖掘中产生智能的关键在于大数据、算法以及高速度的计算处理能力。没有数据和大数据的长期积累、重复验证，有智能管理也没用；有了算法和大数据，没有高速度的计算能力也没用。算法是人工智能的灵魂，它要变得"有灵气"需要用大数据不断地"喂养"，不断地重复和训练。在这个意义上，大数据如果没有算法，就没有灵魂，就没有大数据处理的真正意义。

但是如果算法没有大数据来"喂养"，即使数学家想出好的算法，智能也未必有效。以柯洁与阿尔法围棋下围棋的人机大战为例，阿尔法围棋中的算法是来源于人类各种各样的棋谱、高明棋手的下棋步骤。人工智能工程师将这些数据全部放入谷歌的算法中运行，运行了几万次、几十万次。因为有网络深度学习的模块，所以每运行一次，阿尔法围棋就聪明一点。这个过程是一个不断反复、不断学习的过程。

总而言之，人工智能、大数据和这些要素有关，转化为真正人工智能的时候，一靠大数据，二靠算法，三靠高速度。人类对工具使用的发展，本质上是一个计算能力不断提高的过程。在农业社会，中国人曾用自己的聪明智慧发明了算盘。算盘一秒钟拨动两三个珠子，每秒计算两三下。到了工业社会初期，电得到广泛运用。20世纪20年代，以继电器作为基本器件的计算机问世。继电器计算机振动频率非常高，每秒抖动几十次，比算盘快10~20倍。到了20世纪40年代，第二次世界大战期间，电子管问世。电子管计算机每秒可计算几万次，是继电器计算机的1 000倍，运算速度非常快。到了20世纪60年代，半导体问世，以三极管、二极管为元器件的电脑，一秒钟能运算几十万次到几百万次。到了20世纪80年代，半导体芯片问世，集成电路计算机的运算速度达到每秒几千万次甚至几亿次。中国的超级计算（简称超算）在10年前达到了亿次，2015年前后达到了10亿亿次，最新推出一个超算系统已经超过100亿亿次。但是，超级计算机不是一个芯片、一个电脑的运算速度，而是几千台电脑、几千个服务器组合而成一个矩阵和一个算法。超级计算机能够做到每秒运算10亿亿次、100亿亿次，但单个芯片难以达到每秒运算 10 亿亿次。

我们为什么非常重视一个芯片每秒能计算 10 亿亿次呢？2012 年出版的《奇点临近》一书中提到，二三十年后，人造机器的计算速度将超过人脑。作者提出，人脑的运算速度是每秒计算 10 亿亿次。当计算机到了每秒计算 10 亿亿次以上时，其运算速度将超过人脑，拐点就会到来。大家在讨论人工智能最终能不能超过人类智能，人是不是会被人工智能圈养时，各有各的说法。从科学的角度讲，人工智能的计算能力不断增强，是人对工具的使用智慧不断发展的结果。强大的计算能力、大数据、算法连接在一起，超越了几千小时、几万小时、几十万小时，人无法等待的时间，使得大智慧逐步发展。

第三，云计算、大数据、人工智能的软件植入云计算厂商提供的数据处理中心硬件中，向客户提供三种在线服务。云计算的云是一个硬件，是一个具有通信能力、计算能力、存储能力的基础设施。云中除了存放大数据之外，同时提供各种各样的算法作为一种服务软件处理。大数据公司往往在收集、组织管理了大量数据的基础上，使用人工智能算法后为客户提供有效的数据服务，形成一个大数据的服务平台。所谓的人工智能公司，往往是依靠大数据平台支撑提供算法服务，算法软件也是一种服务。它们共同形成了"数字化"的三大功能：第一个是 IaaS，是基础设施作为使用的服务；第二个是 PaaS，是大数据的平台作为使用的服务；第三个是 SaaS，算法软件也是一种服务。这三个词组代表了"数字化"三兄弟，即三种功能不同的软件。

当然，"数字化"也离不开互联网、移动互联网和物联网。简言之，互联网的时代是 PC（个人电脑）时代，移动互联网的时代是手机加笔记本电脑的时代，物联网时代是万物万联的时代。

(四)区块链

区块链本质上是一个去中心化的分布式存储数据库,它打破了中心化机构授信,通过数据协议、加密算法、共识机制,点对点地将数据传输到这个区块中的所有其他节点,从而构建了一种去中心化、不可篡改、安全可验证的数据库,建立了一种新的信任体系,这种信任体系表现出五个特征。一是开放性。区块链的技术基础是开源的,除了交易各方的私有信息被加密外,区块链数据对所有人开放,任何人都可以通过公开接口查询区块链上的数据和开发相关应用,整个系统信息高度透明。二是防篡改性。任何人要改变区块链里面的信息,必须要攻击或篡改51%链上节点的数据库才能把数据更改掉,难度非常大。三是匿名性。由于区块链各节点之间的数据交换必须遵循固定的、预知的算法,因此区块链上节点之间不需要彼此认知,也不需要实名认证,而只基于地址、算法的正确性进行彼此识别和数据交换。四是去中心化。正因为区块链里所有节点都在记账,无须有一个中心再去记账,所以它可以不需要中心。五是可追溯性。区块链是一个分散数据库,每个节点数据(或行为)都被其他人记录,所以区块链上的每个人的数据(或行为)都可以被追踪和还原。

按照目前的应用场景,区块链可以分成三大类。

一是公有链。主要指全世界任何人都可以读取、发送信息(或交易)且信息(或交易)都能获得有效确认的,也可以参与其中的"共识过程的区块链"。

二是私有链,也称专有链。它是一条非公开的链,通常情况,未经授权不得加入(成为节点)。而且,私有链中各个节点的写入权限皆被严格控制,读取权限则可视需求有选择性地对外开放。

三是联盟链。联盟链是指由多个机构共同参与管理的区块链,每个组织或机构管理一个或多个节点，其数据只允许系统内不同的机构进行读写和发送。

就当下而言，区块链涉及四大技术领域。

一是分布式账本技术。人类社会发明的记账技术先后有四种。早在原始社会时，人类发明了"结绳记账"，农业社会时发明了"记流水账"，工业社会时发明了"复式记账"。复式记账的平衡表使账目一目了然，适应了工业社会的企业管理，但它避免不了经理人与会计师可能从原始数据开始造假的可能。分布式账本是一种在网络成员之间共享、复制和同步的数据库。分布式账本一起记录参与者之间的数据行为（如交易、资产交换行为等），这种技术所内含的防篡改、可追溯特性从源头上杜绝了造假的可能，而共享机制降低了"因调解不同账本"所产生的时间和成本。

二是非对称加密技术。存储在区块链上的交易信息是公开的，但每个账户的身份信息是高度加密的。单个账户只有在拥有者授权的情况下才能访问到，从而保证数据的安全和个人隐私。

三是共识机制技术。开发者必须首先考虑用怎样的技术可以使更多人对一种规则达成共识，同时还要考虑通过多少个特殊节点的确认，才能在很短的时间内实现对数据行为的验证，从而完成一笔交易。一般而言，区块链技术需要若干利益不相干的节点对一笔交易进行确认，如果确认就认为达成共识，认为全网对此也能达成共识，这样才算完成一笔交易。

四是智能合约技术。基于大量可信的、不可篡改的数据，可以自动化地执行一些预先定义好的规则和条款，比如彼此间定期、定息、定额的借贷行为。

区块链技术属于数字技术、记账技术。从应用视角来看，基于区块链能够解决信息不对称问题，实现多个主体之间的协作信任与一致行动，无论是公有链、私有链，还是联盟链，其首要目标是确保信息数据的安全、有效、无法篡改。目前，区块链技术在社会中的应用场景主要有以下八个方面。

一是金融。由于金融已经数字化，因此区块链在此领域将被广泛应用。目前，在国际汇兑、信用证、股权登记和证券交易所等领域已经开始尝试使用区块链技术，区块链在金融领域有着巨大的潜在应用价值。人们的探索是，将区块链技术应用在金融领域是否可以"省去中介环节"，实现点对点对接，在降低交易成本的同时，更加快速地完成交易。例如，利用区块链分布式架构和信任机制，可以简化金融机构电汇流程，尤其是涉及多个金融机构间的复杂交易。

二是供应链和物流。区块链在物联网以及物流单据管理领域也有着得天独厚的优势，企业通过区块链可以降低物流单据管理成本，可以监控和追溯物品的生产、仓储、运送、到达等全过程，提高物流链管理的效率。另外，区块链在供应链管理领域也被认为具有丰富的应用场景，比如上下游之间的直接交易可以加大透明度，从而提高信任和效率，如果区块链中包含供应链金融，将大大提高金融的效率，同时降低金融机构和企业的信用成本。

三是公共服务。区块链在公共服务、能源、交通等与民众生活息息相关的信息领域也有较为丰富的应用场景。比如，目前由于信任缺失，中心管理者有时无法确定民众反映的需要解决的问题是个性问题还是共性问题，但使用区块链技术之后，这个问题可能瞬间就可以找到正确答案。

四是认证和公证。区块链具有不可篡改的特性，可以为经济社会发展中的"存证"难题提供解决方案，为实现社会征信提供全新的思路，因此存在很大的市场空间。比如，腾讯推出的"区块链电子发票"成为区块链技术应用的一个"爆款"。

五是公益和慈善。区块链上分布存储的数据具有不可篡改性，天然地适用于社会公益场景。公益流程中的相关信息，如捐赠项目、募集明细、资金流向、受助人反馈等信息，均可以存放在一个特定的区块链上，透明、公开，并通过公示达成社会监督的目的。

六是数字版权开发。通过区块链技术可以对作品进行鉴权，证明文字、视频、音频等作品的存在，保证权属的真实性和唯一性。作品在区块链上被确权后，后续交易都会进行实时的分布式记录，实现数字版权的全生命周期管理，也可为侵权行为的司法取证提供技术保障。

七是保险。在保险方面，保险机构负责资金归集、投资、理赔等过程，管理和运营成本往往较高，但区块链技术有可能提高效率、降低成本；尤其在理赔方面，通过区块链实现"智能合约"，则无须投保人申请，也无须保险公司批准，只要投保人行为触发符合规定的理赔条件，即可实现当即自动赔付。

八是信息和数据共享。目前，全国各级政府公共信息资源平台在大力整合，目的是使各个信息系统之间的信息有效共享，节约存储空间和提升使用效率。在实现技术上，如果能够利用区块链分布式的特点，既能打通监管部门间的"数据壁垒"，破除"数据孤岛"，实现信息和数据共享，还能提升公众调取政府公开资源的效率，减少资金浪费。

总体而言，区块链通过创造信任来创造价值，使离散程度高、管理链条长、涉及环节多的多方主体能够有效合作，从而提高协同效率、降低沟通成本。

（五）5G基础上的无线通信

现代移动通信技术起源于20世纪80年代的1G（第一代移动通信技术），采用模拟信号进行传输，由于容量有限仅能传输语音信号；1991年出现的2G（第二代移动通信技术）运用数字调制技术，大大增加了传输的容量，使得文字信息的无线传输成为现实；3G（第三代移动通信技术）是支持数据高速度传输的蜂窝移动通信技术，传输速度更快、频带更宽、稳定性更高，移动端得以接入互联网，移动通信的应用开始呈现多样化的态势；4G（第四代移动通信技术）采用更加先进的通信协议，传输速度再一次大幅提升，能够实现视频的分享和传输，开启了移动互联网时代。

5G（第五代移动通信技术）是具备高速率、低时延、海量连接等特性的新一代宽带移动通信技术。根据ITU（国际电信联盟）的定义，5G有三大应用场景：eMBB（增强移动宽带）、uRLLC（低时延高可靠）和mMTC（海量大连接）。其中eMBB就是在移动宽带的基础上，利用5G更高的传输速率为用户提供更好的网络连接服务，实现3D/超高清视频的直播和传输等大流量移动宽带业务；uRLLC对低时延、高可靠性有很高的要求，比如要求自动驾驶的时延达到毫秒级别，除此之外，uRLLC普遍应用于工业控制系统、远程医疗、无人机控制等；mMTC是指大规模机器通信业务，不仅要求超高的连接密度，还具有分布范围广、低功耗等特点，主要面向智慧城市、智慧家居、智能物流等应用场景。

上文所讨论的数字技术的五个典型代表是一个有机结合的整体，是一个类似人体的智慧生命体。互联网、移动互联网以及物联网就像人类的神经系统，大数据就像人体内的五脏六腑、皮肤以及器官，云计算相当于人体的脊梁。没有网络，五脏六腑与脊梁就无法相互协同；没有云计算，五脏六腑就无法挂架；没有大数据，云计算就如行尸走肉、空心骷髅。有了神经系统、脊梁、五脏六腑、皮肤和器官之后，加上相当于灵魂的人工智能——人的大脑和神经末梢系统，基础的"数字化"平台就成形了。而区块链技术既具有人体中几万年遗传的不可篡改、可追溯的基因特性，又具有人体基因的去中心、分布式特性。就像更先进的"基因改造技术"，从基础层面大幅度提升大脑反应速度、骨骼健壮程度、四肢操控灵活性。数字化平台在区块链技术的帮助下，基础功能和应用将得到颠覆性改造，从而对经济社会产生更强劲的推动力。

二、数字生产力的"五全基因"及其颠覆性作用

为什么"数字化"基础平台会有如此强大的颠覆性？近些年的研究表明，"数字化"基础平台实际存在"五全特征"：全空域、全流程、全场景、全解析和全价值，并给全社会带来了"五全信息"。

"全空域"是指：打破区域和空间障碍，从天到地、从地面到水下、从国内到国际可以泛在地连成一体。

"全流程"是指：关系到人类所有生产、生活流程中每一个点，每天 24 小时不停地积累信息。

"全场景"是指：跨越行业界别，把人类所有生活、工作中的行为场景全部打通。

"全解析"是指：通过人工智能的收集、分析和判断，预测人类所有行为信息，产生异于传统的全新认知、全新行为和全新价值。

"全价值"是指：打破单个价值体系的封闭性，穿透所有价值体系，并整合与创建出前所未有的、巨大的价值链。现代信息化的产业链是通过数据存储、数据计算、数据通信跟全世界发生各种各样的联系，正是这种"五全"特征的基因，当它们跟产业链结合时形成了全产业链的信息、全流程的信息、全价值链的信息、全场景的信息，成为十分具有价值的数据资源。可以说，任何一个传统产业链一旦能够利用"五全信息"，就会立即形成新的经济组织方式，从而对传统产业构成颠覆性的冲击。

信息是认识世界的钥匙，不同的信息形态和内涵对应的现实世

界也是不一样的。农业时代对应的是自然信息，工业时代对应的是市场信息，互联网时代对应的是流量信息，而数字时代对应的则是"五全信息"。

"五全信息"具有以下五个特征。

"五全信息"是结构型的信息。数字时代所采集的"五全信息"，是全样本的结构型信息，这些信息必须包含社会经济系统的各种结构性特征：产业系统要有关于产业的各种特征描述，社会系统要有社会运营的各方面数据。"五全信息"的结构性体现了"数字孪生"的概念，是企业运营、产业生态和社会系统的全样本刻画。

"五全信息"是动态型的信息。具有五全特性的信息，是一个经济系统或社会系统运营的动态信息，每一条"五全信息"都有时间戳，体现事物某一时刻的状态，"五全信息"积累起来可以揭晓事物的历史规律和预测未来的发展趋势。

"五全信息"是秩序型的信息。某一个系统的"五全信息"，体现了这一系统的秩序。"五全信息"既包含社会经济系统的基本制度，也包含其运营规则。也就是说，"五全信息"来自系统现有的秩序，也会帮助系统构建新的秩序。

"五全信息"是信用型的信息。在以往的社会系统中，始终无法彻底解决全社会、全产业领域的信用问题。而进入"五全信息"社会，这些信息因为区块链等新技术的广泛应用，具有高度的可信性。基于新的信用体系，无论是金融还是其他社会经济系统都将发生更加彻底的革命。

"五全信息"是生态型的信息。"五全信息"不是孤立存在的，而是存在于特定的社会生态、产业生态之中，是在描述特定生态里面的特定状态。各类信息之间往往存在大量关联，并以一个整体的形式展现出来。

总之，在云计算、大数据、人工智能、区块链等技术下的驱动下，随着中国的数字化生产关系日趋成熟，数字社会将拥有越来越多的"五全信息"。任何一个传统产业链一旦能够利用"五全信息"，就会立即形成新的经济组织方式，从而对传统产业构成颠覆性的冲击。在 5G 背景下，数字化平台还会进一步形成万物万联体系，数字社会将拥有越来越多的"五全信息"。"五全信息"与制造业结合就形成智能制造、工业 4.0，与物流行业相结合就形成智能物流体系，与城市管理相结合就形成智慧城市，与金融结合就形成金融科技或科技金融。

三、奠定数字生产力发展的基础：新基建

党中央提出的加速新基建的战略举措，为中国数字经济的进一步发展、传统产业的数字化改造提升、核心技术研发能力的增强奠定了坚实的基础。作为数字经济、智能经济、生命经济这些人类未来文明的技术支撑，新基建主要包含以下三个方面内容。

（一）信息基础设施

信息基础设施，也就是数字产业化所需要的软硬件基础设施，包括通信网络基础设施、新技术基础设施、算力基础设施等。根据工信部有关机构测算，2020 年我国数字产业化规模达到 7.5 万亿元，占 GDP 比重的 7.3%。随着新基建战略的进一步推进，数字化平台的各组成部分，包括 5G 网络、大数据、人工智能、云计算、区块链等在内的每一项数字产业都将在今后 5 年内产生万亿元级的基础设施投资，并都将产生巨大的经济效益。

以 5G、物联网、工业互联网、卫星互联网为代表的通信网络基础设施是我国数字经济建设的重要支撑，是布局数字生产力的关键所在。目前我国已建成了世界上最大的 5G 网络，截至 2022 年

3月31日，我国已建成5G基站155.9万个，5G网络已覆盖全国所有地级市和县城城区。工业互联网已延伸至45个国民经济大类，目前全国"5G＋工业互联网"在建项目达到2 400个。虽然通信网络基础设施建设成绩斐然，但也要看到，该类基础设施在数字经济时代建设的关键还是在于应用创新，也就是要在新型网络基础设施上跑新业务、新模式，并创造新价值。对大量传统产业而言，只有商业模式创新才能抓住通信网络基础设施建设的机遇。

以人工智能、云计算、区块链等为代表的新技术基础设施，是支撑新数字生产力的基础设施，它的建设将形成这些生产力的规模化应用，并加速数字生产力与传统产业的深度融合。人工智能技术的不断进步，需要跨地域、跨行业的数据库、算法库，这些基础设施可以是开放式的平台，也可以是行业智能化转型的支撑。例如，云计算已经成为时代发展的方向，云计算基础设施也从单纯的云算力提供，开始向行业的云应用、云创新发展，并开始创造大量数字企业、数字产业链、数字产业生态的新运营模式。

以数据中心、智能计算中心为代表的算力基础设施，是数字经济发展的动力设施。2022年2月17日，国家发改委、中央网信办、工业和信息化部、国家能源局联合印发通知，同意在京津冀、长三角、粤港澳大湾区、成渝、内蒙古、贵州、甘肃、宁夏8地启动建设国家算力枢纽节点，并规划了10个国家数据中心集群。至此，全国一体化大数据中心体系完成总体布局设计，"东数西算"工程正式全面启动。"东数西算"工程是算力基础设施建设的一项重要工程，国家发改委相关负责人表示，实施"东数西算"的重要意义体现在四个方面。一是有利于提升国家整体算力水平，通过全国一体化的数据中心布局建设，扩大算力设施规模，提高算力使用效率，实现全国算力规模化、集约化发展。二是有利于促进绿色发展，加大数据中心在西部的布局，将大幅提升绿色能源使用比例，就近消纳西部绿色能源，同时通过技术创新、以大换小、低碳发展等措施，持续优化数据中心能源使用效率。三是有利于扩大有效投资，数据中心产业链条长、投资规模大、带动效应强。通过算力枢纽和数据中心集群建设，将有力地带动产业上下游投资。四是有利于推动区域协调发展，通过算力设施由东向西布局，将带动相关产业有效转移，促进东西部数据流通、价值传递，延展东部发展空间，推进西部大开发形成新格局。

（二）融合基础设施

融合基础设施，也就是传统产业数字化，尤其是传统基础设施行业数字化转型所形成的新型基础设施。如前所述，数字化平台不仅自身能够形成庞大的产业，还能够对传统产业进行赋能增效，改造升级，从而产生巨大的叠加效应、乘数效应。中国的工业产值在90万亿元左右，假设通过数字化转型提升5%的效能，每年就能在不增加其他原材料投入的基础上，产生四五万亿元的增加值；此外，中国的服务业大约有150万亿元的销售额，假设通过数字化转型提高5%的效能，就能产生七八万亿元的增加值。这种产值的增加都需要改变城市、产业运行的基础设施，使原有的交通、能源等基础设施与数字技术深度融合，以支撑大量新型的运营模式。

发展融合基础设施的关键在于运营模式的创新。以城市交通基础设施为例，城市公交作为便民出行的基础设施，其原来的主要运营模式是把乘客从一个地方运送到另一个地方，因为具有公益性，所以公交公司基本上要靠政府的财政补贴运营。按照融合基础设施的建设思路，城市公交做了数字化转型升级后，其所承载的城市功能在位移功能基础上，又增加了城市客流数据采集功能和客流流量引导分配功能。这些数字化功能与传统公交叠加，就会使公交变成城市客流数据的运营公司，从而在数据经营中找到大量的机会。有了运营数据的盈利，一方面，公交基础设施可以给老百姓提供更加低廉甚至免费的出行服务，让老百姓有数字时代的实实在在的获得感；另一方面，公交也不再是地方财政的负担，反而可以成为地方经济价值创造的新领域。

能源基础设施经过数字化转型升级，也不再只是在能源系统中应用数字技术做传统业务，而是要不断创新能源系统的运营模式，延展其服务内涵。比如城市燃气行业，现有的城市燃气企业最主要的任务就是保障城市能源供应、维护燃气系统安全。应用数字技术对这一设施进行改造，可以大大提升这些传统业务的数字化水平，提高供应效率和安全水平。同时，我们要看到，数字技术也为城市燃气企业带来了海量数据，并可以基于这些海量数据创造大量的应用场景。比如居民家里的燃气表如果能变成可交互、可联网的智能燃气表，那么每一户居民的厨房将会被激活，燃气公司就拥有一张直达每个家庭厨房的数据网络，这一网络也势必给燃气公司带来巨大的数字运营空间。

（三）创新基础设施

创新基础设施，有助于完善中国的创新体系，用科技创新、产业创新和制度创新，推动中国引领第四次工业革命。2021年10月，中共中央政治局就推动我国数字经济健康发展进行集体学习，习近平总书记指出，"要加强关键核心技术攻关，牵住自主创新这个'牛鼻子'，发挥我国社会主义制度优势、新型举国体制优势、超大规模市场优势，提高数字技术基础研发能力，打好关键核心技术攻坚战，尽快实现高水平自立自强，把发展数字经济自主权牢牢掌握在自己手中"。

新基建战略的重中之重，就是创新基础设施。过去中国的创新更多体现在引进海外基础研究成果——"从1到N"的创新上，在

"从0到1"的原始创新、基础创新、无中生有的科技创新方面相对不足,然而关键环节的技术是买不来、讨不来的。新基建战略的重要意义,就是要加快布局一批以大科学装置和大试验平台为代表的创新基础设施,通过加大研发投入、加强基础性的原始创新、促进科研成果转化等措施,破除我国在数字经济发展中存在的薄弱环节,力争在世界科技前沿取得突破。

首先,要加大"从0到1"环节的基础研究投入。尽管2021年我国研发投入总量突破2.79万亿元,占GDP比重的2.44%,研发投入总量已经位居全球第二;但是投向较为分散,一些需要长期投入的关键性基础研究领域缺乏足够的投入。2021年全国基础研究经费为1 696亿元,基础研究投入仅占研发投入总量的6.09%,与全球主要创新型国家多为15%~20%的投入相比差距较大。因此,要切实加大基础研究投入,将基础研发投入从2021年的6%,到2025年逐步提高到8%,争取到2035年达到20%,与全球主要创新型国家持平。

其次,研发要围绕数字经济发展中迫切需要解决的问题。具体来说就是要着力于科研攻关,消除从"万物发声"迈向"智慧网联",进而实现"数字孪生"的过程中,在芯片、传感器、通信、操作系统、工业软件和算力六个领域存在的薄弱环节,避免出现关键领域被"卡脖子"的局面。

再次,研发要面向世界科技前沿。中国不仅要补齐关键科技领域的短板,还要主动进行超前研发,力争在世界科技的最前沿取得新突破,尽快掌握一批"人无我有"的尖端科技,对其他国家在某些领域对我国"卡脖子"的行为进行均衡威慑。只有在科技领域形成均势,才能避免在科技博弈中处于被动,达到以斗争求合作的战略目的。人类科技最终是要在国际科技合作中不断发展和进步的,中国将以更加开放的姿态,参与并加强国际科技合作。

最后，在创新体制上要进一步深化改革，畅通科技成果转化链条，努力将科技成果转化率由现在的10%左右提高到30%甚至40%，打造基础研究、区域创新、开放创新和前沿创新深度融合的协调创新体系，进一步激发全社会的创新创造的动能。

新基建将助推中国引领第四次工业革命——数字革命。因此我们必须要从文明更迭的角度，理解、把握好习近平总书记所讲的"百年未有之大变局"，围绕党中央提出的新基建战略，抓住机遇谋发展，在努力弥补中国在科学技术上的短板的同时，在社会经济领域同样要突破短板，创新数字经济理论和实践，通过新型基础设施建设孕育全球领先的数字生产力，用先进的数字生产力让中国能够成为第四次工业革命的引领者。

四、我国数字生产力领域存在的短板

数字生产力融合、赋能传统产业，涉及大量核心技术、核心硬件装备、高端软件产品的突破。在这方面我国仍然存在不少短板。

(一) 高性能芯片

芯片是现代数字经济的核心基础和物理载体。我国在芯片设计、芯片封装测试的某些领域已经赶上世界先进水平，但是高性能芯片制造方面仍然薄弱，具体体现在EDA（电子设计自动化）工具、核心原材料和半导体设备等方面的短板。

首先是EDA工具领域，EDA工具的使用贯穿了芯片设计、制造和封测，一旦受制于人，则整个芯片产业的发展都将受到极大限制。目前全球EDA行业处于绝对领先的是新思（Synopsys）、楷登（Cadence）和西门子EDA（收购Mentor），三大巨头的市场占有率高达80%，我国芯片设计和制造长期依赖这三大巨头；虽然近年来国内领先的 EDA 企业在部分类型的芯片设计和制造领域实现了全流程覆盖，在部分点工具领域取得了一定突破，跃居全球第二梯队，但整体技术水平距离国际巨头尚有较大差距。

其次是原材料，中国自主研发不断跟进，但在最高端产品研发方面仍有待提升。比如，大尺寸硅片是高性能芯片最核心的原材料，工艺技术门槛极高，呈现高度垄断格局，逾九成市场份额被信越化学、环球晶圆、胜高和 SKSilitron 占据（特别是大部分轻掺杂的 8 英寸[①]片以及超过 95% 的 12 英寸片）。我国大陆的大尺寸硅片起步较晚，技术累积相对不足，缺乏核心设备特别是晶体生长炉，不过随着近年来的不断发展，已经有公司实现了核心晶体生长设备的自主可控，从而实现了从 8 英寸硅片到 12 英寸硅片的国产化，逐步向全球用户供货，而且正在加速突破更大尺寸的 18 英寸晶体生长技术。再如光刻胶，高端半导体光刻胶长期被东京应化、JSR、住友化学等日企以及陶氏化学、默克等欧美企业所垄断，目前我国虽然成功研发 g 线（第一代）、i 线（第二代）、KrF（第三代）和 ArF（第四代）光刻胶，但最高端的 EUV 光刻胶（第五代）仍处于早期研发阶段。

最后，我国在半导体设备领域实现了部分国产化，但最核心的设备仍然差距明显。具体来看，我国半导体去胶设备已实现较高水平的国产化；刻蚀机方面与国际先进的水平差距正不断缩小；清洗设备、薄膜沉积设备、离子注入机等方面实现了少量的国产化；涂胶显影机、CMP（化学机械抛光）设备已研发成功且实现量产供货，打破了外资垄断；但是高端光刻机仍然处于空白。光刻工艺直接决定芯片制程和性能，是芯片制造环节最关键的工艺步骤，而光刻机是核心设备，处于高度垄断状态，其技术含量之高、结构之复杂，

---

① 1 英寸约等于 2.54 厘米。——编者注

被誉为"现代工业皇冠上的明珠",尤其是最先进的 EUV 光刻机,仅荷兰的阿斯麦(ASML)能够量产。中国的高端光刻机完全依赖进口,且最先进的 EUV 光刻机属于被"封锁"状态,自主研发的光刻机虽然取得了一定进展,但在制程上仍然有差距,实现追赶任重而道远。

(二)智能仪器仪表、传感器

检测、显示信息的智能仪器仪表、检测终端是"万物发声"的关键。要在五大性能指标上达到要求:一是灵敏度,二是准确性,三是可靠性,四是能耗,五是安全性。如果没有以传感器和检测芯片为基础的高性能智能仪器仪表、检测终端,智能制造就是空中楼阁。我国在这方面与欧美、日本的差距,比芯片领域的差距还要大。有数据显示,美国的仪器仪表、检测系统的产值只占工业总产值的 4%,但却带动美国 60% 的工业实现了工业自动化。

如果将云计算、人工智能、大数据、移动互联网组成的数字综合体类比为一个智慧人体,那么传感器就是这个智慧人体的感官和神经末梢,能够准确、及时地感知到"万物发声",并转化为易于识别的数字信息。传感器行业属于技术密集型、知识密集型行业,需要长期研发的沉淀和积累。目前全球的传感器市场主要由美国、德国、日本等国的少数几家公司主导,博世、霍尼韦尔、德州仪器、飞思卡尔、飞利浦、意法半导体等企业的市场份额合计超过 60%。我国传感器产品多集中在中低端,高端智能传感器产品比如各类 MEMS(微机电系统)传感器的自给率不高;在核心制造技术、工艺装备和人才储备上,距离国际领先水平尚有差距。

(三)移动通信技术

5G 是"万物万联"的纽带,具备高带宽、低延时、高速度、低能耗、高可靠性五大性能。我国的5G在关键指标、基础性技术、网络架构设计、国际标准制定等方面均实现了率先和主导，但也存在着核心元器件、通信芯片制造等基础硬件受制于人的情况。下一步，我们还需要进一步丰富应用场景，加速推进5G赋能千行百业，支持各种应用创新。同时，按照移动通信每10年更新一代的发展规律，前瞻布局6G（第六代移动通信技术）网络技术储备，确保我国在下一代通信技术中的领先优势。

（四）操作系统

5G能够实现万物万联，但是要把各种应用与终端有机糅合到一起，则需要操作系统，可以说操作系统是"人机互动"的底座。作为管理硬件和软件资源的基础软件，操作系统的主要功能包括管理处理器的进程，合理地分配计算资源；管理存储空间内的数据；管理硬件设备；管理文件系统；以图形界面、语音互动等方式协助进行人机互动等。

长期以来，PC端操作系统微软一家独大，苹果的MacOS系列占据少量份额；移动端操作系统由谷歌的安卓、苹果的IOS垄断；总体而言，我国在操作系统层面一直处于受制于人的局面。

在物联网下的产业互联网领域，应用形态更为丰富，应用场景更为分散，终端呈现海量碎片化的格局，对操作系统提出了全新的要求。在这一领域，中国操作系统取得了一定的突破，出现了一些自主研发的操作系统厂商和相关生态。比如，华为的鸿蒙作为面向物联网和万物万联的全场景分布式操作系统，为不同设备的智能化、互联与协同提供统一的语言，未来有望实现跨终端的协同体验。2021年9月，华为与国家能源集团联合发布了适用于矿山管理场景的矿山鸿蒙操作系统，破除各类采矿设备之间的信息壁垒，提高生产效率，而且与手机、智能穿戴等终端互联互通，进行更加精确的环境感知、人员定位、健康检测,提高井下作业安全性,是鸿蒙操作系统在工业领域的一次新突破。但是,目前国产操作系统要实现在更广阔物联网场景下的应用,仍然面临适配性不足、生态不完整等问题。

总体而言,我国还要进一步加大操作系统的研发强度,扭转智能制造的"底座"受制于人的局面。

(五)工业软件

工业软件是智能制造、工业4.0的大脑。与发达国家相比,我国工业软件起步较晚,技术储备不足。有数据显示,中国工业软件产值仅占全球产值的6%,与我国工业产值全球第一的地位严重不匹配,而且高端工业软件领域主要由外资主导。

具体来看,工业软件可以大致分为研发设计类,包括CAE(计算机辅助工程)、CAD(计算机辅助设计)、CAM(计算机辅助制造)和之前提到的EDA等;生产控制类,包括MES等;运营管理类,包括ERP、CRM等;嵌入式软件,比如嵌入式操作系统、嵌入式应用软件等。从总量上看,我国工业软件的产值与我国的经济规模、工业产值不相匹配;而从结构上看,自主研发的工业软件很多都集中在运营管理类,在更加核心的研发设计类软件上与国外领先企业的差距则更大。比如CAE类软件完全被海外产品垄断,欧美的Ansys、Altair、海克斯康(收购MSC)等公司占据了超过95%的市场份额;CAD类软件,西门子、达索、PTC、Autodesk等欧美企业也占据绝对主导。虽然国内产品取得了一定的进展,但还存在研发投入不足、教学和科研被国际软件巨头深度捆绑、商业转化不足等问题,需要持续进行突破。

工业软件并不单纯是一种信息化工具,其本质是将各类工业场景下总结出来的知识和经验以软件为载体进行保存和沉淀,并在相似的场景中进行利用。因此，工业软件的水平与工业的先进程度直接挂钩。从这个角度上讲，要求工业软件在短时间内全面追赶甚至超越国际领先水平并不现实，但是实现关键工业软件的自主可控的确十分必要。2021年10月，中共中央政治局就推动我国数字经济健康发展进行集体学习，习近平总书记对工业软件的发展做出了重要指示，"要重点突破关键软件，推动软件产业做大做强，提升关键软件技术创新和供给能力"。

（六）算力

支撑"智慧网联"的还有算力。通过"万物发声"、万物万联会产生各种各样的大数据，包括整个空间泛在的数据、老百姓消费生活的数据、企业生产运营的数据，数据在使用时叠加新的数据，形成数据库的存储、通信和计算的问题。如果说工业互联网、产业互联网、数字经济的基础的条件是能使"万物发声"的检测，促使万物互联的纽带是5G通信，那么实现人机互动、智慧世界的关键就在于算力，在于由大数据、云计算、人工智能、区块链等数字化综合体形成的算力。

算力包含五个方面的能力：一是计算速度，芯片、服务器、超算系统都反映这方面能力；二是算法，由大量数学家、程序员进行开发和优化；三是大数据存储量，包含静态数据、动态数据和经过人类大脑和计算机处理、计算后产生的数据；四是通信能力，体现在5G基站的数量、通信的速度、迟延、带宽、可靠性和能耗；五是云计算服务能力，包括数据处理中心的规模、服务器的数量等。数字时代，算力将是国家与国家、地区与地区之间竞争的核心。

我国目前有13个超算中心，领先的超算中心比如"神威太湖之光""天河二号"，它们的算力位居世界前十。使用我国自主研发的"申威"系列处理器的"神威太湖之光"曾经连续四年在全球 500 强最快超算排行榜中排名第一，直到最近几年才连续被日本的"富岳"，美国的"Summit""Sierra"等超算超越。我国在算力方面取得了令人瞩目的成绩，但仍然存在一定的短板：一是从整体来看，我国自研的计算机芯片与美国英特尔、英伟达等生产的芯片仍有较大差距；二是部分超算中心的算力资源仍然没有得到充分利用，可以将一部分闲置的超算资源挂牌交易。

这六个领域又是环环相扣、彼此交织的。比如，如果没有智能仪器仪表，就无法形成"万物发声"，那么 5G 也将缺乏应用场景；如果芯片制造跟不上，算力、传感器难以为继；传统产业进行数字化转型升级要经历五个步骤，每一步都涉及上述六个领域中的关键硬件和软件。如果在这六个领域中存在明显的薄弱环节，数字化转型就会面临障碍。

五、数字生产力的未来

(一) 量子计算

1. 概念与发展历程

（1）量子计算源起

随着数据时代的不断发展，数据库体量越来越庞大，数据分析算法的复杂度越来越高，计算效率作为大数据技术发展的关键，传统计算机技术的数据处理能力已经不能满足数据规模持续扩大的需要。根据摩尔定律，集成晶体管的数目随时间指数级增加。传统电脑芯片的集成度每 18 个月翻一倍，当集成电路线宽小于 0.1 微米时，量子效应就会影响电子的运动，并严重影响其性能。[1] 量子计算的出现为突破传统计算机芯片技术的极限提供了新的理论方向和实现方法。

（2）量子计算相关概念

量子计算（Quantum computing）属于量子信息技术领域，是一种突破性计算技术。它以当代量子力学和量子信息理论为基础，利用叠加和纠缠等量子现象来进行分析计算，具备巨大信息携带量以及超强并行计算能力。[2]叠加效应和纠缠态等量子现象遵循量子力学规律，并通过调控量子信息单元实现量子计算的效应。[2]

量子计算的基本信息单位为量子比特（qubit）。量子比特是运用量子态 | 0> 和 | 1> 来代替经典比特状态 0 和 1，每个量子比特的状态都是 0 或 1 的线性组合（通常称为叠加态）。[2]量子态是量子系统的状态，量子态可以表述为一个波函数（或概率幅），用量子态来表示的信息，就是量子信息。[1]

量子计算机是一种存储和处理量子信息并运行量子算法的物理设备，通过控制微观粒子产生的叠加态和纠缠态来记录和操作信息。[3]量子计算机与电子计算机的工作原理完全不同，其具备的量子特性使其计算性能可以远远突破电子计算机的限制。

（3）量子计算的特点

量子计算是利用量子态的性质来执行并行计算，因此，量子计算机在基础单位、算力以及计算模式方面都与经典计算机存在很大差异。

首先，与经典计算不同的是，基于量子信息的量子计算的基本计算单位为量子比特。其次，在计算能力方面，由于量子计算的基本单位是量子比特，而量子比特具有独特的能够同时包含 0 和 1 的叠加态，量子计算的计算能力相较于电子计算有了显著提高。经典计算中 n 个比特可实现的 n 级算力，与晶体管数量成线性正相关，而 n 个量子比特有 2^n 级算力，相比电子计算是指数级的变化，见图 3-1。最后，量子计算的运算模式具备并行性，也就是可同时对 2^n 个数进行计算，而经典计算机的运算模式是一次运算只能处理一次计算任务。

量子计算除了在上述三个方面中有较大不同外，量子现象中的量子纠缠（quantum entanglement）也决定了量子计算的整体性。

量子纠缠是发生在量子系统的量子现象。在量子力学中，几个粒子在相互作用后，由于各个粒子所拥有的特性已综合成为整体性质，因此只能对整体系统的性质进行描述，而无法对各个粒子的性质描述的现象就是量子缠结或量子纠缠，当一个量子发生改变时，另一个量子也会随之改变。[4]量子纠缠决定了量子计算的整体性。

因此，量子计算具备的叠加性、并行性和整体性解决了电子计算目前面临的技术瓶颈。量子计算机具备的"量子优越性"是指它具备真正的并行性和整体性，拥有巨大的存储数据能力，并且能够使某些量子算法拥有超强加速能力。[1]一旦量子计算机强大到可以完成经典计算机无法执行的计算时，量子计算机的核心优势就完全展现成为"量子霸权"。

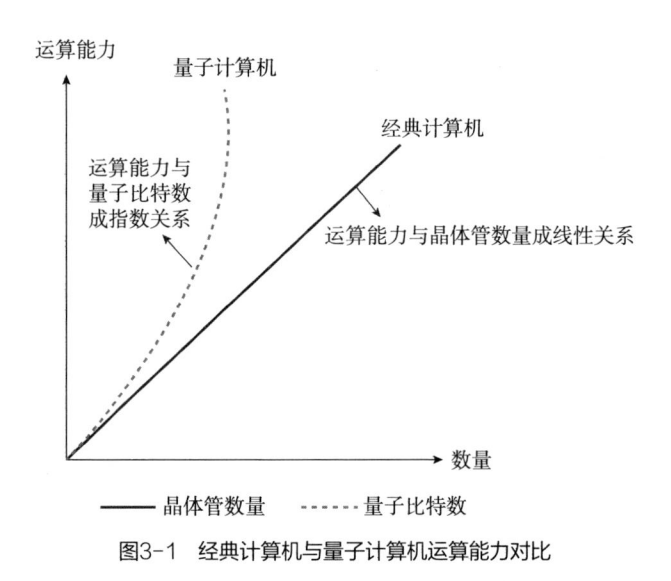

图3-1 经典计算机与量子计算机运算能力对比

资料来源：根据公开资料整理。

（4）两次量子革命

第一次量子革命始于20世纪初，结束于20世纪20年代薛定谔波动方程等量子力学基本理论的提出。[1]在第一次量子革命中，量子力学取得了极大的突破。通过对宏观量子行为的利用和控制，研发出以半导体、激光、超导为代表的重要信息技术，但此次革命基于量子效应的量子技术应用产品还较少，[1]处理的信息依旧是处在0或1的确定状态，以二进制方式进行运算的经典模式。

第二次量子革命自20世纪末开始，操控量子行为开始进入以电子、光子为代表的微观物理体系，量子信息理论逐渐形成，基于量子力学和量子信息理论，以量子信息技术为代表的新型量子技术产品逐步涌现，实现了对量子信息的获取、处理和传输能力。[8]另外，超弦理论研究、以拓扑物态为代表的多体系统的量子纠缠的研究等，促使量子计算有了突破性发展。[1]区别于第一次量子革命，第二次量子革命中处理的信息并非经典信息，而是量子信息。

2. 全球量子计算领域的相关政策

量子计算已经成为全球产业变革以及科技革命的核心竞争领域，各国都在纷纷推进量子计算领域的规划，以确保在量子技术方面具有全球竞争力。

（1）国外政策

美国在量子信息科学领域的政策管理方面较为完善，技术也具备一定的领先优势。2002年，美国开始探索量子技术并发布《量子信息科学与技术规划》。2009年，美国国家科学技术委员会发布《量子信息科学的联邦愿景》，指出为保证全球竞争力，政府需对量子信息科学进行持续关注。2016年，《发展量子信息科学：国家的挑战与机遇》报告中指出了美国量子计算研发过程中的障碍。2018年美国国家层面的战略《量子信息科学国家战略概述》发布。同年12月，美国颁布的《国家量子计划法案》提出开发新一代传感器、打造量子计算机、建立全球量子通信系统三大目标，并把重点聚焦在量子传感、量子计算、量子网络、量子器件四类基础科学研究上。2020年，《美国量子网络战略构想》报告和《量子前沿》报告相继提出了量子信息科学的前沿领域及问题。2021年《量子网络研究的协调方法》发布，建议联邦机构可以共同采取行动来推进建立国家的相关知识基础体系，以及做好利用量子网络的准备。

欧盟在量子科技方面的政策规划起始于20世纪90年代。1993年欧盟加大了量子通信领域的研发力度，聚焦于量子远程传态。2007—2014年，量子密码通信和量子密集编码成为欧盟重点研究领域。[5] 2016年3月，《量子宣言（草案）》由欧盟委员会发布，草案的发布旨在全球范围内，树立欧洲量子技术的领导者地位，增强量子研究与跨领域应用能力。2018年，宣言中的"量子技术旗舰计划"正式启动，总投资额为10亿欧元，主要关注量子通信、量子模拟器、量子传感器和量子计算机4个领域。[5] 2020年5月，欧盟"量子技术旗舰计划"发布的战略研究议程（SRA）报告中表示，欧盟在三年中将继续推动建设覆盖欧洲范围的量子通信网络，为"量子互联网"奠定基础。

英国于2015年先后发布《量子技术国家战略》与《英国量子技术路线图》，以此确定了量子技术的重要战略地位。[6] 2016年，英国启动"国家量子技术专项"，以2020年为节点分为两个阶段，第一阶段投资2.7亿英镑。[8]

澳大利亚联邦政府在2017年发布了《2030战略规划》，指出持续发展量子计算技术是澳大利亚2030年中长期创新战略规划的重要方向之一。[8]

俄罗斯在2019年宣布了《国家量子行动计划》，目前计划有效期为2020—2025年，国家投资总额约7.9亿美元。[5]

日本政府于2016年1月发布了《第五期科学技术基本计划》，指出量子技术为创造新价值的核心基础技术。2017年2月，日本文部科学省基础前沿研究会发表了《关于量子科学技术的最新推动方向》，表明量子信息处理和通信、量子测量等领域成为重点发展领域。2018年3月，日本文部省发布的"量子飞跃旗舰计划"，旨在通过光量子科学技术等研究解决国家重要经济和社会问题。[6]2022年4月6日，日本岸田内阁有关量子技术的新国家战略草案《量子未来社会展望》（暂定名）公布。该战略设定一定的目标，包括2022年内建成第一台"日本国产量子计算机"以及基于量子技术的生产额达到约4 000亿美元规模等。[7]

国外重点国家量子计算相关政策汇总如表3-1所示。

表3-1 国外量子计算相关政策汇总

国家和地区	年份	发布政策
美国	2002	《量子信息科学与技术规划》
	2009	《量子信息科学的联邦愿景》
	2016	《发展量子信息科学：国家的挑战与机遇》
	2018	《量子信息科学国家战略概述》
	2018	《国家量子计划法案》
	2020	《美国量子网络战略构想》
	2020	《量子前沿》
	2021	《量子网络研究的协调方法》
欧盟	2016	《量子宣言（草案）》
	2018	"量子技术旗舰计划"启动
	2020	"量子技术旗舰计划"战略研究议程（SRA）报告
英国	2015	《量子技术国家战略》
	2015	《英国量子技术路线图》
澳大利亚	2017	《2030战略规划》
俄罗斯	2019	《国家量子行动计划》

续表

国家和地区	年份	发布政策
日本	2016	《第五期科学技术基本计划》
	2017	《关于量子科学技术的最新推动方向》
	2018	"量子飞跃旗舰计划"启动
	2022	《量子未来社会展望》(暂定名)

资料来源：根据公开资料整理。

（2）国内政策

我国高度重视量子计算的发展与应用，支持政策陆续出台，已经形成了从国家到地方的完整的研究体系。中国量子计算的各类政策，旨在明确量子科技的重要战略意义和科学价值，加快布局一批量子信息重点领域的重要应用、培养量子计算相关的未来产业。政策汇总详见表3-2。

表3-2 国内量子计算相关政策

时间	政策名称	主要内容
2005.12	《国家中长期科学和技术发展规划纲要（2006—2020年）》	重点研究量子通信的载体和调控原理及方法
2016.06	《长江三角洲城市群发展规划》	积极建设"京沪干线"量子通信工程，促进量子通信技术的应用
2016.07	《"十三五"国家科技创新规划》（国发〔2016〕43号）	面向2030年，选择一批体现国家战略意图的重大科技项目
2016.12	《"十三五"国家信息化规划》	加强量子通信、未来网络、类脑计算、人工智能等新技术基础研发和前沿布局，构筑新赛场先发主导优势
2017.05	《"十三五"国家基础研究专项规划》（国科发基〔2017〕162号）	量子通信研究面向多用户联网的量子通信关键技术和设备，率先突破量子保密通信技术，建设超远距离光纤量子通信网，开展星地量子通信研究系统，构建完整的空地一体广域量子通信网络体系

续表

时间	政策名称	主要内容
2017.11	《关于组织实施2018年到新一代信息基础设施建设工程的通知》	重点支持国家广域量子保密通信骨干网络建设一期工程,构建量子保密通信网络运营服务体系,进一步推进其在信息通信领域及政务、金融、电力等行业的应用
2019.12	《长江三角洲区域一体化发展规划纲要》	加快培育布局一批量子信息等重点领域未来产业。统筹布局和规划建设量子保密通信干线网,实现与国家广域量子通信骨干网无缝对接,开展量子通信应用试点
2020.05	《广东省人民政府关于培育发展战略性支柱产业集群和战略性新兴产业集群的意见》	区块链与量子信息产业集群为十大战略性新兴产业集群。打造全国量子信息产业高地
2020.06	《重庆市新型基础设施重大项目建设行动方案(2020—2022年)》	提前布局量子通信网,探索量子通信信息安全加密服务应用,逐步拓展量子安全认证和量子加密终端等新型应用场景
2020.08	《浙江省数字经济发展领导小组关于深入实施数字经济"一号工程"的若干意见》	建成和运营国家(杭州)新型互联网交换中心。加快区域量子通信商用干线网络、卫星互联网等通信网络基础设施建设
2020.10	中央政治局第二十四次集体学习	量子科技发展具有重大科学意义和战略价值,是一项对传统技术体系产生冲击、进行重构的重大颠覆性技术创新,将引领新一轮科技革命和产业变革方向
2021.03	《中华人民共和国国民经济和社会发展第十四个五年规划和2035年远景目标纲要》	瞄准人工智能、量子信息、集成电路等前沿领域,实施一批具有前瞻性、战略性的国家重大科技项目。加快布局量子计算、量子通信、神经芯片、DNA存储等前沿技术

资料来源:根据公开资料整理。

3.量子计算技术发展现状

(1)量子计算主流技术路线

量子比特操控精度是衡量量子芯片性能的一个核心指标。目前，在主流国际技术路线中共有5种用于制备和操控量子比特的方法，分别为半导体、超导、离子阱、拓扑和光量子。[8]虽然不同技术路线的物理原理不同，但制作出纠缠态的最基本粒子以及不断提高可操控量子比特数量是各类物理体系的共同目标。各种技术路线都具备不同的优势和局限性，其中，超导量子电路受关注程度较高，国际各大机构和企业均已开展超导量子比特实验研究。我国量子计算原型机"祖冲之号"就是超导量子计算模式。另外，我国也在量子光学路线研究方面处于领先优势，量子计算原型机"九章"就是具有76个光子的量子计算机。微软是研究拓扑量子计算路线的主要企业，该路线无须纠错算法、相干时间长、保真度强，因而也受到广泛关注。[2]目前，超导、离子阱、半导体量子点和光量子技术路线4种路径均已制作出物理原型机，但拓扑量子尚无物理层面的实现。[2]

在量子芯片的研发中，世界各国也在积极寻找更精确的量子比特，以实现对传统比特的重大突破。2022年3月24日，阿里巴巴公布了达摩院量子实验室最新研发的新型超导量子芯片，芯片基于新型超导量子比特fluxonium磁通型，在该芯片上实现两比特门99.72%的操控精度，达到此类比特的全球最佳水平。[9]2022年，硅量子计算实现重大突破，三篇论文实现2Q门保真度99%以上，其中荷兰的代尔夫特理工大学团队通过使用硅/硅锗合金量子点的电子自旋，实现了99.87%的单量子比特保真度和99.65%的双量子比特保真度。[10]

（2）量子计算原型机

量子计算目前还处于原型机研发阶段，对粒子状态的控制依然是需要突破的难点，美国IBM（国际商业机器公司）和加拿大D-Wave系统公司已经在销售量子计算机的使用权。[11]

2019年，谷歌发布超导量子芯片"悬铃木"（Sycamore），公布有效量子比特数 53 个，对一个数学算法的计算只需 200 秒。2021 年 11 月，使用谷歌的"悬铃木"量子计算机创建了 20 个量子比特时间晶体（Time crystal）的新物质相。2022 年 3 月，澳大利亚研发出由 57 个量子比特组成的时间晶体，成为截至目前最大的时间晶体。[12]

2020 年 12 月，潘建伟团队与中科院上海微系统所、国家并行计算机工程技术研究中心合作，成功构建 76 个光子的量子计算原型机，求解数学算法高斯玻色取样只需 200 秒。[13] 2021 年 10 月，潘建伟团队等继续合作成功构建 113 个光子 144 模式的量子计算原型机"九章二号"，求解高斯玻色取样数学问题比目前全球最快的超级计算机快 10^{24} 倍。[14] 2021 年 5 月，潘建伟院士团队成功研制了操纵的超导量子比特数量为 62 个的量子计算原型机"祖冲之号"。2021 年 10 月，潘建伟院士研究团队与中科院上海技术物理研究所合作，成功构建 66 比特可编程超导量子计算原型机"祖冲之二号"。其计算复杂度比谷歌推出的"悬铃木"提高 100 万倍，求解"量子随机线路取样"任务的速度比全球最快的超级计算机快 1 000 万倍以上。[15]

中国电子科技集团首席科学家、中国预警机总设计师陆军院士带领预警机团队研发成功国内首台量子计算机工程化样机，实现了中国量子工程的重大突破。苏州市联合中国电科集团成立量子科技长三角产业创新中心，投入 24 亿元研发经费，组建一流研发团队开展量子算力网、量子计算机、量子芯片领域科学体系重大工程。以此为基准，正在形成量子计算机科学体系工程的标准体系，包括量子计算机设计规范和测试仪器仪表等。量子工程团队正在设计自主首套量子计算机的制造装备，构建量子计算机科学体系工程的产业基础，包括量子算力网、超导量子计算机制造相关设备产业链和量子计算机制造装备控制软件等。这些量子工程核心科技创新正在为先进的中国量子工程产业奠定基础。

总而言之，全球各个国家都不断地在量子科技领域加大研发力度，已取得了一系列技术研发和应用的重大突破。美国集中研究量子计算和量子网络，依然保持着在量子技术方面的全球优势。根据全球量子计算专利有效性数据统计，美国稳居第一，中国处于第二位，加拿大、日本紧随其后。我国在量子通信领域取得了一系列重大成绩，但在量子计算方面仍落后于美国、日本和欧洲。[11]

4. 量子计算的应用

随着人类数据的爆炸式增长，各个领域对海量数据处理能力的要求在快速增加。量子计算突破了传统计算技术的限制，实现了计算能力的巨大飞跃。量子计算可运用在信息安全、量子通信、人工智能、金融工程以及脑科学、空天科技等领域。

（1）信息安全

现代密码体系目前已广泛应用在日常生活中的各个方面，很多密码在电子计算机上难以破解，但如果有了强大的量子计算机配合 Shor 算法（舒尔算法），就能在短时间内破解现有的密码体系。[8] 2018 年美国哈德逊研究所发布的《量子计算：如何应对国家安全风险》(Quantum Computing: How to Address the National Security Risk)中指出，当通用型量子计算机成功问世，或专用量子计算机达到 300 个量子比特可控的计算力时，国家级机密信息、商业机密以及个人隐私信息等都将无所遁形，任何传统加密系统都不再有秘密可言。[16] 因此，利用量子计算技术布局信息安全已是信息领域的必由之路。

美国已投入大量经费组建量子科学实验室用于支持国家安全局等机构，研发用于加密的量子计算机以保证国家安全。美国国防机构提供经费支持 IBM、谷歌等公司的专用量子计算技术研发。除直接的资金投入外，美国国防机构也在与各类技术研究部门进行协同合作，比如美国国家安全局、美国海军水面作战中心等国家安全保障机构分别与美国各大高校联合建立量子研究院、研究中心或在研究项目上进行合作。[8]

（2）量子通信

量子通信是利用量子的特性，在经典通信辅助下为通信收发双方进行量子密钥的产生、分发和接收，并进行信息传递的新型通信方式。量子通信技术作为当前安全保密等级最高的通信手段，通过使用一次一密的加密策略，解决了密钥的安全传输和窃听检测等技术难题，提供了对通信的绝对安全性保证。[17]拥有量子计算加持的量子通信技术能被广泛应用在公共事务管理、社会服务以及经济发展等各个领域，世界各国都在这一领域加大了投入力度。

2021年8月，27个欧盟成员国承诺与欧盟委员会和欧洲航天局（ESA）合作，共同建设一个覆盖整个欧盟的安全量子通信基础设施EuroQCI，EuroQCI结合了量子密码学、量子系统集、量子物理学，并利用量子技术提供多层安全保护。[18] EuroQCI旨在保护欧盟网络安全和推动欧盟量子技术的应用水平，保护欧洲政府之间、能源网、数据中心等关键站点之间的数据传输，其将成为欧盟未来新网络安全战略的主要支柱。

我国量子科学领域主攻方向之一就是量子通信技术。2017年，我国线路总长超过2 000公里的量子保密通信"京沪干线"正式开通，成为世界上最远距离的基于可信中继方案的量子安全密钥分发干线。[19] 2018年，国家广域量子保密通信骨干网络建设一期工程正式开始，"京沪干线"上又增加武汉和广州两个骨干节点，光纤量子保密通信网络长度达7 000公里左右。[20] 2019年，《长江三角洲区域一体化发展规划纲要》中提出，在长三角地区将建设覆盖16个主要城市、1 013公里的量子保密干线环网，并在城市群内广泛开展量子通信应用试点。[21] 2020年10月，国科量子通信网络有限公司分别和文昌国际航天城管理局、中国广电下属中国有线电视网络有限公司签署合作协议，致力于打造海南全球第一条"星地一体"环岛量子保密通信网络。2021年，中央网络安全和信息化委员会印发《"十四五"国家信息化规划》，规划涉及多项量子信息领域的研发建设工程，包括量子信息设施和试验环境的基础设施建设、量子信息等关键前沿领域的战略研究和技术融通创新等。

（3）人工智能和量子机器学习

量子计算与人工智能的交汇融合能加快人工智能的研发速度、拓宽人工智能的应用场景，从而创造更大的人工智能应用价值。人工智能的基础是数据、算法、算力，由于人工智能已经向更高应用阶段比如多场景、规模化等方向转变，算法模型的参数量也呈指数级增加。根据摩尔定律，当人工智能模型的复杂度越来越高，传统计算机的算力瓶颈将成为人工智能发展的重要制约因素。因此，利用量子计算的强大算力能够有效提高人工智能的学习能力，提升模型训练的速度以及处理复杂网络的能力。

量子机器学习算法模型就是利用量子理论的优势改进机器学习算法，促进机器学习算法的量子化，打造量子机器学习强大的记忆容量、学习能力和处理速度，以及强稳定性和可靠性等优势。[22] 区别于传统神经网络的单个网络，量子神经网络的并行性可以通过更多网络存储更多算法模式，拥有指数级存储和检索能力的量子神经网络可以模拟人类大脑或者模拟黑洞。2020年谷歌宣布了一款用于训练量子模型的机器学习库TensorFlow Quantum（简称TFQ）。TFQ包含以特定量子比特、门、电路为例的量子计算所需的基本结构，用户可以在模拟或真实硬件上执行。[23]

（4）金融工程

金融行业建立在数据分析之上，随着数字金融服务的普及，安全可靠、差异化的金融服务对计算能力提出了更高要求，量子计算在金融工程的前中后台都能发挥巨大的潜能。

比如，量子计算可对大量数据进行精确分析，从而准确拟定金融投资组合、高效执行交易策略、灵敏预判各种风险等。目前全球已有超过 25 家国际大型银行及金融机构与量子计算企业开展了合作研究。[24] 比如，2017 年，摩根大通加入 IBM 量子计算产业联盟 Q Network，并共同开发新型算法；2019 年 9 月，西班牙金融服务公司 CaixaBank 成功完成量子计算模拟项目；2019 年 11 月，澳大利亚联邦银行与美国量子计算创业公司 Rigetti Computing 合作，构建专用量子模拟器软件系统，进行量子优化投资组合再平衡策略实验。[8] 中国人民银行清算总中心也利用量子通信等网络信息安全技术，通过量子"京沪干线"+本地量子城域网，建立了量子密钥分发系统，实现了数据中心间量子密钥的生成，提高了数据传输的安全性。

（二）脑科学与神经计算

1. 概念与发展历程

（1）脑科学

大脑是人体最重要的器官，是支配人的一切生命活动的中枢，是一个由上千亿神经细胞构成的结构复杂、功能全面的超级计算机，脑科学是人类认识自我的重大任务，是目前最具挑战性的多学科交叉研究领域。

脑科学有狭义和广义之分。《2021 全球脑科学发展报告》认为："狭义的脑科学一般指神经科学，是为了了解神经系统内分子水平、细胞水平、细胞间的变化过程，以及这些过程在中枢功能控制系统内的整合作用而进行的研究，主要包括神经发生、神经解剖学、神经生理学、神经通信与生物物理学、神经化学与神经内分泌学、神经药理学、记忆与行为、直觉和神经障碍九个领域。广义的脑科学是研究脑结构和脑功能的科学，主要包括脑形态及结构、脑部分区及功能、脑细胞及工作原理、脑神经与网络系统、脑的进化与发育等领域的研究，以及对脑生理机能的研究。"广义的脑科学是从生物脑的角度出发，研究大脑的物理构成、生物机理和工作机能，是一个认识脑的过程，但从更宏观的角度看，脑科学不会仅停留在认识脑，还需要研究如何更好地保护脑、开发脑和创造脑。保护脑就是研究促进脑的发育，预防和治疗脑部疾病，延缓脑的衰老；开发脑就是如何开发脑的功能，同时通过类脑研究，模拟脑的功能和工作原理；创造脑就是仿真大脑，开发脑型计算机。[25]

在我国2016年发布的《"十三五"国家科技创新规划》文件中，"脑科学与类脑研究"被列为"科技创新2030—重大项目"，也被称为中国"脑计划"，文件提出，"以脑认知原理为主体，以类脑计算与脑机智能、脑重大疾病诊治为两翼，搭建关键技术平台，抢占脑科学前沿研究制高点"。[26]

研究脑认知原理。大脑认知功能包括基本的脑认知功能（感知觉、学习和记忆、情绪等）和高级的脑认知功能（同情心、社会认知、合作行为、语言等），可以通过模式动物研究或者大脑结构图谱的绘制等方法研究脑认知的原理和功能。

研究类脑计算（Brain-inspired Computing）与脑机智能，主要应用于人工智能技术的研发，通过类脑神经网络模型、类脑计算处理以及存储设备技术的研究，有助于开发新一代人工智能机器人，相关研究领域包括：类脑智能、脑机接口和脑机融合、新一代人工网络模型和计算模型等。[27]

研发脑重大疾病诊治新手段，以保护和维持大脑的正常功能，延缓大脑衰老退化,以攻克自闭症、上瘾、老年痴呆症、帕金森等疾病为重要目标。

(2)类脑计算

类脑计算又被称为神经形态计算(Neuromorphic Computing),是借鉴生物神经系统信息处理模式和结构的计算理论、体系结构、芯片设计以及应用模型与算法的总称。现有的计算系统面临两个严重制约发展的瓶颈:一个是系统能耗过高的问题;另一个是对人脑能轻松胜任的认知任务处理能力不足,难以支撑高水平的智能。而类脑计算是对现有的计算体系和系统做出的变革,目标是要降低计算能耗,提升计算能力和效率。欧盟"人类大脑计划"(Human Brain Project)建议报告中指出:"除人脑以外,没有任何一个自然或人工系统能够具有对新环境与新挑战的自适应能力、对新信息与新技能的自动获取能力、在复杂环境下进行有效决策并稳定工作直至几十年的能力。没有任何系统能够在多处损伤的情况下保持像人脑一样好的鲁棒性,在处理同样复杂的任务时,没有任何人工系统能够媲美人脑的低能耗性。"[28]因此在计算系统研究中,学习借鉴大脑成为一个重要的研究方向。类脑计算是脑科学和信息技术的高度融合。

类脑计算的研究可以分为神经科学的研究(特别是大脑信息处理基本原理的研究)、类脑计算器件(硬件)的研究和类脑学习与处理算法(软件)的研究三个方面。[29]

①大脑信息处理基本原理的研究

在神经科学领域,脑科学的研究为类脑计算的发展提供了重要基础。目前对于单个神经元的结构与功能已经有较多了解。但对于功能相对简单的神经元如何通过网络组织起来形成我们现在所知的最为高效的信息处理系统,还有很多问题尚待解决。

②类脑计算器件(硬件)

类脑计算器件研究的初衷是模仿生物神经元的信息处理,在硬件结构上，从神经元结构、信息编码方式到神经元群体组织结构、信息传递来逼近生物脑。[30]现代计算机在能耗和性能上与人脑相比还存在巨大差距，现代计算机能耗高的一个重要原因是计算机普遍采用的冯·诺依曼架构，计算单元和存储单元是分开的，计算单元计算前需要先从存储单元中读取数据，造成时延和大量功耗。而在人的大脑中，信息处理在神经网络中实现，而数据本身则是分布式地存储于网络的各个节点（比如由神经元内的离子浓度表征）以及节点之间的连接（比如由突触连接的强弱表征）上，运算和存储在结构上是高度一体化的。因此，用少量甚至单个电子器件模仿单个神经元的功能，将数量巨大的电子"神经元"以类脑的方式形成大规模并行处理的人工"神经网络"，也是一个重要的研究方向。[29]

③类脑学习与处理算法（软件）

神经形态模型是神经形态计算的重要组成部分，是在现有计算机硬件系统上实施对生物脑神经网络的模拟。

神经形态模型的基本组成单元是神经元模型，即模仿树突、轴突和突触结构的模型。脑神经元之间的通信依靠神经细胞膜电位的升降脉冲，借鉴该原理，研究人员提出了多种神经元模型，例如Integrate-and-Fire（I&F）模型、Leak Integrate-and-Fire（LIF）模型等。神经元模型越接近真实神经元的结构特性，其模型就越复杂，模型应用效果在原则上也会越好。

神经网络模型描述神经元突触的连接关系，一方面可以遵从生物原理，另一方面可与生物网络具有不同的拓扑结构。应用神经网络模型，不同的神经元和突触模型可组成多种多样的神经网络，从而形成种类丰富的神经形态模型。[31]脉冲神经网络（Spiking Neural Networks，SNN）作为第三代神经网络，相较于目前应用效果较好的卷积神经网络（Convolutional Neural Network，CNN）和循环神经网络（Recurrent Neural Network，RNN）等第二代神经网络，更加贴近脑神经元信息传递方式。[30]尽管SNN在结构上对硬件实现更友好，但训练存在一定难度，当前很多团队正致力于开发SNN监督式学习规则，但SNN的实际应用依然较少。

2. 全球脑科学与神经计算领域的相关政策

近年来，在脑科学和类脑计算领域，美国、欧盟、日本等国家和组织纷纷宣布启动脑科学的相关研究计划，即"脑计划"，我国脑计划也于"十三五"期间启动。

（1）国外政策

1997年，美国正式启动"人类脑计划"；其后美国国立卫生研究院（National Institutes of Health，NIH）推出了人类连接组项目（Human Connectome Project）。2014年，NIH启动了"通过推动创新型神经技术开展大脑研究计划"（Brain Research through Advancing Innovative Neurotechnologies，BRAIN），开启了"BRAIN 1.0时代"。计划提出了9项优先发展的领域目标。项目最终目标是了解大脑如何产生思维、情绪和感觉，并且帮助治疗脑功能紊乱患者。2018年4月，NIH成立脑科学技术2.0工作组，并在2019年6月将报告《美国脑科学计划2.0》提交给美国国立卫生研究院咨询委员会，标志着"BRAIN 2.0时代"开启。该计划从2020年开始到2026年结束，主要内容包括七个方向：发现大脑多样性、大脑多尺度影响、活的大脑、证明因果关系、确定基本原则、人类神经科学和其他。[25]美国国防部高级研究计划局（Defense Advanced Research Projects Agency，DARPA）支持的"神经形态自适应可塑可扩展电子系统"项目，在"微处理器"和"计算架构"两个层次上模拟人脑神经元网络的信息处理机制。[32]

2013年，欧盟启动了欧盟脑计划，即"人类脑计划"（Human Brain Project，HBP），计划为期10年。但在2015年，欧盟人脑计划放弃了在10年内实现人脑计算机仿真的研究目标，转而主攻认知神经科学和类脑计算，形成了六大信息及技术平台（神经信息平台、大脑模拟平台、高性能计算平台、医学信息平台、神经形态计算平台、神经机器人平台）和12个子项目。[33] 欧盟HBP计划的一个重要目标是利用从大脑得到的模型发展新型计算技术，另一个重要目标是利用大脑研究类脑计算技术，实现智能、高效、低功耗的计算。项目第二阶段原计划于2016年4月开展，但最终未能如期进行。目前HBP项目逐渐销声匿迹。

日本2016年启动脑计划（Brain/MINDS）——疾病研究综合神经技术脑图绘制（Brain Mapping by Integrated Neurotechnologies for Disease Studies, MINDS），重点研究狨猴脑发育及疾病发生的动物脑图模型。2018年，日本正式启动人脑计划（Brain/MINDS Beyond），研究对象从猴脑拓展到人脑。

（2）国内政策

在正式启动脑计划之前，2001年，我国科学家加入了"人类脑计划"，并成为这一计划的第20个成员国。2006年出台的《国家中长期科学和技术发展规划纲要（2006—2020年）》将"脑科学与认知"列入基础研究8个科学前沿问题之一。在"973""863"计划和科技支撑计划支持下，我国在脑科学领域逐步加大研究投入。中科院在2012年启动了战略性先导科技专项（B类）"脑功能联结图谱计划"（Mapping Brain Functional Connections，简称脑联结图谱），目标是对特定脑功能的神经联结通路和网络结构的解析及模拟，2015年该专项加入了人类脑智能研究领域，专项更名为"脑功能联结图谱与类脑智能研究"。[34]

2016年，国家"十三五"规划提出："要强化宇宙演化、物质结构、生命起源、脑与认知等基础前沿科学研究。"在同年颁布的《"十三五"国家科技创新规划》中，"脑科学与类脑研究"被列入

"科技创新2030—重大项目"，我国脑计划启动。我国脑计划总体布局可以概括为"一体两翼"，即以脑认知原理为主体，以类脑计算与脑机智能、脑重大疾病诊治为两翼。"十三五"期间，北京和上海启动"脑科学与类脑智能"地区计划，成立了北京脑科学与类脑研究中心、上海脑科学与类脑研究中心，同时国内各大高校也纷纷成立类脑智能研究中心，例如北京大学—IDG/麦戈文脑科学研究所、清华大学—IDG/麦戈文脑科学研究院等。

2021年出台的《中华人民共和国国民经济和社会发展第十四个五年规划和2035年远景目标纲要》将"脑科学与类脑研究"列入科技前沿领域攻关专栏，研究将围绕脑认知原理解析、脑介观神经联接图谱绘制、脑重大疾病机理与干预研究、儿童青少年脑智发育和类脑计算与脑机融合技术研发五个重点领域，同时类脑智能列入前沿科技和产业变革领域，规划文件提出组织实施未来产业孵化与加速计划，谋划布局一批未来产业。2021年9月，科技部发布了《科技创新2030—"脑科学与类脑研究"重大项目2021年度申报指南》，申报项目涉及59个研究领域和方向，国家拨款经费预计超过31.48亿元。

3. 脑科学与神经计算的应用

在数字经济领域，脑科学和类脑计算的一个重要应用是类脑计算芯片。

类脑计算芯片广义上指的是参考人脑神经元结构和人脑感知认知方式设计的芯片，分为两大类：一类是侧重于参照人脑神经元模型及其组织结构来设计的芯片，称为神经形态芯片；另一类是侧重于参照人脑感知认知的计算模型，优化芯片结构来高效支持人工神经网络或深度神经网络等成熟认知算法的芯片。狭义上，类脑芯片一般指神经形态芯片，也就是类脑计算硬件。[35]

类脑计算芯片近年来引起国际社会广泛重视和大量投入，曼彻斯特大学的 SpiNNaker 芯片、IBM 的 TrueNorth 芯片、海德堡大学的 BrainScaleS 芯片、斯坦福大学的 Neurogrid 芯片、Intel（英特尔）的 Loihi 芯片，以及清华大学的 Tianjic 天机芯片是现阶段六个主要的类脑计算方案代表。表 3-3 为国内外主流类脑计算芯片技术方案分类。

表3-3 类脑计算芯片技术方案分类[36]

类脑层次	脑层次	方案	核心特点
程序级	行为级	SpiNNaker	不采用传统的精确编程模型，容忍运行时的差错
架构级	网络结构级	TrueNorth	不采用传统的冯·诺依曼架构，存储和计算适度融合
架构级	网络结构级	Loihi	支持数字电路实现的在线突触可塑性
电路级	单元电特性级	BrainScaleS	不采用完备的数字逻辑电路，采用模拟电路实现
器件运行状态级	单元电特性级	Neurogrid	不采用期间的常规运行状态，让器件工作在亚阈值状态
架构级	网络结构级	Tianjic	异构融合架构，支持 ANN、SNN 和异构建模

资料来源：根据公开资料整理。

SpiNNaker：Spiking Neural Network Architecture，英国曼彻斯特大学开发的多核类脑处理器，包含了近百万颗 ARM 处理器，实现了部分脑功能模型，可以模仿大脑区域功能，其通信机制适合实时建模。

TrueNorth：2014 年由美国 IBM 公司推出，采用三星 28nm（纳米）制造工艺，含有大量可编程神经元，具有很好的可扩展性。

Loihi：Intel 公司发布，拥有 13 万个神经元和 1.3 亿个突触。

Intel通过神经元之间的脉冲传输数据。

BrainScaleS：德国海德堡大学研发，包括20万个神经元和5 000万个突触。

Neurogrid：美国斯坦福大学开发，能够模拟大规模脑内神经元以及突触连接，从而可应用于脑机接口。

Tianjic：清华大学研发，融合了神经科学和计算机科学两条技术路线，可并行运行视神经网络模型，并在模型间无缝通信。

除了上述神经形态芯片外，还有支持神经网络和深度学习的非神经形态芯片，如寒武纪芯片、嵌入式智能芯片图形处理器（Graphic Processing Unit，GPU）、现场可编程逻辑门阵列（Field Programmable Gate Array，FPGA）、专用集成电路（Application Specific Integrated Circuit，ASIC）等。

此外，类脑计算芯片的出现也为类脑计算系统的搭建提供了可能。构建海量类脑计算芯片的阵列集成系统，是目前国际通行的大规模类脑计算系统的技术路线，例如美国、德国、英国分别基于各自的类脑计算芯片构建了类脑计算系统。[37]清华大学类脑计算中心基于天机类脑计算芯片研制成功国内首台通用类脑计算原型系统。2020年10月14日，清华大学计算机系张悠慧团队和精仪系施路平团队与合作者在《自然》杂志发表题为《一种类脑计算系统层次结构》的论文，填补了类脑计算系统领域完备性理论与相应的类脑计算系统层次结构方面的空白。[38]

除了基于硅技术的类脑计算芯片外，还有一部分类脑计算芯片基于新型纳米器件和技术，例如忆阻器件阵列。忆阻器作为新兴微电子器件，也是目前人工突触的研究重心。记忆功能是忆阻器的重要特征，表现为能够记忆流经它的电荷数量，这直接影响器件的存储能力，让其成为能够促进类脑智能方面的极具潜力的基础元件。[39] 2020 年，清华大学吴华强教授团队提出了一种基于全硬件忆阻器实现的卷积神经网络系统，该忆阻器 CNN 系统能够适应设备缺陷，实现了存算一体结构，并具有良好的可拓展性，与 Teala V100 GPU 相比，功耗效率提高了 2 个数量级，性能密度提高了 1 个数量级。[40]

（三）算力网络

1. 概念与发展历程

（1）算力网络的概念

数据已成为数字经济时代的新生产要素，算力将成为新生产力的重要组成部分。发展数字经济，必须加快建设和完善信息基础设施，尤其是以数据中心为代表的算力基础设施，为全社会提供安全稳定的计算服务以及数据处理和流通服务，以实现数据在匹配供需、交叉印证、洞察规律、防控风险、降本增效等方面的核心价值。当前，算力的概念已涵盖处理数据的综合能力，包括数据总量、数据存储能力、数据计算速度、数据计算方法、数据通信能力等，反映了数据收集、存储、计算、分析和传输的综合能力。在算力的度量方面，不同场景度量方法和单位也有所不同，例如关注运算精度（双精度、单精度、半精度及整型算力），或是适于人工智能算法的度量方法会有一定差异。

区域数字经济的规模化发展，对算力服务在计算速度、计算精度、计算规模、响应时延、算法覆盖等方面提出了更高和更多样化的要求。算力和网络融合发展的趋势越来越明显，而算力资源的整合和灵活供给也成为业界的迫切需求，"云网一体""算网一体""云边端一体化"等算力服务解决方案在实践中不断涌现，算力资源供给必将以基础设施的形态广泛出现，通过算力网提供资源抽象、业务保证、统一管控和弹性调度的服务。2019 年，"算力网络"这一概念开始被大家广为认知。算力网络的产生与边缘计算紧密关联，它的一个重要愿景是解决算力资源节点泛在化后的用户体验一致性和服务灵活动态部署问题。[41] 用户不必关注各类算力资源的位置、部署状态，通过网络即可协同调动各类算力资源，保证体验的一致性，同时算力网络本身会根据用户的个性化需求，综合实时网络条件、算力资源供给条件等，灵活匹配调度算力资源。

当前，各大运营商、通信厂商和学术机构均对算力网络开展了一系列研究。中国电信研究院认为，算力网络是一种通过网络分发服务节点的算力、存储、算法等资源信息，并可结合网络信息（如带宽、时延），针对客户的不同类型需求，提供最佳的资源分配及网络连接方案，从而实现整网资源的最优化使用的解决方案。[42] 这种概念理解是将算力网络作为新型算力资源的整合模式。

2019年11月的IETF（Internet Engineering Task Force，互联网工程任务组）会议上，中国移动联合华为等合作伙伴组织了作为算力感知网络路由层关键技术的"计算优先网络"（Computing First Networking，CFN）技术研讨会，并主导提交了三篇核心提案。[43]

中国联通2019年底发布《中国联通算力网络白皮书》，白皮书认为算力网络是云化网络发展的下一个阶段，算力网络应具备联网、云网与算网三个方面的技术元素。[44] 随着研究的逐步深入，中国联通认为算力网络是电信运营商为应对云网融合向算网一体转变而提出的新型网络架构，是实现算网一体的重要技术抓手，中国联通算力网络组网架构如图3-2所示。

中国联通将算力网络按照功能区分为四个域，分别为接入网络域、算网网关域、算网承载域和数据中心域。

接入网络域：针对各种用户接入网络的南北向流量，实现极致化的大带宽、低延时、广连接等通信指标。

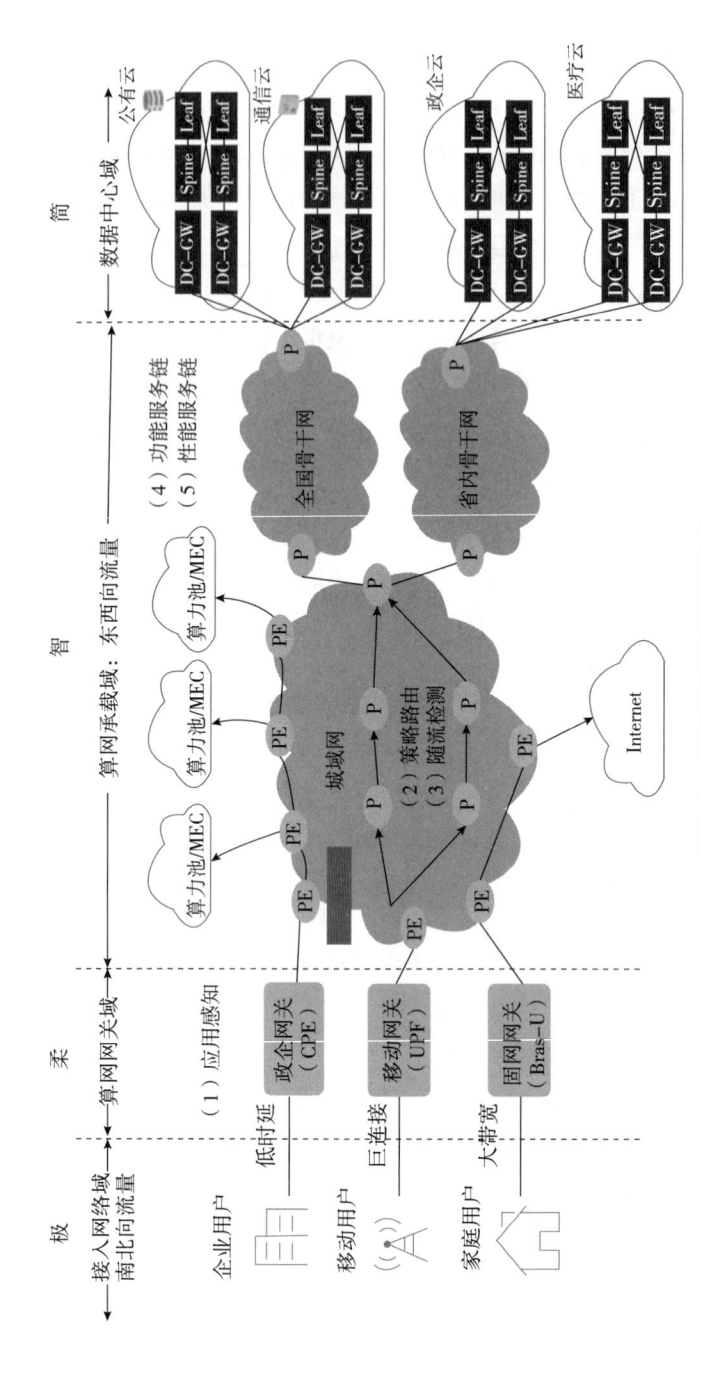

图3-2 中国联通算力网络组网架构

资料来源：根据公开资料整理。

数字经济：内涵与路径　　088

算网网关域：结合各种接入业务的具体特征，面向固移网络融合承载、控制转发面分离、转发面下沉的演进需求，实现算网网关柔性、弹性、低成本部署。

算网承载域：算网承载域是算力网络的核心，需要承载网结合SRv6、切片、APN6、ROADM等新技术满足东西向流量的承载需求，实现业务在多云之间的智能调度，通过引入算力感知、业务感知、确定性服务等能力，结合运营商城域、骨干等多级架构实现。

数据中心域：面向数据中心内云服务的承载需求，实现数据中心内部网络架构的简化和高效、无损传输。[45]

中国移动在《中国移动算力网络白皮书》中提出："算力网络是以算为中心、网为根基，网、云、数、智、安、边、端、链等深度融合，提供一体化服务的新型基础设施。"算力网络的目标是实现"算力泛在、算网共生、智能编排、一体服务"，逐步推动算力成为水电一样，可以"一点接入、即取即用"的社会级服务，达成"网络无所不达、算力无所不在、智能无所不及"的愿景。[46] 中国移动的算力网络体系架构如图3-3所示。

《中国移动算力网络白皮书》将算力网络体系架构从逻辑功能上，分为算网基础设施层、编排管理层和运营服务层。算网基础设施层是以高效能、集约化、绿色安全的新型一体化基础设施为基础，形成云边端多层次、立体泛在的分布式算力体系，满足中心级、边缘级和现场级的算力需求。编排管理层结合人工智能和大数据等技术，向下实现对算网资源的统一管理、统一编排、智能调度和全局优化，向上提供算网调度能力接口，支撑算力网络多元化服务。运营服务层通过将算网原子化能力封装并融合多种要素，实现算网产品的一体化服务供给，同时结合区块链等技术构建可信算网服务统一交易和售卖平台，提供"算力电商"新模式，打造新型算网服务及业务能力体系。

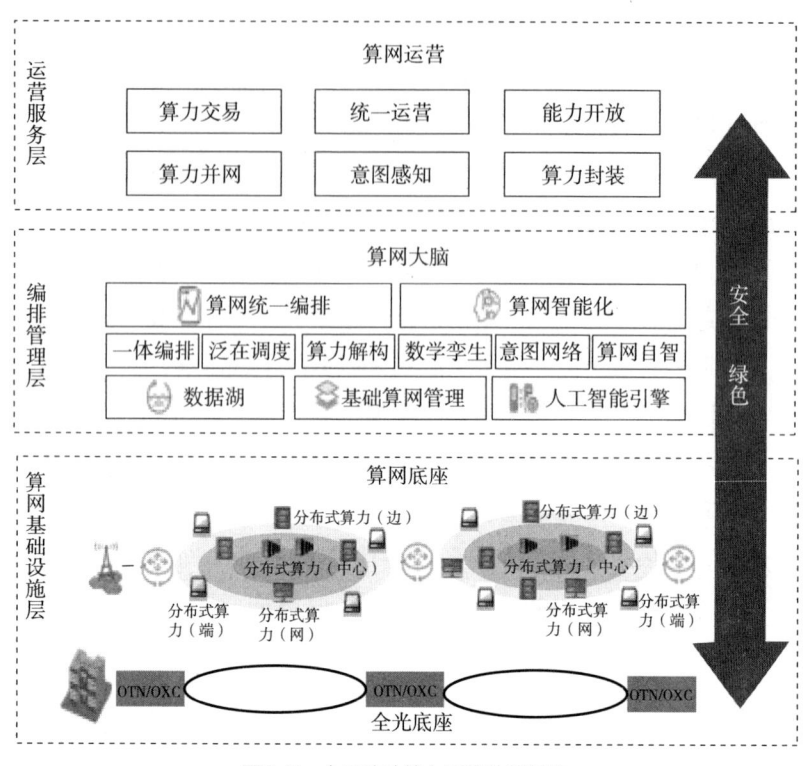

图3-3　中国移动算力网络体系架构

资料来源：根据公开资料整理。

当前算力网络的确切概念和定义尚未最终确定，但综合多个机构对于算力网络的理解和设定的目标，可以看到其共性是为灵活应对多样化的应用场景，提高算力和网络整体效能。在理想的算力网络中，由云服务商、电信运营商等提供大规模云计算资源、边缘计算中心提供低时延计算资源，通过算力供需调度与运营管理系统（或称"算力大脑"），实现具有针对性的、精准匹配的存算网一体化算力服务供给，最终达到泛在算力和算力基础设施级服务的目标。

（2）算力网络研究进展

迄今为止，我国对算力网络的愿景规划已在业界得到广泛的认可，算力网络在标准制定、生态建设、试验验证等领域均取得了一定进展。

①标准制定

国内三大通信运营商中国移动、中国电信与中国联通分别在ITU-T（International Telecommunication Union-T，国际电信联盟电信标准分局）立项了Y.CPN、Y.CAN和Q.CPN等系列标准，在IETF开展了计算优先网络架构（Computing First Network Framework）等系列研究。其中，由中国电信研究院牵头的算力网络框架与架构标准（Y.2501）于2021年7月发布，成为首项获得国际标准化组织通过的算力网络标准，也是算力网络从国内走向国际的重要一步，在算力网络发展中具有里程碑意义。

华为联合国内运营商在欧洲电信标准化协会和宽带论坛（BBF）也启动了包括NWI、城域算网在内的多个项目；中国通信标准化协会的"算力网络需求与架构"以及"算力感知网络关键技术研究"两项研究也在有序开展；面向未来6G时代，算力网络已经成为国内IMT-2030 6G网络组的研究课题之一，正在开展算力网络与6G通信技术的融合研究。[47]

②生态建设

国内未来数据通信研究的主要组织——网络5.0产业联盟，专门成立了"算力网络特设工作组"；移动边缘计算领域的多个开源组织也发起了KubeEdge、Edge-Gallery等开源项目；2019年底，中国联通、中国移动和边缘计算网络产业联盟（ECNI）均发布了算力网络领域相关白皮书，进一步阐述了算网融合的重要观点。

③试验验证

2019年中国电信与中国移动均已完成算力网络领域的实验室原型验证，并在全球移动通信系统协会巴塞罗那展会、ITU-T和全球网络技术大会等相关展会上发布了成果。

中国联通也在推进算力网络平台的自主研发，并积极推进现网试点工作。2021 年 9 月，中国联通 CUBE-Net 3.0 大湾区示范基地启动，中国联通研究院算力网络攻关团队正式对外发布了大湾区算力网络行动计划和 1+N+X 技术理念："基于 SRv6 的算网能力底座，实现一网联多云，一键网调云"，已初步实现了联通研究院的自研算力网络服务编排系统和广东联通智能城域网的现网对接。中国联通与华为公司算力网络联合创新实验室广东示范基地也同时成立，致力于技术创新成果实验和成果孵化，整合上下游产业资源，打通了从技术研发、测试验证到产品规划、商业应用的全流程。[48]

2. 全球算力网络领域的相关政策

数字经济的深入发展，带来了对算力资源的多样化需求，而数据中心作为算力资源的重要载体，成为各国布局数字经济发展战略、提升数字基础设施建设水平的重要发力点。

美国在 2019 年 12 月发布了《联邦数据战略》，体现了对数据资源的重视。2020 年 11 月，美国政府发布《引领未来先进计算生态系统：战略计划》，目标是打造未来先进计算生态系统，为美国继续维持在科学、经济和国家安全方面的领先优势奠定基础。2021 年 4 月，美国政府公布了 2 万亿美元新基建计划，其中 1 000 亿美元将用于打造覆盖全国的宽带互联网，500 亿美元用于新型芯片研发。同年 8 月 10 日，美国参议院通过 5 500 亿美元基建法案，宽带建设计划投入 650 亿美元。[49]

欧盟委员会 2019 年 6 月发布了"欧洲高性能计算共同计划"（EuroHPC），将集中投资，建立领先的欧洲超级计算机和大数据基础设施。2021 年 3 月，欧盟委员会发布《2030 数字指南针：欧洲数字十年之路》计划，为欧盟到 2030 年实现数字主权的数字化转型愿景指出方向，旨在构筑一个以人为本、可持续发展的数字社会，构建安全、高性能和可持续的数字基础设施，到2030年，欧洲所有家庭应实现千兆网络连接，所有人口密集地区实现5G网络覆盖，建成1万个碳中和的互联网节点，75%的欧盟企业使用云计算服务、大数据和人工智能。[50] 此外，英国、日本、新加坡等国家先后推出了针对大数据发展、智能计算中心和大数据中心建设的推动政策，鼓励发展人工智能技术，提升云计算发展水平，加大算力建设投入。

我国一直重视发展数字经济，坚持推动我国算力基础设施建设，推动数据要素的市场化配置。《中华人民共和国国民经济和社会发展第十四个五年规划和2035年远景目标纲要》中提出："加快建设新型基础设施，加快构建全国一体化大数据中心体系，强化算力统筹智能调度，建设若干国家枢纽节点和大数据中心集群，建设E级（百亿亿次）和10E级超级计算中心。"[51] 2020年底，《关于加快构建全国一体化大数据中心协同创新体系的指导意见》发布，加强全国一体化大数据中心顶层设计，建设形成"数网""数纽""数链""数脑""数盾"体系。[52] 2021年5月，国家发改委联合多部门发布了《全国一体化大数据中心协同创新体系算力枢纽实施方案》（简称《算力枢纽实施方案》），明确提出布局建设8个全国一体化算力网络国家枢纽节点，加快实施"东数西算"工程。作为国家"东数西算"工程的战略支点，该方案为我国布局算力基础设施绘制了蓝图。《算力枢纽实施方案》指出："对于用户规模较大、应用需求强烈的节点，重点统筹好城市内部和周边区域的数据中心布局；对于可再生能源丰富、气候适宜、数据中心绿色发展潜力较大的节点，积极承接全国范围的非实时算力需求，打造面向全国的非实时性算力保障基地；对于国家枢纽节点以外的地区，重点推动面向本地区业务需求的数据中心建设，打造具有地方特色、服务本地、规模适度的算力服务。"[53] 2021年7月，工信部印发《新型数据中心发展三年行动计划（2021—2023年）》，明确提出计划用3年时间形成布局合理、技术先进、绿色低碳、算力规模和数字经济增长相适应的新型数据中心发展格局。[54]

总体而言，我国正快速构建算力基础服务体系，推进算力基础设施建设。通过打造新型智能算力网络生态体系，支撑我国社会经济系统的全面数字化转型。

3. 算力网络的应用

算力网络将极大地丰富和拓展算力的供给服务，为多样化算力需求场景赋能。例如，在家庭娱乐领域，用户可以像接入自来水和电力一样，接入算力网络，得到算力网络提供的差异化的算力保障。低时延、高算力、高带宽的VR（虚拟现实）眼镜等设备，高带宽的超高清家庭影院，以及匹配用户不同需求的云电脑等均可以接入算力网络，享受与之匹配的算力网络服务。

2021年底，中国联通发布的《中国联通算力网络实践案例（2021）》报告中，分享了中国联通在北京、河北、广东和山东四地的算力网络实践案例[45]，探索了算力网络场景落地的方向。

其中，山东联通为山东省研究打造了全光算力网络。全光算力网络是基于光网技术的高质量算力网络，通过基于全光算力网络理念的智慧光云城市基础设施构建，把云端算力输送到各行各业，提升智慧城市服务能力，促进经济发展。端到端全光算力网络架构如图3-4所示。

山东联通构建从地市到云池之间的光云切片专用通道，支持业务快速上线，并可以实现灵活配置带宽能力，支持用户的弹性扩容需求。通过全光调度平台等多项技术构筑大带宽、低时延圈［济南、青岛、全光网城市的1ms（毫秒）时延圈，包括省会经济圈、胶东经济圈、鲁南经济圈的3ms时延圈，以及山东半岛城市群

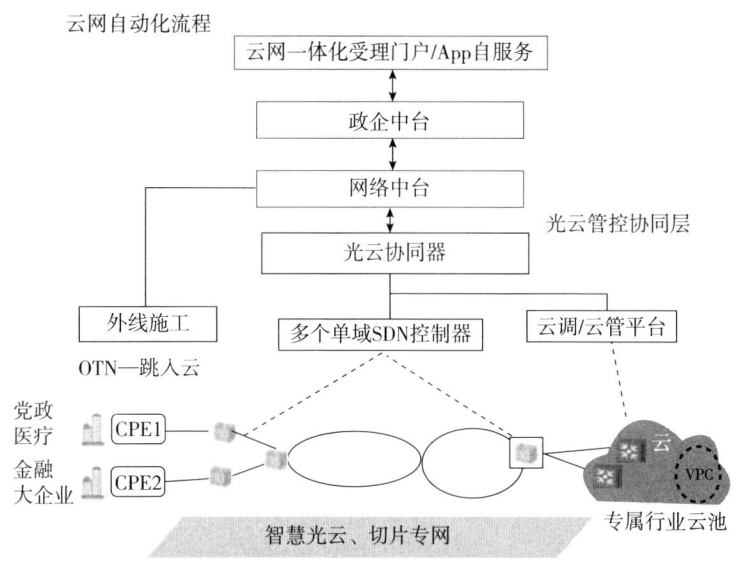

```
           云网自动化流程
                    ┌─────────────────────────┐
                    │ 云网一体化受理门户/App自服务 │
                    └─────────────────────────┘
                                │
                    ┌─────────────────────────┐
                    │       政企中台           │
                    └─────────────────────────┘
                                │
                    ┌─────────────────────────┐
                    │       网络中台           │          光云管控协同层
                    └─────────────────────────┘
                                │
                    ┌─────────────────────────┐
                    │      光云协同器          │
                    └─────────────────────────┘
      ┌──────────┐        │              │
      │ 外线施工  │   多个单域SDN控制器   云调/云管平台
      └──────────┘
      OTN—跳入云
```

图3-4　全光算力网络架构

资料来源：根据公开资料整理。

10ms 时延圈]、高可靠精品网络。在管控层面，基于光云协同器和云网协同器同时对接网络中台、云平台和集团平台，实现智能管控。山东联通率先开启从智慧光网迈向智慧光云，实现云—管—端协同，任何政企单位在 2 公里范围内均可一点接入智慧光云网络。目前系统已经广泛应用并涌现出一大批标杆案例，推动了山东数字经济的发展。成功案例表明通过构建高品质的全光算力网络，可以实现用户入网即入云、高可靠接入算力网。

算力网络是一个新兴概念，其技术标准和应用场景还在不断发展。算力网络是服务于算力这一重要生产力的新兴基础设施，是数字时代人类社会经济系统的底层技术架构，布局算力网络也必将是数字经济下一轮竞争的关键。

第四章

数字生产关系

2018年5月，习近平总书记在纪念马克思诞辰200周年大会上发表重要讲话时指出，"学习马克思，就要学习和实践马克思主义关于生产力和生产关系的思想"。马克思主义认为，物质生产力是全部社会生活的物质前提，同生产力发展一定阶段相适应的生产关系的总和构成社会经济基础。生产力是推动社会进步最活跃、最革命的要素……生产力和生产关系、经济基础和上层建筑相互作用、相互制约，支配着整个社会发展进程。

从农耕文明到工业文明，再到如今的"数字文明"，生产力与生产关系这对矛盾也在不断地发展和进步。生产力与生产关系的发展不一定是同步的，两者相匹配会促进生产力的进一步发展，反之则会阻碍生产力的发展。一般而言，生产力的发展往往是领先于生产关系的，所以人类需要不断创新生产关系，以适应生产力的发展。现今全球主流的生产关系是在工业时代所形成的层级化、职能化的生产关系，这是为了适应大规模生产分工协作需要而建立的。当今社会，生产力高速发展，以区块链、物联网、大数据、人工智能、云计算等技术为代表的先进生产力的出现，使得工业时代的生产关系已经不能适应新生产力的需要，甚至在某种程度上还与先进生产力之间存在一定的矛盾。

全球经济转型，归根结底就是寻找能适应新生产力发展的生产关系的过程。在这一过程中，哪个国家能够在理论与实践上领先，哪个国家就能够脱颖而出。

一、与不同生产力匹配的生产关系

生产力决定生产关系，生产关系对生产力具有反作用，是历史唯物主义的基本原理。生产关系是人们在物质生产过程中结成的经济关系，从静态看，由生产资料所有制关系、生产中人与人的关系和产品分配关系构成；从动态看，由生产、分配、交换、消费四个环节构成。生产关系是社会关系中最基本的关系，政治关系、家庭关系、宗教关系等其他社会关系，都受生产关系的支配和制约。

（一）生产关系的结构

生产关系是一个多层次的复杂经济结构，一般包括三个基本要素。

第一个基本要素是生产资料的所有制。一切生产实践的进行必须以生产资料与劳动者的结合为前提，生产资料与劳动者的不同结合方式就构成了生产资料的所有制关系。人类历史上产生了两种不同的生产关系类型，即公有制社会生产方式和私有制社会生产方式。生产资料所有制关系也因此成为区分社会经济结构或经济形态的基本标志。它决定生产关系的其他环节或方面，即决定不同的社会集团在生产中所处的地位以及它们之间如何交换自己的活动，决定并制约着产品的分配关系或分配方式，最终决定并制约着社会的消费关系或人们的消费形式。

第二个基本要素是人们在生产中的地位和交换关系。主要是指人们在生产过程中分别处于什么样的生产地位，以及他们之间怎样相互交换彼此的活动的一种关系。当一部分人为别人提供自己的劳动而不能换取等量劳动产品的时候，他们之间就形成了支配与被支配、剥削与被剥削的关系。如果等量劳动能够换取等量报酬，他们之间就形成了平等的关系。

第三个基本要素是产品的分配方式。指生产的产品如何进行分配，即按什么原则和标准进行分配，它反映出人们之间是剥削与被剥削的关系，还是平均主义、按劳分配以及按需要分配的关系。产品的分配方式直接由生产资料所有制决定，体现了生产资料和劳动者之间的关系，是整个社会关系的直接表现。

（二）生产关系所包括的社会关系

建立在物质生产基础上的生产关系所包括的社会关系，具有以下三个层级。

第一层是最基础的"劳动价值关系"。在社会分工的条件下，每个人为社会上的他人生产商品，因而其劳动对他人的生存与发展有价值，这就是"劳动价值"，它构成了人与人的最基本的联系。这些价值有一部分是构筑层级化、职能化社会结构的基础，以具有等级制符号意义的各种物质产品为载体；而另一部分则在民间市场以商品的使用价值为载体而表现为交换价值。在资本主义市场经济社会，商品成为最普遍的社会关系，劳动价值关系成为资本主义社会最基本的关系。

第二层是建立在"劳动价值关系"基础上的各种"经济权力关系"。生产关系所包括的各种社会关系，首先是由生产资料所有权所决定的各种经济权力关系（生产、交换、分配的各种权力）。"经济权力关系"的基础是财产（特别是生产资料）的所有权关系。由人们在生产实践过程中逐渐形成的财产所有权——首先是氏族社会的集体所有权，以及后来出现的私人所有权，超越了自然物质范畴，是以物质为载体的由社会授权的社会关系。其中生产资料所有权是最基本的所有权。由这种生产资料所有权衍生出各种权力：在生产过程中形成的权力关系（如资本的经营权、在生产过程中对劳动者的支配权），在交换过程中拥有的交易权（如定价权、转让权、并购权等），以及利益分配权（如工资与股份红利的分配权等）。我国改革开放中出现的承包制生产关系，本质上是一种权力关系——经营权与所有权的关系。当代广泛实行的经理人制度也是一种权力关系——所有权与经营权关系。此外，虚拟经济与实体经济的关系——金融资本与产业资本的关系，以及虚拟经济内部大股东与小股东之间的关系，都是权力关系。

第三层是建立在前两者基础上的"经济利益关系"。人们之间的利益关系要以权力为基础，但并不等同于权力。在同一权力架构下，可以具有不同的利益格局，从而形成不同的利益关系。这种利益关系包括人们在利益上的竞争、合作、垄断、各种利益分配方式等。人们之间的竞争关系并非权力关系，而是由权力所决定的利益关系——竞争某种利益。而作为生产关系的重要形式之一的垄断，实质上是权力关系与利益关系的结合体，既基于权力，也产生了垄断利益。同样，与竞争相对立的人们之间的合作关系也是生产关系的重要内容。在企业内部所采取的各种利益分配政策与激励措施，同样是人们之间的利益关系，也应当属于生产关系。

（三）生产关系的变革

生产关系是由生产力水平决定的，不以人的意志为转移；同时，也体现在社会生活中，不管人们喜欢不喜欢、愿意不愿意，每一个人生下来就得接受现成的生产关系作为自己生活的起点。当然，生产力是不断发展变化的，随着新生产力的产生，已经建立起来的与之前生产力相适应的生产关系就会成为新的生产力更进一步发展的障碍。此时，变革这种不适应生产力的生产关系就成为时代发展的客观要求。

从手工工具到机械化，再到近现代工业革命爆发，再到数字时代的来临，人类社会每一次生产力的变革都将引发生产关系的变革。

1. 手工工具时代

从原始社会、奴隶社会到封建社会，手工工具的发展实践经历了一个长期的过程。石器时代的原始社会，由于生产力低下，实行的是氏族公有制，人们劳动的成果基本上仅仅够保障自己活着，没有剩余的劳动产品出现，也就基本上没有交换。进入奴隶社会，青铜器逐步大量使用，逐渐产生了奴隶主阶级，他们拥有对奴隶的所有权和使用权，奴隶主提供给奴隶的只是维持生命的物质，从而形成了奴隶主私有制。随着生产工具由铜器变为铁器，生产有了一定程度的发展，奴隶逐渐转变成农民，一家一户的封建制的小农经济逐渐形成，进而土地兼并不断发生，地主阶级形成，大量农民成为依附于地主的佃农，人类社会进入封建社会。

2. 机械化工业化时代

近现代工业革命爆发，机器大工业取代了手工劳动，社会大生产取代了农业社会的小生产，生产关系发生了革命性的变化。

从微观上看，生产组织发生了根本性的变化，工业企业出现了，很多人分工、协作，共同完成同一产品。19世纪末20世纪初，随着生产社会化的进一步发展以及垄断组织的出现，规模庞大的垄断公司的资本的所有权与经营权分离，企业已经由职业管理者集体行使着经营管理权，资本所有者则主要掌握着宏观决策权。

从宏观上看，机械化革命出现以后，社会化的大生产使企业间的社会联系产生了，这在客观上对社会管理提出了新的要求。随着生产社会化的进一步发展，机械化进一步向电气化深入，生产力的发展促进生产关系进行相应的调整。当主要资本主义国家因经济危机爆发而不愿去调整生产关系的时候，战争成了转嫁危机的一种方式。而另一种方式是实行新政，由国家对经济生活进行干预、调节和控制，形成计划与市场相结合的经济管理体制。

3. 数字时代

当前，新一代科技革命和产业变革不断演进深入，数字生产力推动人类社会进入数字经济新时代。目前，不能匹配先进生产力的生产关系已经导致全球经济发展出现了大量问题：一方面，大数据时代使得社会向着透明、诚信、公平的方向发展，走向人类命运共同体；另一方面，立足于层级社会的单边主义、保护主义，导致了大量的不公平现象，原有不够透明的生产关系形成了"劣币驱逐良币"的产业生态，这就使得传统产业的转型升级困难重重。从全社会、全产业、全供应链的角度来看，创造匹配"大智移云区"等数字生产力的数字化生产关系势在必行。

二、数字时代人类社会的组织特点

数字时代，网络已经成为人们生活、工作、生命的一部分，人类正在从物理空间向数字空间进行"大迁徙"。

网络改变了经济的形态。在供给端，网络正在改造旧的生产工具、生产资料和劳动力；同时，网络也在颠覆原有的商业逻辑，创造新的商业模式，比如免费+广告、免费+服务、知识付费等。在需求端，数十亿网民形成了一个庞大的、不断延伸的"数字世界"，同时，网络还在将物理世界中的人、物、事等迁移到数字空间，由此产生了新市场空间中的巨大需求。过去几年，在"互联网"的乘法作用和指数级效应推动下，人类的经济格局发生了翻天覆地的变化，目前全球市值最大的 10 家上市公司，其中互联网平台企业就占据了 9 家，市值占比超过 90%。

近 10 年来，人类将越来越习惯穿梭于物理空间和数字空间之间，人类社会的组织形式发生了变化，出现了新的特征，层级化、职能化的组织结构将被打破，企业转向构建生态型组织。数字技术不断融入组织的各个领域，改变着组织内与组织间的互动方式，将现实世界与数字世界的边界打破并融合在一起。

（一）敏捷组织

传统的组织形式大多是由事业部、职能部门组成的，这是科层式组织结构的标准组件，其问题是不灵活、不敏捷。数字时代的竞争环境高度动态和不确定，不论是竞争对手的策略，还是顾客的需求，甚至是新技术的革新，一切都变化得太快。在这样的新生存环境中，组织的敏捷性决定了组织的生命力，对外部变化反应僵化、迟钝的组织越来越没有生存的机会。

数字时代，世界级企业都不约而同地探索一种新的组织形式，即"大平台＋小团队"。一线小团队面对顾客，需要灵活应对问题、灵活决策，满足顾客瞬息万变的需求，并及时应对对手的竞争策略。小团队之所以作战能力强、敏捷性高，是因为它们有强大的平台支持，否则，一线团队就会在孤立无援中迅速溃败。平台需要支持前端的小团队迅速掌握信息，快速做出判断，敏捷调度中台甚至是后台的力量，从而引领整个组织为顾客创造价值。

企业组织结构重组不再以企业为中心，而是以顾客需求和用户价值为中心，并为组织员工提供服务支持、资源供给、价值评估与愿景激励，从而使组织员工拥有更好的热度、资源和能力去满足顾客的需求。组织结构更具有灵活性和非结构化特征，组织结构的小单元、去中心化等特征使个体被充分激活。在这样的组织结构体系中，信息流向不再是单向或者双向的，而是网状的。

（二）开放组织

数字时代，适应性强的组织必须是开放的组织。这涉及组织的边界界定问题。任何一个组织中都存在三种边界：纵向边界、横向边界和外部边界。纵向边界与企业的管理层次和职位等级有关，管理层级和职位等级越多，纵向的边界距离越大。横向边界与部门的设计和工作专门化程度有关，横向部门越多、工作的专业化程度越高，横向边界的距离就越大。外部边界是企业与顾客、政府、供应商等外部组织之间的边界。构建开放型组织就是要在纵向边界、横向边界和外部边界三个方面思考如何走向开放。

对开放型组织而言，信息、资源、创意、能量应该能够快捷顺利地穿越组织的纵向边界和横向边界，使整个企业内部的各部门真正融为一体；同时，外部环境中的资源、信息和能量也能够顺利穿越组织的外部边界，使企业能够和外部环境融为一体。

在个体与组织的关系上，传统的"企业+雇员"的形式受到了冲击，组织内工作不一定全部依赖于全职雇员来完成，而是可以通过多元化的工作主体和方式来完成。在信息技术支持下，员工也不再局限于某一具体领域或具体组织的工作个体，他可以跨团队/组织提供知识、技能和服务。而且，越来越多的人更加期待自由、非雇用的关系。

（三）数字化工作方式

数字时代，各种在线协同软件带来了数字化工作方式。尤其在新冠肺炎疫情防控期间，很多公司开始使用钉钉、企业微信和飞书等在线协同软件，加速了数字化工作方式时代的到来。

数字化工作方式依托于五个在线，即组织在线、沟通在线、协同在线、业务在线、生态在线。"组织在线"强调的是组织关系的在线化，依托构建权责清晰、扁平可视化、人脉资源共享的组织关系开创全新的组织方式。"沟通在线"实现高效沟通，在线协同软件为每一个员工提供专属的沟通工作在线场景，不仅能够随时联系，交流创意和想法，还有利于知识的保密。"协同在线"使得组织成员在线实现业务上的协同工作，让各个任务之间能够相互支持。"业务在线"实现业务升维，从业务流程和业务行为的数据化、智能化和移动化入手，增强企业的大数据决策分析能力。"生态在线"实现智能决策，以企业为中心的上下游伙伴和客户都实现在线连接，数据化、智能化、移动化产生的大数据将驱动生产和销售效率不断优化提升。

数字化工作方式透露出来的管理思想是透明管理，即让每一个人的优秀表现能够被大家看到，让组织里优秀的个体脱颖而出，激发出每个人的创新力，团队也因此变得更优秀。组织的激励机制也会发生改变，由销售业绩激励逐渐转变为创新价值激励。

（四）自组织的组织集群

国内外的实践表明，组织集群所带来的价值越来越大，波特认为集群竞争甚至可以提升国家竞争能力。借鉴复杂理论的概念和思想，组织集群可以看作一个复杂的自适应系统，组织集群的形成是一个系统自组织的过程。组织集群有三种类型：蜂窝型、专业市场型和主企业领导型。

蜂窝型组织集群由处于不同的生产链体系中的不同生产环节的小企业组合而成。处于产业链中的小企业如同"蜂窝"中的小单元，以彼此紧密相连、相互衔接、相互信任、利益共享的方式，完成对某一产品的生产，一般呈现在劳动力密集和传统的轻型加工产业中。义乌小商品市场就是范例，自1982年成立至今，义乌小商品市场已经成为国际小商品流通中心、展示中心和研发中心，辐射200多个国家和地区，当之无愧地成为中国小商品走向世界的桥梁。

专业市场型组织集群的特点是，需要依附于专业的销售网络或是市场，形成"前店后厂"的组织集群形式。这种类型的组织集群，通常会形成同质化、有限差异化的产品，一方面具有成本优势，另一方面可以保证集群内企业的利润空间。如日本的7-Eleven，很早就把前店后厂的供应商、加盟商、服务商全部组合在一个大的数据平台上，同时能够很好地满足顾客需求，不断提升单店的销售额和毛利率，从而通过规模化连锁经营，降低店面的边际成本。

主企业领导型组织集群的特点是，具有一个有控制能力的领导型组织，具有超市场契约条款的定制权，且可以凭借自身优势要求其他集群成员进行协同升级。这个主导的组织一般会最大限度地攫取整个组织集群的垄断利润，用以支持产业升级和技术创新。比如耐克，它在43个国家设有生产工厂，雇用人数近100万人。由于耐克品牌价值高，这些加工厂面对耐克的议价能力并不高，因此一旦代工国的劳动力成本提升，耐克随时可能进行转移，寻求更低的劳动力成本，保证其品牌的获利能力。

当组织之间可以形成组织集群，实现组织外协同创新时，大组织发挥资源优势，小组织发挥灵活性和行为优势，将创造巨大的价值。如美国硅谷、英国苏格兰科技区、中国台北新竹等，都是激活创新活力和创新协同效应的有益尝试。美国硅谷是知识经济的发源地，因半导体工业集群而闻名，聚集了8 000多家软件和电子科技公司；硅谷秉承"允许失败的创新，崇尚竞争，平等开放"的精神，成为世界上最成功的高新技术产业开发区。另一个闻名于世的是英国的苏格兰科技区，聚集了大量电子生产和研发、销售公司，其产出的集成电路产品占据英国市场的79%，以及欧洲市场的21%，就业人数达到4.5万人，占电子工业就业量的近80%。我国台北的新竹科技工业区，自1980年设立，经过40多年的发展，已经成为全世界最大的半导体硬件加工基地，实现了与美国和日本等半导体领先者共享市场的局面。

三、数字化生产关系的三个特征

创造数字化生产关系可以从传统生产关系中的生产、交换、分配、消费等几个方面入手，用数字技术改变生产的组织方式，创造新的交换模式，创新社会成员参与分配的方式、方法，释放适应数字生产力的大量新消费。无论是政府职能部门，还是企业、个体劳动者，都需要重新思考自身在新生产关系中的定位，共同创造一个能够为每个人带来美好生活的公平、可信、价值最大化的生产关系。一般而言，数字化生产关系应该具备透明、可信、身份对等三个特性。

（一）透明性

作为数字经济的关键生产要素，数据能够将劳动力从简单的体力劳动中解放出来，通过不断激发人类的智力潜能促进经济高质量发展。数据驱动的生产力让各经济主体越发注重数据的价值属性，数据只有在共享、流动之中才能创造价值，但现有的生产关系限制了数据流动。所以，数字化生产关系必须要能够促进数据的共享与流动。

1. 打破数据孤岛

目前,数据的总量快速上升,但海量数据并没有与应用场景深度融合,对经济增长的贡献还远远不够。

《第49次中国互联网络发展状况统计报告》显示,我国网民规模超过10亿,互联网普及率达73%。10亿用户接入互联网,形成了全球规模最大、应用渗透最强的数字社会,互联网应用和服务的广泛渗透构建起数字社会的新形态:8.88亿人看短视频,6.38亿人看直播,短视频、直播正在成为全民新的生活方式;8.12亿人网购,4.69亿人叫外卖,人们的购物方式、餐饮方式发生了明显变化;3.25亿人用在线教育,2.39亿人用在线医疗,在线公共服务进一步便利了民众。

这些海量数据蕴藏着经济发展和社会福利的巨大潜能,但这些数据资源仅在各自领域中发挥有限的作用,并没有形成统一的市场。问题的关键在于,数据对生产力的贡献要在流通中形成,数据要以"流转"来实现价值创造的循环,而现实中的"数据孤岛"或者"数据垄断"极大地阻碍了数据潜在价值的释放。

2. 实现数据透明

大数据时代,社会各界一方面拥有海量数据,另一方面却难以建立产业生态内的数据透明。而数据不透明必然会带来不同程度的权力寻租,或者当权者的不作为,因而极大地影响社会的公平性。公平性的缺失导致了"劣币驱逐良币"的现象,从而导致了落后产能的大量存在。

数据透明所带来的公平性是构建新型生产关系的基础特性,也就是哪个国家能率先利用新技术构建一个促进社会公平性的生产关系,哪个国家就具备释放和发展新生产力的更大的空间。中国的新经济布局,必须要以促进互联网环境下的数据透明为基础,才能夯实向数字经济转型的基础。

(二) 可信性

信用是经济的基石,信任是组织的基础。全员可信的信用体系是建立新型生产关系的另一个重要基础。

1. 信用是经济的基石

信用对经济的发展具有重大的促进作用,在万物互联背景下,经济平台化、协同化已成趋势,例如,分享经济的兴起与发展就离不开信用体系的建立。

信用缺失会带来什么?社会学家格兰诺维特指出,"如果没有信用的话,当你买了5美元的汽油时,你甚至不敢把一张20美元的钞票付给加油站的服务员"。绝大多数时候,分享经济的背后是典型的陌生人之间的社会交换,突破信任壁垒是共享经济或协同消费的关键。可以说,信用就是数字经济的"货币",只有当这种货币被接受时,交换才能发生。

缺少信用机制,就会导致市场分配资源失去公正性,社会经济的健康运行、产业转型升级就难以进行。以中小微民营企业贷款难、贷款贵为例,导致这一现象的原因并不仅是商业银行的问题,还有中国的信用体系不健全。银行要控制业务风险,因此选择主体信用高的国企(有国家信用背书)、有抵押物的大企业放贷是风险最小的。而中小微民营企业往往主体信用没有这些企业高,所以商业银行不做这样的贷款也就无可厚非了。如果我们能够利用数字化手段,建立一套连接国企、民企的统一信用体系,保证民企建立可信的交易信用,从而也就满足了银行风险控制的需要,进而就可以解决中小企业融资贷款难和货款贵的问题(详见第七章"数字金融"部分)。

2.信任是组织的基础

信任是一个生态组织繁盛和竞争力的基础，它嵌入组织中的各种规则、制度、文化规范之中。和传统的机械式组织不同，生态组织包含各种各样的参与主体，各个主体之间不是靠传统组织的权力和命令来约束，而主要是依赖价值契约来进行约束。契约是刚性的，是硬实力；而信任则是柔性的，是软实力。契约与信任构成了生态组织治理的两大机制，刚柔相济，缺一不可。组织信任的研究表明，信任可以显著地降低紧张关系，并提升个体绩效、团队绩效与组织绩效。更重要的是，协同的内核和基础是信任。尽管信任因素并不是合作所需的充分条件，但是信任的存在能够降低风险，减少复杂性。

从外部环境来讲，在网络式组织兴起的情境下，为了降低交易成本与防止机会主义行为，需要建立组织间的信任，网络式组织形成的基础也正是依赖节点间的信任。信任一直是我们为了更好地协作而付出的最小成本，各类的法律法规、合同、契约、约束机制等，其实都是为了审核信任、发展信任，以及获得信任。

特别是进入万物互联时代，信任的主体在不断扩大，不仅组织内的个体高度互联，需要信任支撑，组织外的价值网络生态也要求高度信任以协同成长。组织间的信任能很好地降低各主体因不确定性和依赖产生的投机行为。生态网络体系有效运作的核心也在于信任，现在很多企业都在构建生态链、价值网络，只有建立信任后带来资源或信息输送，才能有效帮助单个企业克服"能力困境""资源孤岛""信息孤岛"等问题。

3.构建全员可信的信用体系

全员可信是指参与社会经济活动的每一个主体（政府部门、企业、个人）都是可信的。过去25年中国经济发展过程中消费互联网发挥了很大作用，但消费互联网的发展核心是流量，缺少的是信用；而未来中国数字经济的发展，尤其是产业互联网的布局，其核心应该是信用，而不再是流量。所以我们要抓住机遇，在各个行业生态中建立数字信用体系，从而为建立"良币驱逐劣币"的生产关系奠定基础。

（三）对等性

人的价值最大化是一切商业模式和管理模式的核心。在这个百年未有之大变局中，个体力量得以充分释放，充分激活组织中的每一个个体才能为人类创造更大的价值。

1. 身份对等

不同于工业时代的层级化、职能化生产关系，数字化生产关系中的每一个成员都是对等的。

从社会发展的角度来看，人类经过几千年的进化，逐渐走向了尊重每个个体的文明社会。数字技术促进了个体在网络空间的身份对等性，从而让人类社会走向了基于透明和可信的充分释放个体创造性的公平社会。

从经济视角来看，利用区块链等信息技术保证每个参与方的对等性，有助于最大限度地释放每个参与方的创造力，从而为整个经济生态创造最大化的价值。以个人为例，一旦能够让每个个体都能对等地参与到经济生活中，个体的创造力将不会受传统岗位的限制，从而能够贡献更大价值，释放"智慧人口红利"。威客、共享经济等模式的出现，都证明了对等性是数字化生产关系的重要组成部分。

2. 共治赋能

任何一个有创造力的个体都不愿意被过度束缚，他更愿意找到一个能够激发个人潜能的平台，并在这样的平台上为他人、企业、社会、国家创造价值，同时实现自我价值。

数字时代，以管理个体为核心的传统管理观念已经行不通了，管理者必须把自己调整为赋能者，成为帮助员工更好地发挥潜能的教练。比如，谷歌公司推出了与员工"共治"的管理模式，TGIF（Thank God. It's Friday，"感谢上帝。又到周五了"）会议是谷歌公司共治模式的重要组成环节。1998年至今，谷歌公司每周都会召开一次由全体员工参加的TGIF会议。公司创始人和高层管理者都会参加，并向员工介绍公司一周内发生的重大事件，也常常针对某一个热点问题进行辩论，与会人员则可以直接向谷歌公司最高领导层发问，提问自己关心的任何关于公司的问题。

为什么要"共治"呢？

一是外部环境发生变化。管理者已经不再像以前"一切尽在掌握"。数字化环境下，很多信息都不再掌握在管理者手中。而是掌握在第一线的员工手中。正如任正非所言，要"让听得见炮声的人来决策"。这也要求每个个体在面对复杂环境时，独立做出相应的决策。

二是工作性质发生变化。随着人工智能等数字技术的不断发展，越来越多重复性的工作将被人工智能替代，但那些需要创造精神、以人际关系为导向的、专家型的工作职位仍然会保留下来，如大学教授、建筑设计师、心理咨询师等，并且越来越多的人会成为专家，这就更加需要组织能够给这些人提供开放的工作平台。

三是从分工到协同转变。工业化时代，流水线的工作强调分工，过去管理者的主要工作是计划、组织和控制。数智化时代，跨界融合越来越普遍，更强调协同，所谓的协同，不仅是组织内部的协同，还有组织外的协同，管理者的主要工作也就变成了协调和赋能，让每个个体的效能总体最大化。

四、数字人民币：建立全新生产关系的尝试

货币是生产关系的重要内容，进入数字时代，数字人民币是我国布局数字化生产关系的基础设施。

（一）数字时代货币的三个"变化"

"数字化"对人类货币的影响体现在三个方面：货币的维度变化、辐射空间和价值源泉。

1. 货币的维度变化

人类社会从原始社会发展到农业社会、工业社会乃至现在的数字时代，货币的物理形态也从多维进化到三维、两维再到一维。

原始社会没有货币，通过皮毛、贝壳等稀缺的物质来进行交换，这时交换的媒介始终无法统一。此时货币的物理维度是多维的，不便于流通。到了农业社会，社会上的基本商品越来越多，物物交换难以适应货物贸易对支付效率的需要。于是，黄金、白银或铜等标志性的贵金属开始作为货币，此时货币的物理维度变成了不可折叠的三维金属货币，虽然依然携带不方便，但已经可以在一定范围内流通了。到了工业社会后，商品的价值量越来越大，不可折叠的金属货币便携性差的缺点逐渐凸显，尤其当交易规模比较大时，这种三维货币支付相当困难。于是，纸币随之出现，可折叠的纸币是平面二维的，非常便于携带。20世纪80年代后，货币的电子化越来越发达，电子钱包、信用卡、借记卡、手机支付迅猛发展。货币逐渐变成了存储器中的一串符号。时至今日，以比特币、Libra（天秤币）为代表的数字货币开始出现，货币开始彻底迎来了一维的时代，人类已经可以不依赖于物理媒介进行交易了。概括起来，从便携性的角度来看，几万年前的史前社会的货币是多维

的，几千年前的农业社会的货币是三维的，几百年前的工业社会的货币是二维的，最近几十年以来的电子货币和数字货币是一维的。

2. 货币的辐射空间

原始社会的物物交换，基本局限在一个很小的部落范围内。农业社会不同的国家发行自制的金属货币，流通局限在国家的疆域范围内。比如，东周列国或者战国时期的秦、赵、齐等国，每个国家都有自己的货币。工业社会后，基本上所有的国家都拥有了自己的纸币，跨国贸易带来了各国纸币在全世界范围内的使用和流通。货币的辐射面大幅拓宽。到了数字时代，非主权国家发行的数字货币一旦产生就是全球化的，无论是海关还是政府边界管制，很难从走私的角度、关卡的角度控制它的流动。比如，比特币加密、匿名、去中心化的特性使其可以摆脱银行网络、SWIFT（环球银行金融电信协会）运行，可以被不法分子用来洗钱、恐怖主义融资等。但比特币这种去中心化的货币脱离了主权信用，发行基础无法保证，币值无法稳定，难以真正形成社会财富，不适合作为人类的流通货币，或者说并不是真正的货币。

3. 货币的价值源泉

货币的价值主要来源于"货币锚"。"货币锚"是指货币发行锚定的基础或储备，具有支持和约束货币发行规模的功能。早期的物物交换时期，充当货币的"物"如皮毛、贝壳的价值来源于人类付出的劳动时间或物质的稀缺价值。农业社会和工业社会时期广泛应用"金、银、铜"等金属作为货币，是由于黄金、白银、铜开采不易，再加上这类金属性质稳定，因此适合作为货币，同时产量的自然增长难以通过人为进行操控，也能很好地保证币值的稳定。但"金本位"或"银本位"也存在天然的缺陷，由于金银储量有限且开采不易，一旦出现金银大幅增加或者外流，金银的价格就会大幅波动，导致经济出现通胀或通缩。

20世纪70年代布雷顿森林体系解体后，以美国为首的西方国家的货币实际上没有以任何实物作为储备，仅仅是因为国家法律规定而具备了货币的功能，因此也被称为"法币"制度。货币的价值来源变成了与国家主权、GDP、与财政收入相挂钩的国家信用，但因为缺少实物储备和明确的约束机制，在实践中带来了更严重的货币超发。

2010年以后，基于区块链技术的数字货币开始出现，典型如比特币及脸书的Libra。比特币通过真实"挖矿"产生，它的锚是挖矿的"算法消耗"，挖矿需要挖矿机、矿场设备、电能等成本。此时的货币"价值"可以折算为对应生产矿机、建矿场、供应电力等的劳动时间。但此类货币没有固定的发行方，没有资产进行背书，发行规则基于特定的算法，发行数量往往是恒定的，难以根据经济发展的需求量扩大发行规模，其币值的波动导致其无法承担支付使命，仅仅能作为某种数字资产而存在。而Libra锚定的是以美元为主的"一篮子货币"，本质上类似于中国香港的"联系汇率制"，但脸书在全球拥有超过20亿用户，一旦实施，Libra将对全球的金融体系与货币主权产生重大影响。因此，对与Libra类似的稳定数字货币的发行，各国监管机构的态度都极为慎重。

（二）数字货币未来发展的主流将是央行数字货币

数字货币，顾名思义，是以数字化的形式实现货币的价格尺度、价值存储和支付交易等货币职能。数字货币和电子货币的区别在于，一般而言，数字货币是以数字形式存在的类似于现金的货币，可以实现点对点的匿名交易。而电子货币是建立在银行账户基础上的，需要通过银行系统实现交割。

从发行主体来看，当前数字货币可以分为央行数字货币及私人数字货币。虽然近年来私人数字货币逐渐放弃锚定"算法"的发行方式，通过锚定主权货币为其价值背书，但其面临的发行主体可信度问题仍然没有得到解决。纵观货币发展历程，货币要成为被普遍接受的交易媒介，至少要包含三个要素。第一，要有政府主权背书。第二，币值大体上要维持稳定，除非发生严重危机。第三，不能伪造或不容易伪造。货币虽然发展到了数字货币阶段，但也需要满足这三个要素，数字货币必须由国家发行，由国家信用进行担保。任何私人发行的数字货币最多只能类似于投资的证券，不能作为流通中使用的货币。此外，数字货币的价格也必须要保持稳定。市场商品价格是通过货币来衡量的，而各类商品价格是市场经济环境下资源分配的指示器，因此清晰、稳定、可靠的货币是市场经济繁荣发展的基石。

货币是国家主权的重要内容，特别是对包括我国在内的广大发展中国家来说，在货币主权方面都有过血的教训，来之不易的货币主权绝不能轻易让渡。以 Libra 为例，如果其发行和流通成功，则不可避免地会成为超主权货币。而这种超主权货币一旦形成，则不但会影响"铸币税"收入，阻碍货币政策和财政政策执行，诱发资产外流，甚至还会削弱货币本身的权威性，在一些弱势货币国家也可能出现对本币的替代。失去了货币主导权，政府对国民经济的掌控严重削弱，将沦落到任由其他国家支配的地步。

因此从短期来看，私人部门发行的数字货币很难构成对现有货币体系的挑战。未来各国央行才是人类数字货币的主导者。

（三）发行央行数字货币的五个"动因"

自数字货币蓬勃发展以来，世界各国央行对央行数字货币的态度逐渐从谨慎保守到积极探索，很多国家在央行数字货币方面开展了广泛的工作。中国、瑞典、法国、新加坡等国家的数字货币已进入测试、实验等阶段。我国央行大力探索央行数字货币主要有以下五个动因。

1. 替代纸币，进一步降低货币发行和流通成本

虽然近年来我国现金支付由于移动支付的发展而持续低迷，但从规模上看，2019年末我国M_0（流通中的现金）仍然有7.7万亿元。根据测算，7.7万亿元的M_0对应纸币约4 000亿张。而平均一张纸币的生产设计、防伪、存储、流通、销毁等成本约为1.2元。假如央行数字货币全部替代纸币，纸币的全套流程变成了数字运算，整体的创造、流转、维护成本将大幅度降低，预计能够节省几千亿元。另外，由于数字货币通过密码算法等多重机制实现防伪，央行数字货币的防伪成本相比纸币也将大幅度降低。

2. 促进普惠金融，提升支付多样性、便利性

账户是传统电子支付的核心，几乎所有的金融活动均与银行账户有关。但从全球范围来看，仍然有约50%的成年人没有正式银行账户。而基于代币无账户的央行数字货币设计，可以使更多人享受到数字时代支付的便利，从而促进普惠金融的发展。

随着近年来全球互联网平台的高速发展，苹果、亚马逊、阿里巴巴、腾讯等公司旗下的支付机构在支付市场中的份额逐年提升，甚至开始取代传统商业银行成为支付市场的核心力量。一方面，某种支付方式的垄断有可能带来系统性的潜在风险；另一方面，引入多种支付方式可以有效加强市场竞争，方便老百姓在消费结算过程中自主选择支付方式，促进支付方式不断创新。尤其对于小微企业来说，不管是在境内贸易还是跨境支付场景中，小微企业多了一种收付款方式，有助于进一步降低结算成本，提高结算效率。

3. 助力人民币国际化

在人民币跨境支付系统（Cross-border Interbank Payment System，CIPS）上线之前，人民币跨境清结算高度依赖美国的 SWIFT 系统和纽约清算所银行同业支付系统（Clearing House Interbank Payment System，CHIPS）。但 SWIFT 近年来逐渐沦为美国长臂管辖的金融工具，对我国的金融安全构成威胁。CIPS 上线后，有利于支持人民币在全球范围内的使用，为境外银行和当地市场提供流动性。但 CIPS 以往是基于银行账户的，境外银行需要有人民币业务、境外企业和个人需要开设人民币存款账户才能使用。而数字人民币 DC/EP（Digital Currency/ Electronic Payment）只需要拥有 DC/EP 钱包就可以在 CIPS 上进行交易，这个要求比开设人民币存款账户低得多。DC/EP 可以借助 CIPS 系统，在有效提升 CIPS 功能的同时，进一步促进人民币在跨境支付中的应用。

尽管 DC/EP 能够促进人民币国际化，但一国的货币要成为国际货币，跨境支付的便利性仅是一个必要条件，而非充分条件。成为国际货币还需要满足一系列条件：货币可自由兑换、币值稳定、深广的跨境贸易场景、境内金融市场成熟且开放程度高、产权保护制度完善等。这已经超过了 DC/EP 最初的设计能力。因此真正实现人民币国际化的关键条件不在于央行数字货币走向国际化，而在于随着我国综合国力不断增强、资本项下自由兑换逐步展开、法制不断完善，当人民币成为国际货币时，人民币的数字货币才能够真正成为国际货币。

4. 应对私人数字货币的挑战

自加密货币推出以来，加密货币的匿名性、跨境支付的便利性以及潜在的财富保值能力就吸引了大量的人参与其中。虽然加密货币由于种种内在缺陷而无法成为主流货币，但其潜在的优异特性已引起了各方的重视。2019年6月，脸书宣布拟推出数字货币Libra。Libra完善了比特币作为支付工具存在的"通缩""波动大""交易费用高"等内在缺陷。脸书在全球拥有20多亿用户，且业务范围涉及跨境支付，一旦大规模推广开发，势必给各国货币带来巨大的冲击。基于此，各国央行开始加速研发数字货币，探索基于主权背书的数字货币是否能够抵抗私人数字货币的冲击，以捍卫数字货币主权，保证国家金融安全。

5.提升监管效能，抑制洗钱、恐怖融资等犯罪活动

数字货币的可追踪性和可编程性可以让央行追踪和监控数字货币发行后的流转情况，从而获取货币全息信息，实现对财政政策、货币政策的效果观测，有利于实施更有效的宏观货币政策。另外，经过设计的央行数字货币具有可追溯和标记特性，可以保证交易流程可追溯，在保障用户部分匿名性要求的同时对监管机构信息实名，从而帮助监管机构用大数据技术追踪洗钱、恐怖主义融资等行为，有效抑制犯罪活动。

（四）发行央行数字货币要注意的四个"问题"

数字货币有利于降低现金成本、提高金融包容性和支付系统的稳定性、提升监管效能，但在发展数字货币的过程中，也需要注意以下四个方面的问题。

1.央行数字货币需要借助银行、非银等金融机构进行间接投放

理论上，数字货币无须银行账户即可投放。但央行直接投放数字货币后，容易出现两个问题。一方面，直接面向用户投放数字货币容易脱离"货币锚"的控制，引起货币超发。当前，央行的数字

货币的发行是由货币 M_0 进行置换的，商业机构需要向央行全额缴纳准备金。在这种二元运营模式下，央行数字货币没有脱离原有的货币体系，也没有凭空创造出来新的货币，央行数字货币仍然遵守货币发行纪律。另一方面，央行直接投放数字货币有可能导致金融脱媒。商业银行的业务运作是建立在银行账户之上的，在账户的基础上开展存贷汇等业务。一旦数字货币直接大规模面向公众投放，等于绕过了银行、非银等金融机构，这些中介机构无法获得用户的金融交易数据，就无法提供与之风险相匹配的金融服务。因此，数字货币短期内仍然需要遵从二元发行结构，通过商业银行或非银金融机构发行，以降低对金融中介的影响。

2. 央行数字货币不对持有者支付利息

从央行数字货币的定位上来看，央行数字货币是 M_0 的替代，相当于老百姓手里的现钞或硬币，所以这笔钱放在数字钱包中，银行并不对持有者支付利息。而且从理论上来说，央行数字货币一旦计息，可能使大量寻求安全的资产向中央银行转移，从而导致银行的存款流失。其结果是，银行要么面临负债端的成本上升导致的利润损失，要么提高存款利率水平。数字货币一旦开始计息，央行与商业银行就形成了竞争关系。为了降低数字货币对银行的影响，法定数字货币只能充当现金的替代物，不能替代 M_1（狭义货币）、M_2（广义货币）。

3. 央行数字货币实施中要考虑对货币乘数的影响

央行数字货币在满足企业和居民需求的同时，由于其是现有货币体系内全新的货币形态，不可避免地将对现有的货币体系产生影响。央行数字货币在投放时，因为流通性更强，所以市场上流动性势必增加。为了避免市场上 M_0 过多，未来发行的央行数字货币一定要少于替代的纸币。因此，从货币乘数来看，由于分子不变、分母变小，整个货币乘数会在一定幅度上增大。当前以数量调控为主的货币调控模式将会因为乘数的波动而加大测量和控制难度，央行的货币政策操作难度将进一步加大。因此在实践过程中，数字货币的推动应当循序渐进，小心验证，使之在此过程中完善与现金的融合对接，验证其对金融中介和货币体系的影响，以弱化可能带来的负面影响，使其真正成为中国金融高质量发展的有力推手。

4. 在发展数字货币的同时，也要保留现金支付

近年来，随着移动支付的快速发展，现金在日常的使用中呈现下降趋势。未来随着数字货币发放规模的逐步扩大，其对现金的替代性将更为明显，流通中的现金和活期存款数额将进一步减少。

但中国各地区间数字化水平发展不均衡的现象十分突出，不同地区、不同年龄段的用户对数字货币的接受程度也不尽相同。因此，需要循序渐进地推动数字货币的发展。在推动数字货币的同时，不能强迫所有人使用电子化支付手段。即使未来现金支付已经接近消失，也要保留民众选择使用现金的基本权利。这既是经济伦理的要求，也是为了规避在极端情况下面临的风险——不可抗力导致的电力中断、数据丢失等情况。

（五）面向未来的数字货币

在工业社会，大部分法定货币的锚实际对应的是 GDP 增长率、税收能力、通货膨胀率等指标，这些锚是和当前工业社会的主要特征物联系在一起的。随着数字技术的不断发展，数字经济在国民经济中的占比不断提高，未来全球必然进入数字化社会。这个时候，货币的锚也可以根据数字时代的经济特征，选择一种全新的锚定物。在确定锚定物时，需要遵循以下五个原则。

第一，这种锚定物是全人类当下及未来很长时间内普遍需求的，是在现实世界中存在的，与人类的核心需求密切相关。

第二，这种锚定物一定是有具体价值的，而不只是某种算法。

第三，这种锚定物无须任何中心化的体系背书。

第四，这种锚定物的价值能够随着社会生产效率的提升而提升，能够持续满足货币供给。

第五，这种锚定物能够成为全人类共同的追求，也是建立人类命运共同体的基础。

实际上，能够同时满足上述需求的锚定物在现实中很难找到。曾经充当锚定物的黄金以及现在被广泛使用的国家信用都只能满足一部分要求。但回顾历史可以发现，货币在不同历史发展阶段的锚定物，往往与当时的核心生产资料密切相关。在资本主义发展初期，英国煤炭产量占据世界总产量的2/3。到了20世纪初，美国石油产量也接近世界产量的90%。在拥有当时社会生产中必需的能源的主要定价权后，英镑和美元通过锚定煤炭和石油先后成为霸权货币。虽然20世纪60年代末期中东地区产油量超过了美国，但美国通过与主要产油国达成协议，使美元成为石油唯一标价结算货币。美元也成了大部分货币的名义锚。也就是说，谁能够将自己的货币与当前最主要的生产资料结合起来，谁就往往能够在世界货币的竞争中确定领先地位。

当前世界经济已经进入新旧动能转换期，数字经济作为推动经济复苏的新动能、新引擎，已是全球共识和大势所趋。数据在经济活动中的作用变得越来越重要，近年来数字经济越发成为中国经济的新增长源。2020年中国数字经济规模高达39.2万亿元，占GDP的比重达到38.6%，位列全球第二。

在数字时代，核心的生产资料已经不仅仅是石油、煤炭，这些能源未来可以被可持续能源——太阳能、风能、电能所取代。数字时代核心的生产资料变成了大数据、计算能力、技术人员等一系列数字生产核心要素组成的数字化能力。数字化能力强的国家，可以进一步提高社会的生产效率和经济发展水平，并在与其他国家的竞争中脱颖而出。因此可以认为，未来法定数字货币可以锚定数字时代的核心生产资料——数据、计算能力、技术人员等组成的综合体。可以将上述一揽子的数字化生产资料整合形成一个数字化指数。将数字货币锚定这个指数，通过测度全球或国家的数字化指数，来确定数字货币的发放量。数字化生产资料，不仅是全人类当前需要且未来持续需要的，而且本身蕴含价值，将随着人类社会的进步而不断增加，因此可以说数字化能力是未来数字社会中最合适的货币锚定物。

总而言之，在当下发展数字货币的过程中，既要大胆设想，也要充分认识到它可能对经济和社会带来的潜在影响。进入数字时代后，未来人类货币的形态、产生方式、锚定物还将在实践中进一步充分发展，货币也可以选择数字时代的核心生产要素——数字化能力——作为一种全新的锚。通过锚定这种全人类未来共有的生产资料，数字货币就有了良好的运行基础，还能进一步对数字经济、数字社会的发展起到良好的推动作用，共同促进人类文明的繁荣进步。

五、争做数字生产关系的创造者

目前人类正面临着变革生产关系的关键时期，各个国家都在展现自己的智慧，建立更能匹配数字生产力发展的生产关系。中国虽然在数字技术上还要弥补大量短板，但在数字生产关系领域，无论是中国源远流长的哲学思想，还是中国特色社会主义制度的基本主张，以及中国构建人类命运共同体的宏伟梦想，都和数字化生产关系有着天然的契合性，是从生产关系层面中国在数字时代可能领先的基础。中国的人民民主制度，也是与区块链等数字生产力最为匹配的制度体系。因此，从生产关系视角来看，中国的数字经济正在迎来前所未有的大发展机遇，我们必须要从宏观到微观，抓住社会变革的主要矛盾，大胆创新，建立具有中国特色、全球价值的数字化生产关系。

疫情对产业发展既是挑战也是机遇。一些传统行业受冲击较大，而智能制造、无人配送、在线消费、医疗健康等新兴产业却展现出强大的成长潜力。因此要以此为契机，改造提升传统产业，培育壮大新兴产业。传统产业的数字化转型升级需要企业抓住数字化生产关系的三个特点，从生产、交换、分配、消费等几个角度大胆进行商业模式创新。

2020年贺岁电影《囧妈》的上映就是一个适应数字化生产关系进行商业模式创新的典型案例。当时整个电影行业受到疫情重创，春节档撤销让很多影业公司不知所措。但《囧妈》从互联网所带来的新生产关系入手，重构了自己的商业模式，变院线播放为网上免费播放，它与急需流量的互联网巨头字节跳动公司合作，从大年初一开始让人民群众免费看电影，短短4天时间，就有超过6亿人次的观看。虽然此举遭到了部分院线从业者的抵制，但不可否认的是，这部电影让我们看到了在疫情严重的情况下，商业模式创新的重要性。

疫情让很多产业停摆，但同时也涌现出很多与数字技术紧密融合的新兴产业。比如线上问诊平台，借助疫情迅速发展，其已经快速形成了足够大的体量，为建立医疗产业互联网新生态奠定了基础。教育产业也迎来了线上教育的发展良机，前些年不温不火的MOOC（慕课）模式迎来了转机，为疫情后教育产业的革命做好了铺垫。铁路运输虽然受到很大冲击，但也进一步加速了高铁货运产业的发展。制造业也有机会更好地布局工业互联网，推动制造业价值创造方式的转变。所以，中国经济通过构建数字化生产关系走向"良币驱逐劣币"的产业生态是历史的必然，这次疫情加速了这一过程。只要政策得当、措施有力，就可能把疫情带来的停滞变成转型的拐点。

总之，在解决生产力与生产关系的矛盾上，中国与其他所有国家都在同一起跑线上。但是，因为马克思主义哲学的先进性，中国特色社会主义制度已经基本具备了数字化生产关系的三个特征，我们需要的是充分利用好数字技术进一步创新生产关系，让中国社会经济系统尽快进入数据透明、全员可信、身份对等的数字化生产关系阶段，从而让中国成为促进先进生产力发展的最佳社会环境。

未来几年，如何把中国制度的优越性和哲学的领先性转化为经济发展的优势，依然是中国社会经济发展亟须解决的大问题。为了解决这一问题，一方面，我们需要大力发展以大数据、人工智能、物联网、云计算、区块链等为代表的各种数字生产力；另一方面，我们需要大胆创新数字化生产关系，从全社会、全产业、全供应链的角度，在整体上系统改变中国的产业生态，通过建设产业互联网释放企业活力、实现产业转型升级，让中国经济插上数字生产力与数字化生产关系的翅膀，引领全球经济发展。

第五章

数据要素化与要素数据化

一、要素市场是人类社会经济系统运行的基础

社会经济系统运行的基础是各种要素的优化配置，要素市场也是政府调控经济、促进社会公平发展的有力手段。

(一) 要素市场的基础性作用

市场秩序理论认为，只有建立有序竞争，即要素只有在统一开放、竞争有序的市场上配置，市场调节资源配置才是有效的，成本才是最低的。而要素市场扭曲，其危害则在于使要素价格偏离市场均衡，难以根据市场形势进行灵活调整；使要素自由流动受到限制，难以配置到能产生更高回报的领域，从而影响资源配置效率和经济运行效率，制约技术进步和发展质量提升，并诱发经济结构的深层次矛盾。

我国市场经济由计划经济转型而来，市场体系和市场秩序的混乱现象更为严重，难以实现市场配置资源的有效性。党的十九大报告提出，经济体制改革必须以完善产权制度和要素市场化配置为重点。党的十九届四中全会提出，推进要素市场制度建设，实现要素

价格市场决定、流动自主有序、配置高效公平。党的十九届五中全会进一步提出，全面深化改革，构建高水平社会主义市场经济体制，"十四五"时期，高标准市场体系基本建成，市场主体更加充满活力，产权制度改革和要素市场化配置改革取得重大进展，公平竞争制度更加健全，更高水平开放型经济新体制基本形成。

高标准市场体系是建立在数字经济基础上的现代市场体系的更高级形态。现代市场体系的基本要求是使市场在资源配置中起决定性作用，其基本特征是统一开放、竞争有序。具体而言，就是要实现市场准入畅通、市场开放有序、市场竞争充分、市场秩序规范，加快形成企业自主经营公平竞争、消费者自由选择自主消费、商品和要素自由流动平等交换。要素是现代市场经济高质量发展的核心和关键，要素市场的市场化程度是衡量市场体系现代化水平的重要标志。中国抓住了构建现代市场体系这一关键，加大要素市场的市场化配置力度，并适时提出了数据这一新要素，努力在全球率先构建支持数字经济的要素市场体系。

建设一个健康要素市场，其功能简言之有三个：规范要素市场秩序、发现要素市场价格、配置要素市场结构。对全国各要素市场而言，从既往的经验来看，如果一个地域的要素市场交易量能达到1 000亿元（或者说全国要素交易总量的10%），就能基本掌握该要素市场的全国定价权。比如医药产业，2014年全国药品交易量1万亿元，重庆搞了一个药交所，2014年时交易量达到200亿元，就已经出现一定的定价效应，如果到了1 000亿元，就有了市场的定价权。

一个要素市场除了上述三个功能外，还是一个金融结算中心，通过结算中心把要素市场的交易辐射到其他地方。也就是说，一个要素市场中心可以把周边参与交易的现金流汇聚到一起，并产生当地的税收。

（二）我国要素市场面临的问题和挑战

经过改革开放 40 多年的持续快速发展，特别是党的十八届三中全会以来，我国要素市场改革步伐有所加快，资本、劳动力、土地、产权、技术、数据等领域取得了长足发展，要素市场化配置对经济社会发展的重要作用不断提升。但同时也要看到，我国要素市场体系还不健全、市场发育还不充分，政府和市场的关系没有完全理顺，还存在市场准入门槛较高、市场激励不足、要素流动不畅、资源配置效率不高、微观经济活力不强等问题，与建设高标准市场体系的要求差距较大。

土地要素市场化方面。市场机制对城乡土地配置的作用发挥还不充分。首先，城乡土地二元分割特征依然突出，农村土地征收、集体经营性建设用地入市、宅基地流转改革需要加快，国有土地和农村集体土地同地不同权情况还比较明显。其次，土地使用结构不合理，国有土地一级市场由政府控制，主要用于保障经济社会的基础设施需求和基本生产性需求，城市的生活生态用地特别是住房用地的供应比重偏低。再次，建设用地急需盘活存量资源、提高存量土地效率。最后，土地取得和保有环节征税过低，而在流转环节，契税、营业税、印花税等整体税率过高。

劳动力要素市场化方面。首先，既有的户籍管理制度使得外来就业人员在就业准入、社会保障、子女教育、医疗等方面的利益得不到保障，亟须做合理变革。其次，劳动力市场供需不匹配，产业工人、生产性人员的巨大需求无法得到满足，高校毕业生就业形势依然严峻，灵活就业需要政策和制度的引导扶持。最后，劳动力的高层次开发不够，还未能利用大数据、人工智能、区块链等数字技术开发可信的人才评价体系，人才的创新能力释放远远不够。

资本要素市场化方面。首先，多层次资本市场体系仍过度依赖银行体系间接融资的融资结构,直接融资与间接融资不协调的状况未得到根本性改变。其次,金融市场体制机制仍不完善,服务实体经济的功能未充分得以发挥,支持和服务"三农"及中小微企业的能力体系仍有待进一步改善。再次,金融机构市场化退出机制和金融要素市场定价机制不完善,市场化约束机制和违约风险承担机制不健全。复次,金融市场基础设施、金融市场自律机制、相关法规体系仍有待完善,双向开放程度仍有待提高。最后,金融市场的中国特色理论尚未形成,需要在中国改革开放实践和新技术潮流基础上尽快创新。

技术要素市场化方面。首先,缺乏全面设定技术市场各类主体在技术转移中的权利、义务和责任的法律法规。职务科技成果的使用、收益、处置政策,以及激发科研人员创新创造动力与活力等方面亟待制度创新。其次,技术市场多部门协同促进创新机制尚未定型。技术市场服务机构与技术创新的互动机制尚未真正形成。最后,技术要素与其他要素市场,尤其是资本市场尚缺乏深层次互动。

数据要素市场化方面。首先,数据孤岛现象依然存在,政府数据尚未完全打通和实现商业化应用。其次,平台企业数据资源的产权、使用、责任、义务等缺乏相应的法律规范,导致大数据无法合理市场化。再次,数据违法成本较低,个人数据隐私保护有待进一步加强。复次,数据市场主体发育缓慢,引导和扶持政策有待健全。最后,大数据市场运行不规范,亟待规范治理。

(三)推进要素市场化改革的重要意义

党的十九大报告指出,我国社会主要矛盾已经转化为人民日益增长的美好生活需要和不平衡不充分的发展之间的矛盾。而要素市场具有前文所讨论的平衡发展的功能和作用,因此中国经济改革的方向也必须逐渐从市场化程度较高的商品市场转向市场化程度还不那么高的要素市场。

2020年3月30日,《中共中央 国务院关于构建更加完善的要素市场化配置体制机制的意见》(以下简称《意见》)发布,提出了许多生财型、聚财型和资源优化配置型改革,既具有针对性和前瞻性,又具有极强的战略意义。一方面,"探索建立全国性的建设用地、补充耕地指标跨区域交易机制""放开放宽除个别超大城市外的城市落户限制,试行以经常居住地登记户口制度"等措施有利于提升要素流动性,有利于引导各类要素协同向先进生产力集聚。另一方面,在当下经济增长和财政收入因疫情而大幅受挫的背景下,这种不花钱或少花钱却又能带来巨量红利的改革不仅符合经济社会实际,也有利于复工复产、激发企业活力、重启高质量经济循环。

推进要素市场化改革具有三个方面的重大意义。

一是建设高标准市场体系的关键步骤。

党的十九届四中全会提出要建设高标准市场体系。这个高标准不仅体现在商品市场上供求机制、价格机制和竞争机制等市场机制充分发挥作用,更为基础和重要的则是在要素市场上体现出市场配置各类要素资源的决定性作用。

当前,我国商品市场发育较为充分,目前商品和服务价格已由原来的97%以上由政府定价,转变为97%以上由市场定价。同时,要素市场建设和改革也取得了重要进展,资本、土地、劳动力市场从无到有、从小到大,市场配置要素资源的能力明显增强。但由于种种原因,与商品和服务市场相比,要素市场发育还不充分,在运行过程中不同程度地存在行政干预过多、市场化运作不畅、资源配置效率不高等问题,影响了市场发挥资源配置的决定性作用。尽管中央文件屡有提及,但思想观念的障碍和利益固化的藩篱,使这些年来的相关改革进展缓慢。《意见》的出台,不仅再次明确了要素市场化改革的方向,还针对不同的要素提出了具体的市场化改革举措，具有很强的可操作性，有利于加快高标准市场体系的建立。

二是深化供给侧结构性改革的重大举措。

近年来，针对经济运行中的结构性矛盾，中央提出了以"三去一降一补"为主要内容的供给侧结构性改革思路。经过几年努力，经济运行中的短期结构性矛盾得到了缓解，取得了积极成效。但"三去一降一补"治的是急症、解的是表，逻辑是从产品端的结构性矛盾出发，在企业端发力，通过淘汰过剩产能、出清僵尸企业、降低过高杠杆等措施纠正结构性失衡。但从企业端深挖下去，除了微观主体的治理机制和创新活力有待进一步激发外，作为投入的要素端的扭曲也是一大病症所在。

要素配置扭曲具有很强的传导性和扩散性，由此造成了一系列经济结构性矛盾和问题。推进要素市场化改革，有利于提升要素流动性，有利于引导各类要素协同向先进生产力集聚，进而为产业链水平的提高创造条件。从培育新动能角度来看，要扩大优质增量供给，就要建立促进要素自由流动的机制，使科技创新、现代金融、人力资源等现代生产要素能够从低质低效领域向优质高效领域流动，提高要素宏观配置效率，共同支撑实体经济发展，形成协同发展的产业体系。可以说，要素市场化改革是继"三去一降一补"之后又一大供给侧结构性改革的杰作，是供给侧结构性改革进一步深化的重要标志。

三是要素市场发育程度是一国经济竞争力的重要体现。

完善要素市场化配置，还有利于让要素活力竞相迸发，为经济发展注入新动力。一方面，宏观经济发展依赖微观主体活力，企业是组织生产要素的主体，企业活力是否充分释放，取决于要素活力是否竞相迸发；另一方面，数据等新型生产要素对其他生产要素的效率有倍增作用，已和其他要素一起融入价值创造过程中，形成了新的先进生产力，它们对于推动我国经济转向创新驱动发展具有重要意义。

与商品市场中有千千万万的品种、规格、性能的商品不同，要素市场一般品种相对单一（比如相关文件中重点谈到五类：土地、劳动力、资本、技术和数据），场所或平台相对集中（如各地的建设用地招拍挂中心），一般具有资源优化配置功能、维护市场秩序功能、集中竞价功能、资金枢纽功能和大数据汇集功能。不论是国家级的要素市场，还是区域性要素市场，成功的前提是能够在业态上做到三个集聚。一是交易量的集聚能力，成功的要素市场往往能集聚区域性或全国性的80%以上的相关要素交易资源。二是交易会员单位、中介机构等各类企业和品牌的归集和集聚。三是物流通信的枢纽集聚功能。作为一个成功的要素市场，理应有完善的通信基础设施以支撑这个要素市场的大数据、云计算和人工智能的枢纽条件。

基于此，要素市场的效率往往决定了一个经济体的运行效率，成为国家和国家之间、地区和地区之间竞争的核心能力的体现。相较于普通经济体，那些拥有全球要素市场影响力的经济体竞争优势更为突出。

要素市场是统一开放、竞争有序的现代市场体系的重要组成部分，但在实践中，不同地域、不同要素的市场化程度差异较大，面临的问题也各不相同。因此，在推进要素市场化配置过程中，既要从整体上扩大要素市场配置范围，加快发展要素市场，也要根据不同要素属性、市场化程度差异和经济社会发展需要，提高要素配置的灵活性、科学性、协同性，构建起更加完善的要素市场化配置体制机制。

二、数据要素化

数字经济是建立在数据要素基础上的，数据是数字经济发展的基础性、关键性、决定性的生产要素。

数字技术和数字设备的普及，使得大量的数据从各种各样的数据源头通过不同渠道快速产生和流转。数据渗透到国民经济和社会发展的各个领域、各个层次当中，成为一个国家、一个地域的新型基础性资源，正在对经济发展、社会治理、人民生活产生重大而深刻的影响。数据作为一种新的生产要素，在数字经济不断深入发展的过程中，将居于越来越重要的地位。

数据成为要素的意义体现在三个方面。首先，数据参与生产。数据对其他要素资源具有乘数作用，可以提高经济生产效率，推动新型产品和服务的创造。其次，数据参与分配。数据对原有生产要素诸如劳动力、土地、资本和技术产生替代效应，背后涉及经济结构的变化和要素内涵的变迁。最后，数据融合带动。数据凭借高流动性、低成本、长期无限性和外部经济性等特征，对国民经济各部门具有广泛辐射带动效应，有助于提升全要素生产率。

华为公司和牛津经济研究院的测算结果显示，过去30年中，数字投资对GDP增长的边际贡献率达到20倍，而非数字投资的边际贡献率仅为3倍。数据要素作为数字经济发展的新原料，正成为改变国际竞争格局的新变量。我国是第一个从国家层面把数据列为生产要素的国家，我国数字化转型在消费或者服务领域的优势正转化为数据要素的市场优势。

(一) 数据成为要素的条件

单一的、杂乱无章的数据是没有什么价值可言的。数据要想成为生产要素，能被交易和流通，并产生真正的价值，就需要具备要素属性，经历要素化过程。

1. 数据的本质与六大特性

在辨析数据的本质之前，可以先思考一下人类是如何认识世界的。辩证唯物主义认为，世界的本质是物质，世界上先有物质后有意识，物质决定意识。在人类认知产生以前，从物质的最小单位夸克到原子、分子、生物大分子、细胞乃至生态系统，构成了客观的物理世界。对于上述客观物理世界未经处理的原始记录，就是数据（data）。人类诞生以后，为了更好地记录世界，将客观世界的数据以编码的形式表达出来，就形成了信息（information）。数据强调的是客观记录，信息强调的是对客观记录的解释，是一种已经被加工为特定形式的数据，例如文字、语言、音乐等。而知识（knowledge）是人类基于认知模型，对信息进行结构化重组而形成的更高级别的系统性认知。知识表现为两个特征：第一，它是有逻辑的，是人类基于数据和信息自主进化的产物；第二，它可以独立于数据与信息而存在，表现为抽象且没有实体的客观知识，如文学、艺术、科学理论、经济交往中的商业模式等。显然，数据不是信息，信息不是知识。

数据是整个数据要素市场最基本的构成元素。计算机科学将数据定义为"对所有输入计算机并被计算机程序处理的符号的总称"。国际数据管理协会（DAMA）也给出了相似的定义，"数据是以文字、数字、图形、图像、声音和视频等格式对事实进行表现"。国际标准化组织（ISO）对以上两种定义进行了进一步概括，认为"数据是对事实、概念或指令的一种形式化表示"。

以上定义各有侧重，一方面，数据若想为人所用，必须能够被计算机以数字化、可视化的形式呈现出来，这是数据必备的外在形态；另一方面，数据之所以有价值，是因为其承载着某些客观事实，这是数据的内在实质。

数据是对客观事物（如事实、事件、事物、过程或思想）的数字化记录或描述，是无序的、未经加工处理的原始素材。数据可以是连续的，比如声音、图像；也可以是离散的，如符号、文字。通常来说，数据有六大特性。

第一，数据是取之不尽、用之不竭的。与土地、劳动力、资本等生产要素不同，数据作为客观世界的"符号"，随着客观世界的演化而不断产生，从这个角度，我们可以将数据看作客观世界"熵"的反映。数据的这个特性意味着数据是无穷无尽的，因此要充分发挥数据的潜力，将数据转化为信息、知识、智慧。

第二，原始数据是碎片化的、没有意义的。知识的产生要经历数据、信息两个阶段，意味着如果没有人类的组织、加工，这些千千万万的数据本身对于社会毫无意义。只有将数据组织起来，从中探索出信息、知识，才能更好地推动人类文明进步。

第三，数据不可能完全的"原始"，其加工过程就是由无序到有序的过程。数据并非独立于思想、工具、实践而存在。恰恰相反，从人类的视角来看，数据的出现就意味着处理、分析流程已经在运作。因此，数据就是信息本身。所以，不存在先于分析的或作为客观独立元素的数据。数据的加工过程，就是将处于原始状态的数据，即无序的数据变成有序的数据的过程。有序是极为重要的概念。

第四，数据产生数据。与其他生产要素相比，数据的一种主要特性是按照指数模式增长，并且具有数据产生数据的特征。于是，数据的总体规模不断呈现数量级的增长。不久之前是 PB（Petabyte，千万亿字节，拍字节）、现在是 EB（Exabyte，百亿亿字节，艾字节）、未来很快是 ZB（Zettabyte，十万亿亿字节，泽字节）。

第五，数据在利用过程中产生了价值与产权。数据经过人工与机器处理后成为信息，然后变成知识，再变成决策判断、信用判断的工具，为数据平台带来了商业利益，从而数据就创造了价值。同时，数据在创造价值的过程中，数据的产权归谁所有，利益如何分配，也是数据利用所面临的一项重大课题。

第六，数据可以多次转让和买卖。数据是无形的，作为一种非消耗性资源，使用越多，产生的数据越多，其可能带来的价值就越大。经过人类解释后的数据，如果仅仅被个别人使用，它能够产生的知识就相对有限，产生的价值也会大打折扣。

2. 从数据到数据要素

生产要素需要具有明确的产权、定价模式和交易模式，所以数据的要素化过程，就是逐渐形成数据产权、定价、交易模式的过程，要经历数据资源化、数据资产化、数据资本化三个基本阶段。

数据资源化。资源是指自然界和人类社会中可以用于创造物质财富和精神财富的具有一定量的积累的客观存在形态。由此可见，单一的数据不能成为资源。数据资源化，是要让数据能够参与社会生产经营活动、可以为使用者或所有者带来经济效益。区别数据与数据资源的依据主要在于数据是否可以规模化开发利用。一个国家、一座城市，首先要完成对数据资源的"勘探"，制定数据资源的开发策略和基本模式，并建设相关的基础设施。

数据资产化。随着数据价值被普遍认可和数据资源的广泛开发，数据将逐渐成为个人、企业、政府的一项重要资产。根据《企业会计准则》中的定义，资产是指企业过去的交易或者事项形成的、由企业拥有或者控制的、预期会给企业带来经济利益的资源。把这个定义推广到数据资源，可以说数据资产是指在过去的经济社会活动中形成的，由个人、企业、政府拥有或者控制的，预期会给个人、企业、政府带来经济利益的数据资源。当前，由于数据的确权、成本及价值的可靠计量等问题，在现行法律框架和技术条件下，数据资产尚无法直接体现在企业的财务报表中。但在数字时代，越来越多的企业意识到企业所掌握的数据资源的规模、数据的鲜活程度，以及采集、分析、处理、挖掘数据的能力决定了企业的核心竞争力。一些发达地区已经开始探索数据资产如何进入财务报表，并形成新的资产管理规则。

数据资本化。数据成为资产之后，数据在经济活动中的地位开始等同于传统的资本投入。资本是投入的一部分，各种投入包括劳务、土地、资金等。根据主流宏观经济学观点，资本可以划分为物质资本、人力资本、自然资源、技术知识等。数据资产是在数字经济时代，资本呈现出的新的内涵。所谓数据的资本化，是指可以按照某种方式来衡量数据的投入和产出，并估算数据资本的未来价值。在条件成熟的情况下，可以建立数据资本交易机制，设立数据资本交易所。目前国内已经有若干数据交易中心，正在尝试数据资本化的模式，探索数据资本市场的可行之路。

党的十九届四中全会首次将数据增列为生产要素。生产要素是指进行社会生产经营活动时所需要的各种社会资源，是维系国民经济运行及市场主体生产经营过程中所必须具备的基本因素。数据要素是参与到社会生产经营活动、为使用者或所有者带来经济效益、以电子方式记录的数据资源。判断数据是不是已经成为一个地方生产要素的依据，主要在于其是否产生了经济效益。数据要素具有如下特征。

一是非竞争性。数据要素开发成本高，在动态使用中发挥价值，边际成本递减。

二是非排他性（或非独占性）。数据可复制、可共享、可多方同时使用，共享增值。

三是非耗竭性。数据可重复使用、可再生，在合理运维情况下可永久使用。

四是非稀缺性。万物数据化，快速海量积累，总量趋近无限，具有自我繁衍性。

五是非恒价性。数据要素的价值随着应用场景的变化而变化。不同的应用场景，数据要素价值也不同。

由此可见，单一的数据不是资源，因而也不是生产要素，也不是资产。数据要成为资源、成为生产要素，就要经过要素化过程，即数据需要经过采集、传输、计算、存储和分析等过程，成为有价值的信息、知识，然后才能在生产、业务、决策、管理等过程中发挥重要作用。因而，数据采集、清洗、标注、挖掘等处理过程，数据存储、计算、通信等关键硬件，数据算法、工具、解决方案等关键软件，构成了数据要素化的重要基础。

此外，作为加快培育数据要素市场的重要举措，《意见》提出将有关领域数据采集标准化，这是数据要素可交易、可流通的一个关键基础。如果数据运行各个环节的采集标准不一致，其共享共用就很难实现。这就好比火车行驶的铁轨，如果一段路程中有的是宽轨，有的是窄轨，火车行驶的速度就起不来，更别说跑高铁了。推进数据采集标准化正是数据要素市场的关键性、基础性举措。

（二）数据的确权

数据要成为数字资产，并能够顺畅地进行流通和交易，最重要的是对数据进行确权。当前，数据的所有权、使用权、管理权、交易权等尚未被法律明确界定，国际社会也仍没有达成共识和通行规则。这导致企业在采集、处理、加工、使用和共享数据的过程中存在诸多隐患和风险，也关系到数据产业能否健康、安全及可持续发展。

一般而言，政府数据属于国家，社会数据归属于数据产生主体。但就具体场景而言，还要根据实际情况具体考虑。其中个人数据由于考虑到隐私保护问题，更需要与数据的使用场景相结合，在具体场景中判断相关主体的权利。不同场景下，个人数据可能涉及不同的利益诉求，有着不同的目的与用途，要根据数据类别、安全级别、隐私保护、权益归属等条件，明确哪些数据是完全属于个体的，哪些是公共的，以及哪些是市场化的。

1. 数据确权的国际探索

欧盟确立了"个人数据"和"非个人数据"的二元架构。针对任何与已识别或可识别的自然人相关的"个人数据"，其权利归属于该自然人，其享有包括知情同意权、修改权、删除权、拒绝和限制处理权、遗忘权、可携权等一系列广泛且绝对的权利。针对"个人数据"以外的"非个人数据"，企业享有"数据生产者权"。

欧盟数据确权的尝试并不算成功，"个人数据"和"非个人数据"的区分方式与现有数据流转实践不符。个人数据的范围过于宽泛，在数字时代，几乎没有什么数据不能够通过组合和处理，与特定自然人相联系。由此，同一个数据集往往同时包含个人数据和非个人数据，想要把这些相互混合的数据区分开来，即使技术上有可能做到，在操作上也非常困难，可能过犹不及，诸如伤及互联网成熟业态，阻碍人工智能、区块链和云计算等新兴产业的发展。

美国的数据确权是一种实用主义路径。美国个人数据置于传统隐私权的架构下，利用"信息隐私权"化解互联网对隐私信息的威胁，在金融、医疗、通信等领域制定了行业法，辅以行业自律机制，形成了相对灵活的体制。美国的确权机制充分发挥了市场的作用，在政府数据的开放共享方面做了很多有益的尝试，但过分自由的分散确权机制，不利于数据要素的规模化开发利用。

综合考虑欧洲和美国市场在数据确权上的做法，我国在进行数据确权时，要结合中国国情和数据要素的市场化实践，着重考虑以下五个问题。

一是安全性。数据是一个国家重要的战略资源，因此任何数据要素的开发要充分保障数据的安全性，不得以任何形式侵犯国家安全。同时，也要建立数据分类分级安全保护制度，充分考虑对政务数据、企业商业秘密和个人数据的安全保护。

二是隐私保护。欧美数据隐私保护的做法值得我们借鉴，要根据中国不同地域、不同产业、不同用途的需要，建立中国的数据隐私保护体系，从技术、法规、市场多个角度保障数据确权过程中不侵犯个人的隐私数据。

三是公平性。数据的确权机制一定要保障数据要素市场体系的公平性。其中，区块链等技术体系是确保数据要素市场公平性的技术基础，必须给予充分考虑。在技术底座基础上，通过制定公平的确权机制，确保在数据要素层面能够建立公平的分配机制。

四是价值导向。经过确权的数据才可以变成数据资产，而数据资产要在市场中发挥作用，创造新的价值。所以确权的一个重要目的还是有利于数据资产的价值创造，是为了在未来能方便快捷、公平合理地进行数据交易。

五是技术工具。要充分利用数字技术手段赋能数据确权。比如，针对数据资产的独立性、不可篡改、多方参与等特性，可采用多方安全计算，即在不改变数据实际占有和控制权或所有权模糊的情况下，将计算能力移动到数据端，在保障企业数据安全和个人隐私的同时，促进数据资产在共享利用中创造价值。

2. 数据产权和价值分配

数据产权归属是数据产业发展需要解决的基本问题，它决定着如何在不同主体间分配数据价值、义务和责任。与土地、劳动力、资本、技术等生产要素不同的是，数据的产权问题仍未解决。土地、资本或劳动力等要素具有专属性，但数据很复杂，目前在确权方面缺乏实际的标准规则。基于对数据、信息、知识的转化模型，我认为数据涉及以下四项基本权利：管辖权、交易监管权、所有权和使用权。

（1）数据的管辖权、交易监管权由国家所有

数据是一个国家的新型基础性资源，具有极高的价值，对经济发展、社会治理、人民生活都产生了重大而深刻的影响，这意味着任何主体对数据的非法收集、传输、使用都可能构成对国家核心利益的侵害。数据安全已经成为事关国家安全与经济社会发展的重大问题，与切实维护国家主权、安全和发展利益密切相关。

因此，各类数据活动的管辖权、交易监管权应当归属于国家，内部的任何数据活动都应该遵循国家数据安全法规，可以成立中央数据部门对国内的数据活动进行统一管理。国家确立总的管理规则后，主要城市可以设立定点数据交易所，类似在北京、上海、深圳设立的证券交易所，而其他的一般省会城市、地级市不能设立。数据交易类似于证券交易，只有证监监督管理机构批准下的交易场所拥有股票的管理权和交易监管权。其中既包括政务数据资源、公共数据资源、国有企业数据资源等国家所有的数据资源，也包括各类非国有企业/机构或个人生产的数据，如电商平台积累的数据资源、互联网金融平台的数据资源、应用程序收集的数据资源等。

（2）数据所有权、使用权的界定应以保护隐私权为前提

数字经济时代，全球数据量呈现出爆发式的增长，数据的资源属性不断增强，通过大规模的数据收集、处理和分析挖掘，大数据应用产生的经济价值不断显现。而在数字化时代，个人数据需要参与到各类网络双边交易中，在平台上经过加工、处理转化成信息、知识，这就需要对数据产权进行合理界定。一个基础的问题是：当某一个平台通过大数据、云计算、人工智能把千千万万碎片化的毫无价值的信息通过导流加工成有方向的、有意义的数据时，这个平

台是否应该拥有所有权呢？

消费者在网络平台购物、浏览时，留下的有关个人信息（比如手机号、身份证号、邮箱、消费偏好等）原始记录的数据应该归消费者自己所有，网络平台应只有使用权，除非征得消费者明确同意，否则网络平台不应当拥有上述个人信息的所有权。这一条与欧美普遍要求个人可以"自操作"自己在网络平台留下的数据的逻辑是一致的。比如个人在微软浏览器上的浏览记录，自己是可以直接删除的，网络平台不得私自保存。这实际上就是公民隐私权的体现。网络平台对个人留下的数据只有使用权，比如可以用个人数据在平台上为买卖双方进行撮合或导流。比如今日头条可以根据个人的浏览记录来推送个人感兴趣的新闻和信息，这个过程就是行使了对个人信息的使用权。与之相关，网络平台在行使其掌握的个人信息使用权时，不能借助该信息优势进行任何可能侵害所有权人利益的不当操作，比如搞大数据杀熟、利用数据优势进行价格歧视等。因为使用权仅仅是所有权的权能之一，所以网络平台对他人的个人信息行使使用权时，不能对所有权人本身的利益构成损害。当然，这个边界要掌握好。

如果网络平台对个人信息进行脱敏后形成了新的数据集，这个数据是加工后的信息，在不以任何形式侵犯个人隐私权的前提下，网络平台可以拥有脱敏后个人信息的所有权。根据自身经营需要，网络平台可以出售此类数据，比如可以被用作各种市场研究，研究某个产品可能的市场需求率、客户群体的分类等。换言之，任何网络平台不能把未脱敏的数据对外出售；只要是出售的数据，就一定是脱敏过的。对此，可以由国家成立并运营的大数据交易中心来承担相应的审核职能。进一步地，网络平台对脱敏后的数据在交易中如果产生了收益，原始数据的提供人有没有主张的权利呢？我认为，应该明确认定为"没有"。理由有二：一是数据脱敏了，不存在侵害隐私权的可能；二是如果认定个人有主张的权利，在实践中举证自己的权利和验证举证的真实性，成本极高，根本无法操作，并且会严重挫伤网络平台发展和互联网交易的积极性。当然，如果把有关数据交易的监管权力界定给国家，国家就可以对数据交易征税。

回过头来看，未脱敏的数据应只限于在本网络平台使用，而且只有网络平台运营商在一定规则下（该规则要经过监管部门审核认可）才能使用。这些未脱敏数据不能以任何形式出售或提供给体系外的银行、广告商等机构。否则原始数据人就拥有向网络平台主张获益的权利。但原始数据人的该项权利应当如何保护，存在一定的操作难度，技术上可能需要用到区块链技术，制度上国家应实行严监管，不仅要先证后照，还要犯一罚万，重罚严惩。

（3）数据转让后的主体仅拥有使用权，未经允许不得进行再度转让

数据使用权即使用指定数据的权利。一般来说，物品的使用权由物品的所有者行使，但也可依据法律、政策或所有者的意愿将物品的使用权转移给他人，最典型的使用权转移是国有土地使用权的转移和影视、音乐等使用权的转移。由于数据能够低成本复制无限份，同时在使用的过程中一般也不会造成数据的损耗和数据质量的下降，反而还会因为数据的使用创造新的经济价值，因此数据的使用权转移是一项多方共赢的行为。

但是，数据在使用权的转移过程中，往往已经被加工成了相应的数据产品和数据服务，成为类似于影视、音乐的知识产权。我们在娱乐平台上观看欣赏影视和音乐后，是不允许将作品私自下载再转售给他人的。与此类似，数据的使用权通常不允许转授，即数据所有者将指定数据的使用权授予使用者后，数据的使用者不能将数据转手倒卖获利。

(三)数据的定价与交易

1. 数据的定价

数据资产的定价相对于其他资产而言存在巨大的差异,数据资产的价值主要来源于其直接或间接产生的业务收益,但数据自身存在的无损复制性、按不同业务场景产生收益的可叠加性,使得特定数据资产的价值与传统资产价值不同,不是一个固定值,而是一个随不同因素变化的动态值。

数据定价的一个思路是基于对数据自身价值的评估。目前资产价值评估方法主要包括市场法、收益法及成本法等,而数据自身的无形化、虚拟化等特性使得上述资产价值评估基础理论方法很难直接应用到数据资产的定价上。

市场法基于数据资产在市场中的交易价格作为数据所代表的价值,从而为数据要素市场下一步交易提供价格参考。市场法的优势在于,通过交易价格易于得到数据价值判断的依据,且数据价值与交易价格呈正相关。但是,如果数据交易很不活跃,交易量又很少,就不能为市场提供准确的定价指导。同时,数据价值评估反作用于市场交易定价,如果市场存在不规范交易行为,那么这种数据定价机制将陷入"先有鸡还是先有蛋"的问题中。

收益法和成本法是基于数据要素市场中由于数据交易而带来的收益或者消耗的成本来进行定价的方法。收益法与成本法的优势在于通过利润或成本可以体现出数据创造价值的本质,并为数据价值提供更直观的描述。但是,由于数据价值的复杂性,数据持有方往往难以界定哪些利润是由数据交易带来的,哪些成本应该归于数据交易成本,所以也就比较难以给出一个令人信服的数据交易定价。

那么,数据应该如何定价才比较合理呢?由于数据的特殊性,它既有大宗商品比如煤炭、石油等因为供求关系而形成的垄断定价特征，也因为可重复交易而享有边际效应递增的特征，因此数据产品的定价机制与一般商品有所不同，如前所述，数据的定价机制可能更多地与专利、知识产权的定价机制类似。

首先，数据的定价一定是市场化的，即充分发挥市场在数据资源配置中的决定性作用。如果数据本身没有主体愿意使用，它就没有价值可言。有很多主体愿意反复地使用，就证明其具有较高的价值，这个时候就由交易的双方来确定它的价格。

其次，数据最终产生的收益，应当由数据所有者共享。数据的原始贡献者与二次加工者都应当享有数据的财产分配权。数据财产权的分配比例，可以大致模仿知识产权的分配模式，比如《拜杜法案》。政府是为人民提供公共服务责任、履行法定义务的执行机构，因此由政府作为个人数据财产分配权益的受让主体更为合理。同时，政府也可以将这部分收益用于加强数字化基础设施建设，从而反哺数据生态系统。

2. 数据交易

数据市场可以分为一级市场和二级市场。数据一级市场是针对政府、企业、个人的数据直接存储和使用的市场，在数据一级市场上，围绕着5G、物联网、工业互联网等新基建领域，在未来几年将会产生巨大的市场空间；当数据一级市场逐步完善，基于此会产生大量的融合应用，并形成二级交易市场，也就是数据交易所。数据交易所会成为未来的一个重要行业，建设数据二级市场的数据交易所需要注意以下五个方面的问题。

一是要注重数据的功能性价值发现：找到可以不断发掘的数据，并形成针对不同功能的应用场景。

二是注重针对不同场景的数据定价系统：有了价值发现，数据就通过不同交易场景形成定价机制。

三是注重数据交易的现金流管理：数据交易市场的自动交易特性会产生巨额的现金流，该现金流如何管控也是一个新课题。

四是设计完善的数据交易机制：数据交易涉及买家、卖家、中介机构等，与数据交易有关的各种中介机构在数据交易所中发挥各自功能，需要建立一套新的交易规范。

五是注意数据交易过程中的风险防范。数据交易市场和传统的商品交易市场、要素市场都不同：传统的商品交易市场是有形的商品、有形的交易空间，要素市场是有形的商品、无形的交易空间，而数据交易市场是无形的商品、无形的交易空间，该空间中的风险更大，更需要加强监管和防范。

（四）数据交易市场

1. 全球数据交易市场需求旺盛

根据数据服务提供商 On audience 报告，全球市场对数据的需求正在增加，企业越来越多地需要使用高质量的用户数据进行个性化服务。2017 年，全球数据市场价值达到 189 亿美元；2020 年，全球数据市场的价值超过 410 亿美元；2021 年，由于受新冠肺炎疫情影响，增长速度有所放缓，同比增长近 20%；预计 2022 年全球数据市场增长将超过 26%。

美国是目前世界上最大的数据市场，其市场规模在 2020 年达到 247 亿美元。欧洲 2020 年数据市场规模为 63 亿美元。2020 年，中国数据市场的增长率达到 32.3%，是世界第三大数据市场，规模达到 54 亿美元。

On audience 研究中估计的数据成本支出主要包括基于客户数据的编程广告投资——有关客户行为、兴趣和购买意向的数字信息方面的支出。此外，也考虑了这些运营数据公司的软件开发成本。根据 On audience 的报告，2020 年全球数字显示广告市场的价值将达到 1 772 亿美元，2020 年全球使用客户数据进行定位的节目市场将达到 1 291 亿美元。最大的编程市场也是最大的数据市场，因为以编程方式提供服务的广告需要大量数据。根据市场研究机构 eMarketer 的数据，2021 年美国数字显示，几乎有 88% 的广告收入是按程序进行交易的，总价值达到 810 亿美元。

2.国外数据交易模式

（1）美国：充分市场化的数据交易

美国发达的信息产业提供了强大的数据供给和需求驱动力，为其数据交易流通市场的形成和发展奠定了基础。美国在数据交易流通市场构建过程中，制定了数据交易产业推动政策和相关法规，这些政策法规又进一步规范了数据交易产业的发展。

首先，建立了政务数据开放机制。美国联邦政府自 2009 年发布《开放政府指令》后，便通过建立"一站式"的政府数据服务平台 Data.gov 加快开放数据进程。联邦政府、州政府、部门机构和民间组织将数据统一上传到该平台，政府通过此平台将经济、医疗、教育、环境与地理等方面的数据以多种访问方式发布，并将分散的数据整合，数据开发商还可通过平台对数据进行加工和二次开发。

其次，发展多元数据交易模式。美国现阶段主要采用 C2B（消费者对企业）分销、B2B 集中销售和 B2B2C（企业对企业对消费者）分销集销混合三种数据交易模式，其中 B2B2C 模式发展迅速，占据美国数据交易产业主流。所谓数据平台 C2B 分销模式，是指个人用户将自己的数据贡献给数据平台以换取一定数额的商品、货币、服务、积分等对价利益，相关平台如 Personal.com、Car and Driver 等；数据平台 B2B 集中销售模式，即以美国微软 Azure 为首的数据平台以中间代理人身份为数据的提供方和购买方提供数据交易撮合服务；数据平台 B2B2C 分销集销混合模式，即以数据平台安客诚（Acxiom）为首的数据经纪商收集用户个人数据并将其转让、共享给他人的模式。

最后，平衡数据安全与产业利益。在涉及数据安全保护等方面，目前美国尚没有联邦层面的数据保护统一立法，数据保护立法多按照行业领域分类。虽然脸书、雅虎、优步等公司近些年来均有信息失窃案件发生，但硅谷巨头的游说使得美国联邦在个人数据保护上进展较为缓慢。

（2）欧盟：加强数据立法顶层设计

欧盟委员会希望通过政策和法律手段促进数据流通，解决数据市场分裂问题，将 27 个成员国打造成统一的数字交易流通市场；同时，通过发挥数据的规模优势建立起单一数字市场，摆脱美国"数据霸权"，回收欧盟自身"数据主权"，以繁荣欧盟数字经济。

首先，建立数据流通法律基础。2018 年 5 月，《通用数据保护条例》（GDPR）在欧盟正式生效，其特别注重"数据权利保护"与"数据自由流通"之间的平衡。这种标杆性的立法理念对中国、美国等全球各国的后续数据立法产生了深远而重大的影响。但由于 GDPR 的条款较为苛刻，该法案推出后，欧盟科技企业筹集到的风险投资大幅减少，每笔交易的平均融资规模比推行前的 12 个月减少了 33%。

其次，积极推动数据开放共享。2018 年，欧盟提出构建专有领域数字空间战略，涉及制造业、环保、交通、医疗、财政、能源、农业、公共服务和教育等多个行业和领域，以此推动公共部门数据开放共享、科研数据共享、私营企业数据分享。

最后，完善数据市场顶层设计。欧盟基于 GDPR 发布了《欧盟数据战略》，提出在保证个人和非个人数据（包括敏感的业务数据）安全的情况下，有"数据利他主义"意愿的个人可以更方便地将产生的数据用于公共平台建设，打造欧洲公共数据空间。2020年12月15日，欧盟委员会颁布了两项新法案——《数字服务法》和《数字市场法》，旨在弥补监管漏洞，通过完善的法律体系解决垄断以及数据主权的问题。《数字服务法》法案为大型在线平台提供了关于监督、问责以及透明度的监管框架。《数字市场法》法案旨在促进数字市场的创新和竞争，解决数字市场上的不公平竞争问题。

（3）德国：打造"数据空间"的可信流通体系

德国提供了一种"实践先行"的思路，通过建设行业内安全可信的数据交换途径，排除企业对数据交换不安全性的种种担忧，实现各行业企业间的数据互联互通，打造相对完整的数据流通共享生态。德国的"数据空间"是一个基于标准化通信接口并用于确保数据共享安全的虚拟架构，其关键特征是有明确的数据权属逻辑。它允许用户决定谁拥有访问他们专有数据的权力，从而实现对其数据的持续监控。目前，德国数据空间已经得到包括中国、日本、美国在内的20多个国家、超过118家企业和机构的支持。

（4）英国：先行先试金融数据交易

英国政府也高度重视数据的价值，采用开放银行战略对金融数据进行开发和利用，促进金融领域数据的交易和流通。该战略通过在金融市场开放安全的应用程序接口（API）将数据提供给授权的第三方使用，使金融市场中的中小企业与金融服务商更加安全、便捷地共享数据，从而激发市场活力，促进金融创新。开放银行战略为具有合适能力和地位的市场参与者提供了六种可能的商业模式：前端提供商、生态系统、应用程序商店、特许经销商、流量巨头、产品专家和行业专家。其中，金融科技公司、数字银行等前端提供商通过为中小企业提供降本增效服务来换取数据，而流量巨头作为开放银行的最终支柱掌握着银行业参与者所有的资产和负债表，控制着行业内的资本流动性。目前，英国已有超过100家金融服务商参与了开放银行计划并开发出大量创新服务，金融数据交易流通市场初具规模。

（5）日本：设立"数据银行"，成立数字厅

日本从自身国情出发，创建"数据银行"交易模式，以期最大化地释放个人数据价值，提升数据交易市场的活力。数据银行在与个人签订契约之后，通过个人数据商店对个人数据进行管理，在获得个人明确授意的前提下，将数据作为资产提供给数据交易市场进行开发和利用。从数据分类来看，数据银行内所交易的数据大致分为行为数据、金融数据、医疗健康数据以及嗜好数据等；从业务内容来看，数据银行从事包括数据保管、贩卖、流通在内的基本业务以及个人信用评分业务。数据银行管理个人数据以日本《个人信息保护法》（APPI）为基础，对数据权属界定以自由流通为原则，但医疗健康数据等高度敏感信息除外。日本通过数据银行搭建起个人数据交易和流通的桥梁，促进了数据交易市场的发展。

2021年5月12日，日本参议院通过了6部有关数字化改革的法案，其中十分重要的是《个人信息保护法》的修订：统一日本各私营企业、行政机关和地方政府的个人信息保护制度。同时，为了杜绝个人隐私滥用，个人情报保护委员会的监管权力也扩大到了所有的行政机构。2021年9月1日，经过近1年的筹备，负责日本数字化的最高部门——日本数字厅正式成立。数字厅直属于内阁，直接由总理领导，设有一名数字部长。该厅将负责维护、管理国家信息系统，保证各地方政府的共同使用和信息协调。由于权力较大，数字厅可以向其他部委和机构提出建议、审查业务。同时，数字厅还计划和相关机构合作，为医疗、教育、防灾等公共事务开发数据应用系统，也能整合私企、土地、交通状况的数据用于商业。

（6）韩国 Mydata 模式

Mydata 模式由信息源（消费者）进行授权，商家将个人数据传输至 Mydata。消费者可以通过 Mydata 查询个人数据。其他授权企业也可以通过中介向 Mydata 查询个人数据（脱敏），可查询企业包括韩国部分政府部门、部分国有中央会、部分证券交易所，此过程由个人信息保护委员会和金融委员会共同监管，Mydata 支援中心进行支援。

综上所述，发达国家在数据交易市场方面已经做了大量尝试，在技术、平台、法规、监管、商业模式等方面值得我们借鉴。国外数据交易平台自 2008 年前后开始起步，发展至今，既有美国的 BDEX、Infochimps、Mashape、RapidAPI 等综合性数据交易中心，也有很多专注细分领域的数据交易商，如位置数据领域的 Factual，经济金融领域的 Quandl、Qlik Data Market，工业数据领域的 GE Predix、德国弗劳恩霍夫协会工业数据空间 IDS 项目，个人数据领域的 DataCoup、Personal 等。除专业数据交易平台外，近年来，国外很多 IT 头部企业依托自身庞大的云服务和数据资源体系，也在构建各自的数据交易平台，以此作为打造数据要素流通生态的核心抓手。较为知名的如亚马逊 AWS Data Exchange、谷歌云、微软 Azure Marketplace、LinkedIn Fliptop 平台、Twitter Gnip 平台、富士通 Data Plaza、Oracle Data Cloud 等。

目前，国外数据交易机构采取完全市场化模式，数据交易产品主要集中在消费者行为、位置动态、商业财务信息、人口健康信息、医保理赔记录等领域。

3. 我国数据交易市场

据国家工业信息安全发展研究中心测算数据，2020 年我国数据要素市场规模达到 545 亿元，"十三五"期间市场规模复合增速超过30%；"十四五"期间，这一数值将突破1 749亿元。

在数据开放共享方面，截至2020年，国家电子政务网站接入中央部门和相关单位共计162家，接入全国政务部门共计约25.2万家，初步形成了国家数据共享平台。31个国务院部门在国家共享平台注册发布实时数据共享接口1 153个，约1.1万个数据项。国家共享平台累计为生态环境部、商务部、税务总局等27个国务院部门、31个省（自治区、直辖市）和新疆兵团提供查询核验服务9.12亿次，有力地支持了网上身份核验、不动产登记、人才引进、企业开办等业务。其他各类数据开放平台达到142个，有效数据集达到98 558个。

国内数据交易机构起步于2015年，截至2021年底，已有近百家各种类型的数据交易平台投入运营，较为知名的如北京国际大数据交易所、贵阳大数据交易所、上海大数据交易中心、华东江苏大数据交易中心、中原大数据交易中心、优易数据网等。除上述专业数据交易平台外，与国外类似，国内IT头部企业亦在构建各自的数据交易平台，例如阿里云、腾讯云、百度云各自旗下的API市场，以及京东万象、浪潮天元等。其中API技术服务企业聚合数据已经沉淀了超过500个分类的API接口，日调用次数已经达到3亿次，合作客户逾120万家，涵盖智能制造、人工智能、5G应用等领域。2021年，在国家政策的大力支持下，深圳、上海、贵州等地根据自身特点，出台地方"数据条例"，建设数据交易所，从而形成属地化数据开发和治理新模式，推动地方数据走向资源化、资产化。

（五）推动数据要素产业发展，打造高水平数据开放生态

传统的要素市场比如资本市场、债券市场、期货市场、大宗商品市场等已经发展了几十年甚至几百年，而数据要素市场方面，欧

美发达国家虽然信息技术局部领先,但在数据要素市场的规则制定、体系建立上,因为没有经验可以借鉴,所以大家还是几乎处于同一起跑线上。中国数据产业的发展正面临着巨大的历史机遇,推动我国大数据产业发展,释放数据红利,助力数字经济高质量增长必须考虑以下五个方面。

1. 做好数据要素市场的顶层设计,构建完善的大数据交易规范

近年来,我国数据交易市场整体呈现蓬勃发展态势,交易平台数量和市场规模大幅增加,各类衍生服务如数据清洗、数据托管、数据技术交易等已经趋向成熟。但是从国家层面缺乏统一的大数据交易规范和交易规则,交易主体、交易标的、交易方式和交易定价都尚处于探索阶段,有必要厘清一些关键的原则性问题,为数据要素市场的发展奠定良好的基础。

首先,数据交易所必须由国有资本控股,可以是政府直接出资,也可以是国有的数字化企业投资,在股权设计上可以采用多元化股权、混合所有制结构,但一定要国有控股。国有资本对数据交易所的管控不仅可以保证数据安全,还能进一步建立信任、打破数据孤岛,在交易中确保公平公正,杜绝灰色交易的发生。

其次,明确数据交易所的法律地位,大数据交易所是所有数据交易的枢纽。一方面,通过统一的大数据交易平台进行各类数据交易,可以增加数据交易的流量,加快数据的流转速度,提高数据交易效率;另一方面,统一的数据交易平台还能一定程度上解决货不对板、买卖双方互不信任的问题,打击地下非法大数据交易。在这个平台上,还可以为数据商开展数据期货、数据融资、数据抵押等衍生业务。

最后,确立数据交易所的平台职能,做好登记、撮合、交易、

监管等各项服务。数据交易所不仅提供信息发布、交易撮合等服务，还可以根据实践的发展，参与大数据交易的资金划转、结算，进行数据商品的交付。对平台上各类交易，数据交易所有着不可推卸的监管职责。在市场主体准入上，数据交易所要对交易主体进行备案，对交易数据的真实性、来源合法性进行考察；在数据安全方面，数据交易所要对交易的数据和交易行为进行适当的监管，确保涉及国家安全的数据不被非法交易和转移。

2. 激活数据要素市场，建立"1+3+3"的数据产品体系

当前我国数据交易平台存在活跃度低、交易数量不足等情况。究其原因，除了当前数据交易处于起步阶段外，数据交易产品、服务尚不完善也是其重要原因。为了更好地激活数据要素市场，可以建立"1+3+3"的数据产品体系。"1"就是数据交易中心；第一个"3"实际上和各类数据处理中心都有关，指的是交易数据处理中心的存储能力、通信能力、计算能力；第二个"3"，是指算力、算法、系统性的解决方案。

一切数据交易的前提是要素数据化、数据要素化。各种场景的数据在原始的状态下，往往是碎片化的，在这种情况下，要经过加工以后才能形成具备要素质量的数据，一般是老百姓生活中的数据和企业活动中的数据，各类场景数据，全空域泛在，每时每刻连续地存在。同时数据要发挥作用，也要统一数据标准，变成具有要素市场质量的数据。

这样的数据经过加工后，通过各类数据中心通信、存储、计算。数据交易中心的通信能力、存储能力和计算能力有时候也决定了数据资产的质量，所以这三项能力也可以作为交易的标的。未来国家间数字化能力比拼的基础就是数据中心、服务器的数量、算法能力等。在此基础上，形成的数据资源越强大，国家数字经济的核

心竞争力就越强。预计到2025年,在"新基建"推动下,我国将新增超过2 000万台服务器。数据处理中心如果有闲置的存储能力、通信能力、计算能力,可以在数字交易所挂牌买卖。目前大量的中小企业在数字化转型升级下缺乏这三大能力,而另外一些互联网企业数字资源丰富,两者应该在数字交易平台的撮合下,实现资源的优化配置。

最后,在数据处理中心的通信能力、计算能力、存储能力的背后,实际上还涉及软硬件方面的算力、算法、解决方案。中国目前有13个超算中心,很多超算中心的算力并没有得到充分的利用,应该将一部分超算资源腾出来进行交易;很多数学家、程序员开发、优化的算法也可以交易;数字信息处理的系统性解决方案、各类数字软件都可以在数据交易所中进行成果的资产变现。

3. 建立健全行业规制政策,营造良好的产业生态

随着数据流通及服务的商业模式和市场业态为全社会所认知,在利益诱导和监管不完善的情况下,数据交易及服务面临的问题也越发凸显:数据侵权、数据窃取、非法数据使用、非法数据买卖已成为行业乱象。目前,我国虽然已经推出了《数据安全法》《个人信息保护法》等相关法律,但还需要不断根据行业发展情况进行修订。要使数据在阳光下以公平、公正的原则来交易,还需要安全可靠的信息科技系统和行业规制政策来支撑。

一是要建立可交易数据的可追溯系统。数据的管辖权、交易权、所有权、使用权、财产分配权,都需要对数据有全息的可追溯过程,并且保证是不可更改的,区块链在这方面的应用前景广阔。

二是要建立数据价值分类体系。这方面目前即使在世界范围内也是相当落后的。例如,有的数据天然就是资产,有的数据需要加工才有价值;有的数据价值具有长期性和稳定性,有的数据价值存

在显而易见的时效性。这就需要有一套对数据进行分类的操作标准和评估体系，以便数据的后续利用。条件成熟时，要抓紧研究出台数据资产方面的法律法规。

三是在这个基础上，培育可信市场主体。以后参与数据领域加工交易的市场主体都应该像金融机构那样，是持牌的、有资质的。只有持牌机构才能对政府数据、商业数据、互联网数据、金融数据等进行系统的采集、清洗、建模、分析、确权等，参与市场交易。通过建立数据产业持牌体系，确保全国和地方的数据资产安全交易、数据资源的优化配置。

四是要大力发展人工智能技术。社会经济系统运行中的各种数据每时每刻都在产生，理论上是按照指数方式增长的。面对日益增加的海量数据，如何让数据再产生更加有价值的数据，离不开人工智能技术的持续进步和不断迭代。实际上，人工智能近些年的巨大进步就是建立在大数据基础上的，反过来它也必将对数据的加工和利用模式带来新的革命。没有人工智能，存储、通信、算力再强，也无法应对爆炸式增长的数据，更无法让数据真正产生持续性价值。

4. 采用新技术、新机制，打造数据交易平台新架构、新模式

一是建立"数据可用不可见""数据可算不可识"技术平台。通过采用多方安全计算、联邦学习、可信计算环境、数据沙箱等隐私计算技术，在不泄露原始数据的前提下对数据进行采集、加工、分析、处理与验证，实现数据在加密状态下被用户使用和分析，实现数据可证去标识，从而在保证数据所有者权益、保护用户隐私和商业秘密的同时，充分挖掘发挥数据价值。

二是采用 IPFS（InterPlanetary File System）分布式存储技术保障数据安全。目前的数据网络主要是建立在传输控制协议/网际协议 TCP/IP（Transmission Control Protocol/Internet Protocol）、超文本传

输协议 HTTP（Hyper Text Transfer Protocol）基础上的，这种中心寻址的传输控制模式在安全性、访问效率、开放性等方面还存在不足。目前兴起的分布式存储技术，正在改变着原有数据中心的运营模式。以星际文件系统 IPFS 为代表的分布式存储，能够高效地利用数据存储资源，同时采用内容寻址提高了数据存储的安全性，消除了域名攻击等安全隐患。同时，分布式存储还能降低存储成本，提高数据传输效率。

三是采用非同质化通证 NFT（Non-Fungible Token）保障数据资产有效确权。数据资产化需要对最基本的数据价值单元进行确权和登记，并保证其在交易过程中的公平性、可信性。区块链技术的发展为数据资产化提供了可行的底层技术，能够确保数据流通中技术层面的公平性。NFT 是一种架构在区块链上通过智能合约而产生的权益证明，在数据资产化领域具有广泛的应用价值。

5. 推动国家之间自由贸易协定，形成统一的数字贸易规则

在未来的国际贸易中，服务贸易会逐渐超过货物贸易，占据主导地位。而服务贸易中，广义的数据贸易将成为相当重要的组成部分。例如，在 2022 年上半年以来，在中国境外的 NFT 交易已经演变为典型的跨境数据贸易。数字贸易是数字化和全球化发展到一定时期而形成的一种新型贸易模式。尽管数字贸易发展迅速，但目前国际社会对数字贸易的具体规则并未达成共识，在数据跨境流动、个人隐私保护方面还存在较大分歧。例如，美国积极推动跨境数据自由流动，陆续出台了一系列"确保数据自由流通"的方针政策，宣扬信息和数据自由的立场，明确反对数字存储本地化。欧盟则对跨境数据的自由流动更加审慎，更加注重对个人隐私和国家安全的维护，核心主张是跨境数据自由流动的前提是数据能够得到有效的监管，同时要求跨境数据应在境内存储，只有其他非欧盟国家或地

区对数据的监管或保护达到一定的条件，才会向其传输。究竟数据贸易应该秉承怎样的原则，可以把握以下三点。

一是数据终端销售全球一体化。有记忆能力、通信能力、计算能力、存储能力的智能电子产品，应该规定可以在全世界进行自由贸易流通。某些国家基于莫须有的国家安全考虑禁止网络产品、通信产品在本国流通是对WTO（世界贸易组织）规则、对全球贸易统一市场的破坏。

二是数据资源属地化。但凡智能终端产品，只要有操作系统、通信功能、存储功能，就一定有存在后门的可能。应对的关键在于将服务器属地化，进行物理隔离。比如苹果、特斯拉的数据库都在中国境内运营，而中国企业在美国建设的5G基站，其背后连接的云、服务器也都在美国境内。

三是有序推动跨境数据资源互访。截至2021年12月，我国网民规模为10.32亿，互联网普及率达73.0%，在互联网流量、带宽付费量、互联网搜索量等各项指标上，我国在全世界均处于领先地位。但在数字经济市场规模上，我国约为5.36万亿美元，与美国13.6万亿美元的规模相比还存在不小的差距。在全球互联网的访问指标上，我国低于俄罗斯。此问题症结的核心，是跨境数据访问存在壁垒。这种壁垒不仅阻碍了数字领域的经贸交流，也不利于我国互联网企业在数字贸易竞争中抢占全球市场份额。

数据只有在不断交流中才能增值。在实际科研活动中，由于跨境访问本国数据存在障碍，海外的跨国公司很少在国内建设高端研发中心、核心研发中心。而国内的科研院所、大专院校也难以访问海外大量科研资源，阻碍了科研活动的开展。未来我国应积极对接国际高水平经贸规则，在保证国家安全、数据安全的基础上，促进数据这一生产要素自由便利流动，进一步推动数字贸易高水平开放，增强我国在全球数字经济中的话语权和竞争力。

总而言之，数据作为和土地、资本、劳动力、技术一样的生产要素，在数字经济不断深入发展的过程中，将居于越来越重要的地位。合理分配好数据的管辖权、交易权、所有权、使用权、财产分配权，能够有效促进数据资源转化为数据资产，有利于保护数据主体权益并维护数据安全；厘清数据交易平台的基本原则、交易规范、交易产品，能够健全市场发展机制，拉开国内大数据交易的序幕。最后，在数字贸易方面，我们也要不断增强发展中国家在数字经济政策、跨境数据流动规则上的话语权，推动区域经济一体化升级和数字贸易全球规则的制定，推动数字产品嵌入全球价值链，实现数字贸易的全球化、全产业链发展。

三、要素数据化

推动数据要素市场化配置的另一个重要内容是要素数据化。在数字技术和数据要素的作用下，土地、劳动力、资本、技术这些传统生产要素迎来了数字化变革的新机遇。

要素数据化，一方面是传统生产要素本身的数字化。比如同样的一亩农田，加上一个摄像头，就成为一个可直播的"数字农场"，除了地里的农作物产出，还有更可观的粉丝经济等价值分享收益；同样的一个老师，以前在教室里只能教几十名学生，现在在网上课堂就可以教成千上万名学生；同样的一毛钱，如果是一枚钢镚儿，恐怕只能躺在抽屉里无人问津，而在金融科技平台里却还能产生利息；同样的一台电脑，以前只为你一个人服务，现在却可以分享算力给其他人。

另一方面，传统要素在数字空间里会产生"新土地""新劳动力""新资本""新技术"，从而丰富传统要素的内容和市场化方式。比如，面向房地产开发的社区、社群等类型的"新土地"，7×24

小时在线的"客服机器人"等"新劳动力",数字货币等"新资本",中台、云平台等"新技术"。传统生产要素在数字空间里的不断创新必将给社会经济系统带来新价值,因此也必然会带来这些要素市场化及配置的新规则、新模式。

对土地要素而言,有效的土地流转,离不开土地资源数据的互联互通。比如,加速农村土地交易大数据系统的建设,将有助于加快农村土地要素市场化配置的步伐。劳动力要素与数据要素融合,将会建立完善的劳动力大数据体系、重塑人才培养体系,这将会是每座城市未来的竞争力所在。在资本要素中,信用是金融的基础,数据要素的融入会改变社会信用的评价方式,并进而改变资本市场的运行方式。技术要素与数据要素的融合,也会进一步提高技术开发的效率和效果,并有助于建立技术多样化交易机制。

(一)土地要素与数据要素的融合

土地是生存之根、财富之母。中国经济进入高质量发展新阶段,大量地方政府还主要依赖土地财政。如果在土地供给有限的前提下,同样的土地是否能创造更多财富?对乡村振兴而言,农村土地要素如何进行市场化配置,才能做到既增加农民的财产性收入,又确保18亿亩耕地红线?解决这一系列重大问题,需要从土地要素与数据要素的融合上找到突破口。

数据显示,2020年,全国国有土地使用权出让收入8.4万亿元,同比增长15.9%,再创历史新高。就城市来看,2020年,全国卖地收入超过1 000亿元的城市就多达14个。许多城市对于卖地收入的依赖度达到100%,堪称地方发展的重要财政支柱。

第七次全国人口普查数据显示,2020年,我国的城镇化率为63.89%,比发达国家80%的平均水平低了16.11%,与美国82.7%的城镇化水平还有18.81%的距离。城市是经济高速度、高质量发展的核心载体，因此我国仍需加大推进都市圈、城市群发展力度。这就要求在土地规划和供给上创新思维和机制。

2020年，我国城镇居民人均可支配收入43 834元，比上年名义增长3.5%，扣除价格因素实际增长1.2%；农村居民人均可支配收入17 131元，比上年名义增长6.9%，扣除价格因素实际增长3.8%；城乡居民人均收入比值为2.56，比上年缩小0.08。农民增收是实现共同富裕目标的重要内容，关键一招是要增加农民的财产性收入，而土地是农民的一项重要财产，在原有城市土地市场化模式下，农村土地很难流转，数据要素为建立农村土地流转模式提供了新的思路。

所以，无论是城市土地还是乡村土地，在与数据要素融合后，会把实体空间的土地映射到数字空间中，并借助数字手段建立土地开发、流通、监管新模式。

1. 探索建立全国性的建设用地、补充耕地指标跨区域交易机制

城市用地具有集约性，一个农民在农村的宅基地等建设性用地平均为250平方米，在城里的建设性用地平均为100平方米。全世界城市化过程中，不管是发达国家还是发展中国家，由于城乡的变迁，人口逐渐集聚到城市，农村的宅基地等建设性用地会大幅度减少，从而使农村耕地数量相对增加，所以没有出现耕地短缺的问题。但我们的农民是两头占地，他到城市来算一拨人，同时在农村，宅基地还是留着的，我们的耕地因此就短缺了。宏观上城乡资源没有流动、没有配置，这就造成我们耕地短缺、住宅用地少、土地供应成本高，整个城市的房价也会升高。

探索建立全国性的建设用地、补充耕地指标跨区域交易机制，就是促进建设用地资源的市场化配置的重大举措。以这一机制为依

托，按照自愿有偿、守住耕地红线、保持集体土地所有权性质不变的原则，推进农村宅基地复垦为耕地后结余的建设用地指标入市。这实际上是帮助那些进了城、两头占地的农民工家庭盘活了一笔资产，为农民工进城落户提供资金支持，有利于真正促进这些农民工在城市扎根，推进深度城镇化。而有效的土地流转，离不开土地资源数据的互联互通，尤其是考虑到土地的碳指标，更需要数字技术、大数据系统加以支撑。因此，加速农村土地交易大数据系统的建设，将有助于快速建立这个跨区域土地交易机制。

例如，2018年，上海和云南开展了跨省域的增减挂钩土地指标交易尝试，云南将3万亩建设用地指标以每亩50万元价格调剂给上海，获得了150亿元的收入。这笔收入极大地促进了云南农村振兴和脱贫攻坚，也增加了上海的可用地能力。

再如，西部地区在有条件的地方发展新型戈壁农业，将戈壁滩改造成蔬菜粮食生产基地；假设这样的农业搞了1.5亿亩，每亩1万元产值，将产生1.5万亿元产值；同时相当于增加了1.5亿亩耕地，可以将因此而形成的耕地指标、碳汇指标卖给东部地区，既筹集了资金，又为东部城市群都市圈建设增加了用地指标。

关于耕地占补平衡指标和城乡建设用地增减挂钩指标交易，近些年重庆市做了一些有益探索。2008年，经国务院同意，重庆市提出了设立农村土地交易所、开展地票交易试点的构想，经过10年来的探索完善，已经形成了"自愿复垦，公开交易，收益归农，价款直拨，依规使用"的比较成熟的制度体系。截至2019年12月底，重庆市累计交易地票31.2万亩、610.8亿元，均价基本保持在20万元/亩，地票市场运行总体平稳。农房由原先不值钱或几千元增加到几万元，农民财产性收益明显增加，地票交易深受农民欢迎。10余年来农民已从地票交易中累计获得近400亿元收益，同时集体经济组织也获得约150亿元。地票制度建立了市场化的"远距离、大范围"城乡区域反哺机制,让远在千里之外的农村土地的价值得以发现和大幅提升,在促进脱贫攻坚、耕地保护、城乡统筹、区域协调、助农增收、生态保护等方面发挥了重要作用。2018年重庆地票制度入选全国"改革开放40年地方改革创新40案例"。国家正在考虑将重庆农村土地交易所升级为全国性平台或区域性平台,由相关部委直接管理。

2.开辟土地要素的数字新空间,建设物理空间+数字空间的新型土地要素开发模式

土地要素与数据要素融合,会在原有的土地基础上,衍生出大量新的市场空间,创造大量土地要素的数字经营模式。

一是土地自身带来的数字空间。在物联网、卫星遥感、地理信息系统(Geographic Information System,GIS)、建筑信息建模(Building Information Modelling,BIM)、城市信息建模(City Information Modelling,CIM)、大数据、云计算、人工智能、区块链等新兴数字技术的支持下,可以对土地自身、土地上的建筑物和设备等物理空间的数据进行采集和整合,形成"城市一张图""农村一张图""园区一张图""建筑一张图"等,基于这些数据构成多种多样的土地数字空间映射。在这些土地数字空间中,蕴含着数据要素开发的巨大机会,通过激活数字空间中的市场需求能够创造出丰富多彩的数字经济新业态、新模式,如数字CBD(中央商务区,Central Business District)、直播农田、数字化车间、数字城市治理等。

以房地产企业为例。传统土地要素开发模式中,房地产商的基本定位是提供房屋这个物理产品,房子一旦卖出交到住户手里,只要房子质量和购房交易不存在问题,房地产商就基本终止了与住户的联系,是一种商品买卖型的交易。而在数字经济形态下,房地产商可以转化角色,成为房地产项目的数字空间运营商。通过将整个

社区物理空间做数字化映射、智能化服务,房地产商可以更全面、深入地了解和发掘住户的数字需求,并为之提供更多的产品和服务;反过来,住户也可以充分利用自己小区的数字空间,把自己的装修方案、创意美食、生活直播等通过房地产商搭建起的平台分享出去。推而广之,如果房地产商拥有多个楼盘、多栋物业,那么它就可以构建起更为庞大的数字社区运营服务平台,创造数字空间中更多的运营模式。

二是土地要素数字空间里的新机遇。当前,日益发展壮大的网络数字空间成为数字经济的"新土地要素",从而创造了大量新产品、新业务、新模式,比如基于微信社群的微商,基于网络社区的文化创意交易,基于游戏空间的装备交易以及数字城市第二人生(Secondlife.com)等。"绿水青山就是金山银山"理念不仅适用于自然界的实体的绿水青山,也适用于网络数字空间的绿色生态体系建设。数字化新土地治理好了、运用好了,将产生巨大价值,形成巨大的发展新空间。

近年来兴起的元宇宙(Metaverse)概念的基础,在某种程度上就是土地要素的数字空间拓展。比如,土地要素开发的一个代表CBD,其主要的传统产业就是写字楼等企业服务,以及商业街等生活服务。由于CBD的土地资源有限,其经济承载能力也是有限的。但如果把CBD延展到数字空间中,就可以突破土地资源的限制,数字CBD既是物理CBD的映射,又可以在虚拟世界中不断拓展自身的数字空间,并在数字CBD中开发数字文旅、电商购物、办公共享、游戏交友等大量新商业模式,从而大大提升CBD传统土地要素的经济承载力。

(二)资本要素与数据要素的融合

资本要素和数据要素具有天然的关联性,在数字经济时代到来之前，资本要素也是以数据的形式体现，只不过处理数据的工具和方法与今天大不相同。所以，资本要素的市场本质在数据时代没有大的变化，或者说人类利用资本要素创造价值的基本逻辑并没有太大改变。资本要素的基本逻辑还是如何促进资金的有效循环，提高资本在社会经济系统循环中的价值贡献。在引入数据要素后，一方面，数据改变了资本循环的范围、内容和方式；另一方面，数据自身也会逐渐变成资本，参与到资本循环过程中。资本要素的一个重要应用领域就是金融系统，金融的本质是由信用、杠杆、风控相互作用的资本要素流通系统，以风控为边界，以杠杆为手段，以信用为基石。所以，信用是资本要素市场化配置的立身之本，是资本要素的生命线。当数据要素与资本要素融合之后，海量数据和丰富的数字技术手段改变了社会信用的评价内容和方式，进而会改变资本市场的运行方式。

1. 从主体信用到交易信用：数据穿透了曾经的高风险交易

改革开放40多年来，中国资本市场几乎从零起步，从单一结构走向门类齐全、功能完备的资本市场，对经济高速增长发挥了关键作用。进入新发展阶段，全球资本市场都面临着如何加强与实体经济深度融合避免脱实向虚，以及如何解决中小企业融资难、融资贵等问题的巨大挑战。

普华永道的研究报告《产融2025：共生共赢，从容应变》指出，从体量上来看，2025年中国境内企业的融资需求将超过100万亿元。中国人民银行的数据显示，从满足度角度来看，现在制造业企业的合理融资需求满足度小于58%，满足度明显偏低；从社会价值角度来看，中小民营企业的日常经营融资需求未满足率大约为7成。

中小微企业为什么融资难、融资贵？从当今资本市场的基本逻辑出发是很容易理解的。在近400年人类资本要素的开发过程中，为了降低资本流通的风险，人类一直在努力构建能有效控制资本使用者风险的模式，并逐渐形成了对资本使用者的主体信用评价模式。对市场主体的这种评价模式，基本上偏向于有资产、经营状况好的企业，也就是所谓的"嫌贫爱富"。大部分中小微企业很难满足这种主体信用评价的需要，所以很难得到资本市场的资金支持。这些中小微企业的资产规模小且存在诸多不稳定因素，银行等机构为它们服务的风控成本太高，所以融资难、融资贵的"板子"不能单纯打在银行身上，银行的行为从主体信用逻辑是完全可以理解的。

数字时代，中小微企业的数量还在不断增加，它们的资产总量不容忽视，现代资本市场必须要找到为它们服务的路径，那就是资本要素与数据要素的融合。资本市场有了海量数据和数字技术，中小微企业原本散乱的交易行为就有了新的衡量方法，通过搭建可信的数据穿透系统，能有效控制这些企业的资本使用风险，从而建立一套与原有资本市场互补的新的资本服务模式。

这个新系统要解决现今产业资本服务里面的三个痛点：一是不信任，企业主体信用度不高；二是不清楚，产业链错综复杂，看不清交易真伪；三是不透明，企业底层资产不透明，无法穿透。为此，新系统要通过运用多方可信计算、区块链等技术对企业的动态资产进行全生命周期的管理，解决它的碎片化、不真实等问题，把物理世界中的行为影射到虚拟世界中去，通过虚拟世界的算法分析得出物理世界中企业的不可信行为，从而判定是否可以给企业提供服务。

2.基于数字平台做好数字监管，促进资本市场的数字创新

如前所述，数字科技与资本市场的融合并不会改变资本市场监管的基本逻辑，任何打着科技创新的幌子搞非法集资或是资本无序

扩张的行为都应该被禁止。数据要素的引入也会极大地提升政府的资本监管能力，近期涌现的"监管沙箱"就是大数据数字监管的典范。政府要花大力气建立这样的数字监管体系，对违反资本市场基本逻辑的行为进行全面遏制。

就像是过去几年比较热门的金融科技，叫停和整顿 P2P 贷款，并不等于拒绝所有的网络贷款模式。实践表明，网络贷款只要不向网民高息揽储，资本金是自有的，贷款资金是在银行、ABS（资产支持证券）、ABN（资产支持票据）市场中规范筹集的，总杠杆率控制在 1∶10 左右，贷款对象是产业链上有可穿透场景的客户，网络贷款还是可以有效发挥普惠金融功能的。事实上，全国目前有几十家这类规范运作的公司，8 000 多亿元贷款，不良率在 3% 以内，比信用卡不良率还低。

当然，资本要素市场的科技创新最合理、最有前途的模式是产业互联网或物联网形成的数字平台（大数据、云计算、人工智能）与各类资本要素市场机构的有机结合，各尽所能、各展所长，形成各资本要素的数字化平台，并与各类实体经济的产业链、供应链、价值链相结合建立基于产业互联网平台的产业链金融。

基于此，在产业互联网时代，一个有作为的网络数据公司，分心去搞金融业务，一要有金融企业所必需的充足资本金，二要有规范的放贷资金的市场来源，三要有专业的金融理财人士，还要受到国家监管部门的严格监管，这无异于弃长做短。所以，一个有作为的网络数据平台公司应当发挥自己的长处，深耕各类产业的产业链、供应链、价值链，形成各行业的"五全信息"，提供给相应的金融战略伙伴，使产业链金融平台服务效率得到最大化的提升、资源得到优化配置、运行风险和坏账率得以下降等。

资本要素与数据要素融合后的各种数字创新主体，将通过五种渠道取得效益和红利：一是通过大数据、云计算、人工智能的应用，提高资本服务的工作效率；二是实现数字网络平台公司和资本服务的资源优化配置，产生优化红利；三是通过物联网、大数据、人工智能的运筹、统计、调度，降低产业链、供应链的物流成本；四是由于全产业链、全流程、全场景的信息传递功能，降低了资本服务运行成本和风险；五是将这些看得见、摸得着的红利，合理地返还于产业链、供应链的上游和下游、金融方和数据平台经营方，从而产生万宗归流的洼地效益和商家趋利集聚效益。

同样，与网络数字平台合作的银行等资本服务企业，也可以通过四种优势为合作项目取得效益和红利。一是低成本融资的优势。金融企业获取企业、居民的储蓄资金和从人民银行运行的货币市场获取资金的低成本优势。二是企业信用判断的优势。网络数字平台对客户信用的诊断相当于是用 X 光（X 射线）、CT（计算机体层摄影）或是核磁共振进行身体检查，代替不了医生临门一脚的诊断治疗。对客户放贷的实际净值调查、信用判断，以及客户的抵押、信用、风险防范，本质上还要金融企业独立担当，这方面更是金融企业的强项。三是资本规模的优势。网络数据平台尽管可能有巨大的客户征信规模（百亿元、千亿元、万亿元），但资本金规模往往很小，要真正实现放贷融资，自身至少要有相应的融资规模 10% 以上的资本金。只有银行、信托、保险等专业的金融公司有这种资本金规模和与时俱进的扩张能力。四是社会信用的优势。不论是金融监管当局的管理习惯，还是老百姓存款习惯，或是企业投融资习惯，与有牌照、有传统的金融企业打交道往往更放心、更顺手、更相通。在这方面，专业的金融企业比网络数据平台更为有利。基于上述四项分析，网络数据公司与专业的资本服务企业的合作应该是强强联合、优势互补、资源优化配置，这才是最好的发展模式。

(三)科技要素与数据要素的融合

科技要素与数据要素的融合,也会进一步提高科技研发的效率和效果,变革科技创新体制机制,充分调动各方面力量突破"卡脖子"技术,增强国家科技战略力量。同时,可信科技创新大数据系统的建立,也有助于建立科技成果的多样化交易机制。

1. 基于数据要素的科技创新基础设施及模式创新

数据要素时代,"数据+算法+算力"成为科技创新的新动力,开源、共享、协同成为科技创新的新模式。

随着实体空间和数字空间的融合发展,人类的科技创新将面对更复杂的场景、更巨量的信息,需要创新者具备一定的创新链协调处理能力、一定的算法能力或者海量信息处理能力。也就是说,人类创新的基础设施在发生着革命性改变,从图书馆变成了数据库,从研讨会变成了开放社区,从实验室变成了算力模拟,从单一设备变成了设备网络。这些创新基础设施的变化,对政府、企业、个体都提出了全新的要求。政府会将一部分算力、算法、数据变成公共创新资源,并开放给相应创新主体,为他们提供创新的数字土壤。企业将打破原有的学科和产业界限,通过数字空间进行协同创新,打造共建共享共治的科技创新新模式。个体创新者的智慧也将通过数字手段得到最大限度的释放,形成个体互联的数字创新社区。

(1) 数字科技创新基础设施:算力网

随着数字经济与实体经济的深度融合加快,算力先发国家或地区在科技创新领域的优势可能将进一步加强,而后发国家或地区的落后情况可能会更难改变。以汽车制造为例,借助 VR 技术在不生产真实样车的情况下即可完成对新车的设计;应用数字孪生技术可以降低制造成本、提升生产效率,针对个性化喜好进行汽车定制;

等等。这些创新能力都需要更强大的算力支撑。

如前所述，经过多年筹划，国家发改委、中央网信办等4部门联合印发通知，同意在京津冀、长三角、粤港澳大湾区、成渝，以及内蒙古、贵州、甘肃、宁夏等地启动建设国家算力枢纽节点，并规划了10个国家数据中心集群。实施"东数西算"工程，对于推动数据中心合理布局、优化算力供需、绿色集约和互联互通等意义重大。

随着"东数西算"工程的实施，未来可能出现类似电力插座一样的"算力插座"，用户只需像购买电力一样付费，就可以购买到无处不在、方便易用的算力服务；随着算力需求的持续增长和技术的成熟，未来还可能出现类似发电厂的"算力工厂""算法工厂"，类似电网的"算网"，用户能够像现今购买手机流量套餐一样，购买面向各种创新应用的算力服务套餐，从而为基于算力、算法的创新建立坚实的国家基础设施。

（2）数字科技创新的模式创新：开放创新平台

企业积极探索开放创新平台。随着数字经济的迅速发展，许多传统制造业领先的龙头企业都在借助自身的生态系统向平台模式转型，重新构建创新链、产业链和价值链。产业链平台、物联网平台、工业互联网平台逐渐成为传统产业数字化转型的主要内容。

以工业互联网平台为例。工业互联网涉及工业生产、分配、交换、消费等各个环节，贯穿于企业的研发、设计、采购、生产、销售、金融、物流等各个经营环节。工业互联网集成应用了云计算、大数据、移动互联网、物联网、人工智能、区块链等新一代信息技术，已经逐渐演化成工业企业最重要的开放创新平台。

例如，海尔集团的工业互联网平台卡奥斯COSMO Plat集成了系统集成商、独立软件供应商、技术合作伙伴、解决方案提供商和渠道经销商，致力于打造工业新生态。用户可以通过智能设备提出需求，在需求形成一定规模后，COSMO Plat可以通过所连接的九大互联工厂实现产品研发制造，从而生产出符合用户需求的个性化产品。

这种颠覆传统的个性化定制形成了以用户需求为主导的工业企业技术创新模式，实现了在交互、定制、设计、采购、生产、物流、服务等环节的用户深度参与，把用户变成了企业技术创新的一个重要组成部分。

政府对开放创新平台的推动。2020年4月，国家发改委、中央网信办印发《关于推进"上云用数赋智"行动培育新经济发展实施方案》通知，从夯实技术支撑、构建产业互联网平台、加快企业"上云用数赋智"、建立数字化生态、加大支撑保障力度等方面做出部署，深入推进企业数字化转型。2020年5月，国家发改委、工信部等17部门联合发起了"数字化转型伙伴行动"，倡议政府和社会各界联合起来，共同构建"政府引导—平台赋能—龙头引领—机构支撑—多元服务"的联合推进机制，以带动中小微企业数字化转型为重点，在更大范围、更深程度推行普惠性"上云用数赋智"服务，提升转型服务供给能力，加快打造数字化企业，构建数字化产业链，培育数字化生态，支撑经济高质量发展。

（3）数字科技创新的模式创新：开源生态

"软件定义未来的世界，开源决定软件的未来。"开源是全球软件技术和产业创新的主导模式；开源软件已经成为软件产业创新源泉和"标准件库"。开源理念还开辟了科技创新的新赛道，基于全球开发者众研、众用、众创的开源创新生态正加速形成。

开源创新生态政策逐渐成熟。在《中华人民共和国国民经济和社会发展第十四个五年规划和2035年远景目标纲要》中，"开源"首次被明确提及，指出要支持数字技术开源社区等创新联合体发展，完善开源知识产权和法律体系，鼓励企业开放软件源代码、硬件设计和应用服务。工业和信息化部印发的《"十四五"软件和信息技术服务业发展规划》，突出强调开源在驱动软件产业创新发展、赋能数字中国建设的重要作用，提出到 2025 年建 2~3 个具有国际影响力的开源社区，设置"开源生态培育"专项行动，统筹推进建设高水平基金会，打造优秀开源项目，深化开源技术应用，夯实开源基础设施，普及开源文化，完善开源治理机制和治理规则，加强开源国际合作，推动形成众研众用众创的开源软件生态。中央网络安全和信息化委员会印发《"十四五"国家信息化规划》，鼓励我国相关机构和企业积极加入国际重大核心技术的开源组织，参与国际标准合作共建，加快国际化的开源社区和开源平台建设，联合有关国家和组织完善开源开发平台接口建设，规范开源产品法律、市场和许可。

此外，中国人民银行办公厅、中央网络安全和信息化委员会办公室秘书局、工业和信息化部办公厅、中国银行保险监督管理委员会办公厅、中国证券监督管理委员会办公厅联合发布了《关于规范金融业开源技术应用与发展的意见》，鼓励金融机构将开源技术应用纳入自身信息化发展规划，加强对开源技术应用的组织管理和统筹协调，建立健全开源技术应用管理制度体系，制定合理的开源技术应用策略；鼓励金融机构提升自身对开源技术的评估能力、合规审查能力、应急处置能力、供应链管理能力等；鼓励金融机构积极参与开源生态建设，加大与产学研交流合作力度，加入开源社会组织等。

产业界也积极投身开源创新生态建设。目前，我国互联网、金融、软件和信息技术服务等行业是开源创新的主要参与者，医疗、电信、能源、交通物流、制造业在内的众多传统行业也在不断拥抱开源模式，探索科技创新新路径。从全球来看，中国已成为开源技术的主要消费者和贡献者，代码托管服务平台 GitHub 上关注者最多的前 5 个账号中，有 2 个是中国人，GitHub 500 强榜单中也有 26 个中国项目。国际顶级开源基金会中，当前国内共有 23 个项目进入了 ASF（Apache 软件基金会），其中已有 15 个项目顺利毕业，成为 ASF 的"顶级项目"，2021 年进入 ASF 孵化的所有项目均来自中国；当前国内已经有 25 个开源项目进入了 CNCF（云原生计算基金会），占到基金会所有项目的 20% 以上，同时这些项目多为边缘计算、AI（人工智能）批量计算、多云管理、混沌工程、分布式存储与 Web Assembly 等前沿技术，这些领域被 CNCF 技术委员会认定为云原生未来的主要方向。与此同时，国内大型科技企业对世界级开源项目的贡献持续保持着较高的水平，LWN.net 发布的关于 Linux Kernel5.10 开发周期的统计数据中，在企业层面，在总共 228 家公司中，华为提交的补丁（变更集，changeset）数量为 1 434 个，占比为 8.9%，超越 Intel 排名第一。另外，越来越多的中国开发者在国际开源社区中扮演着越来越重要的角色，成为各大国际开源基金会的管理层，参与到国际开源标准的制定中。

2. 基于数据要素的科技成果转化新模式

创新活动从无中生有到产业化，大致可分为三个阶段。

第一阶段是"0~1"，是原始创新、基础创新、无中生有的科技创新。这是高层次专业人才在科研院所的实验室、在大专院校的工程中心、在大企业集团的研发中心搞出来的，需要的是国家科研经费、企业科研经费以及种子基金、天使基金的投入。

第二阶段是"1~100"，是技术转化创新，是将基础原理转化为生产技术专利的创新，包括小试、中试，也包括技术成果转化为产品开发形成功能性样机，确立生产工艺等。这是各种科创中心、孵化基地、加速器的主要业务。

第三阶段是"100~100 万"，是将转化成果变成大规模生产能力的过程。比如一个手机雏形，怎么变成几百万台、几千万台手机成品，最后卖到全世界去呢？既要有大规模的生产基地，这是各种开发区、大型企业投资的结果；也要通过产业链水平整合、垂直整合，形成具有国际竞争力的产业集群。

近年来，中国全社会研发投入年均增长率超过11%，总规模已经跃居世界第二位，2021年达到2.79万亿元，占GDP的比重达2.44%，涌现了一大批重大科技成果。但科技成果产业化方面仍然不尽如人意，科技成果转化率低、科学研究与产业发展之间两张皮的现象较为突出，贯穿从科学研究到技术开发再到市场推广的创新链条没有完全打通。其中，缺乏训练有素的技术转移机构和技术经理人是一大痛点。

作为科技与产业的桥梁，技术转移机构和技术经理人的使命就是面向企业和产业需求，组织和整合科技力量进行深度研发，通过将科学转化为技术、以中试验证和改进技术来为企业界提供先进的技术解决方案。著名的德国弗朗恩霍夫研究所就专注于此。类似的机构在德国有很多，这也是德国科技创新如此先进的关键。

数据要素与科技要素的融合，在技术转移机构设置和技术经理人培育上，都会产生许多新模式。创新数据平台和创新网络的建立，将会直接连接创新供给者和需求者，通过区块链等可信计算环境记录每一个参与创新者的贡献，从而把传统的技术转移机构分散化、网络化，以充分发挥每个机构的能力。此外，技术经理人体系在大数据支持下也会变得更加广泛和高效，从而能更好地激活市场创新投入能力和创新者的创新潜力。建立面向不同创新阶段的数字化创新成果转化模式，是提升国家、企业、个体创新能力的关键，也是保持持续创新动力的根本。

（四）劳动力要素与数据要素的融合：智慧人口红利

劳动力要素在引入数据要素之后，因为有了海量基础数据和大量数字化工具，在劳动力的培养、开发、管理、评价等方面都会有许多新方法，从而能够进一步释放劳动力所带来的价值。

改革开放以来，劳动力要素在我国经济发展中发挥了至关重要的作用，中国40多年来的高速发展是劳动力人口红利的集中体现。但是，随着中国经济发展逐步向高质量阶段迈进，我国劳动力要素的市场化配置面临许多新问题。

第一，我国劳动人口数量逐年下降。劳动年龄人口在总人口中的比重由2010年的74.5%下降至2020年的71%，人口"抚养比"持续上升。2015年，我国0~19岁和65岁以上人口数量与20~64岁人口数量之比为49.6%，根据联合国的数据，这一数字到2035年将上升至69.1%。

第二，青年人的择业观发生变化。在传统建筑业工地上干活的普遍都是年龄偏大的人，即使工资一提再提，仍然很少有年轻人愿意来工地工作。青年人习惯于在实体和数字两个空间中生活，数字空间正在为年轻人提供更多的就业机会，也成为最吸引年轻人的就业领域，如主播、写手等。

第三，高技能人才短缺。技能劳动者数量只占全国就业人员总量的19%，高技能人才不足6%，而日本产业工人中高级技工占40%，德国占50%。这一方面和年轻人就业观的变化有关系，但更重要的是高技能人才的培养方式和工作方式落后，只注重传统的技能培养，忽视了数字空间的技能开发，从而不能吸引年轻人加入。

在有了充足的劳动力数据之后，这些问题就会有解决方案。我们要从靠劳动力数量取胜，逐渐走向靠劳动力质量取胜，也就是要提高单一劳动力的价值贡献率。从生理学上看，人的大脑还有无穷的潜力等待我们去挖掘，原有的生产关系只能开发人的智力的20%~30%。如果采用第四章所讨论的数字化生产关系，每个人将会有更均等的机会做自己最擅长的事情，从而大大开发人的大脑潜力，形成所谓的"智慧人口红利"。

根据麦肯锡的研究，到2030年，中国可能有多达2.2亿劳动者（占劳动力总数的30%）需要变更职业，其中前沿创新者的需求可能增长46%，熟练专业人才增长28%，一线服务人员增长23%，制造业工人减少27%，建筑和农业劳动者减少28%；体力和人工操作技能以及基础认知技能的需求将分别下降18%和11%，社会和情感沟通技能以及技术技能需求则会分别增加18%和51%。这种变化趋势也说明，人类的劳动已经从体力劳动逐渐向脑力劳动转变，而脑力劳动需要数据作为原料，需要软件和算法技能作为工具。这些脑力工作者的培养、组织、考评、激励模式也会和以往大不相同，需要重新设计。

在开发智慧人口红利的过程中，应秉持以人为本的原则，重视人的全面发展，运用数字技术和海量数据，建立劳动力大数据体系和公共就业信息服务体系，加快培养数字化劳动力等数字经济专门人才；培育数字空间的灵活就业形态，鼓励实体和数字空间中的创新创业；推进农村劳动力城镇落户、高质量就业。

1. 推进农村劳动力城镇落户、高质量就业

20世纪80年代农村承包制改革把劳动力释放到城里，产生了轰轰烈烈的城市化过程，这是巨大的劳动力释放。但是在农民工问题上，有一件事目前各地区还没有做到位，这件事恰恰是党中央、国务院十八大以来大力倡导的，中央提出到"十三五"末要实现2亿农民工就地落户城区，其中有1亿在沿海城市落户，1亿在内陆城市落户，这具有非常重大的战略意义。

目前中国还有近3亿农民工。与我国城市职工一般60岁退休不同，农民工一般干到45岁左右时，随着年龄的增长，沿海城市的企业一般就不再聘用。农民工本来可以干到60岁，但现在只干到45岁，少工作了15年，少了15年就等于就业工龄少了1/3。同时，农民工在正常上班的时候，一年12个月中总有2个月回家探亲，这2个月回家相当于一年的1/6。两者加起来，1/3+1/6=1/2，由于不能落户城区，这3亿农民工的劳动寿命理论上减少了一半。所以户籍制度改革不仅是改善农民工待遇的问题，同样也是生产力问题，是人口红利的问题。

中央明确提出"放开放宽除个别超大城市外的城市落户限制，试行以经常居住地登记户口制度。建立城镇教育、就业创业、医疗卫生等基本公共服务与常住人口挂钩机制，推动公共资源按常住人口规模配置"。这是延长和释放潜在人口红利的重大举措。

大量农村劳动力在城镇落户后，既带来了丰富的劳动力资源，也带来了更大的就业压力。传统经济模式难以消纳这么多新增的就业需求和消费需求，而数字经济则可提供可行的解决方案。

比如，运用大数据、云计算等现代信息技术，建立劳动力大数据体系和公共就业信息服务体系，搭建地方人力资源信息统计平台和动态就业信息发布平台，促进更多居民就业；大力发展平台经济、共享经济，通过线上线下相结合，发展新个体经济、微经济，支持微商电商、网络直播等多样化就业增收等；多渠道支持灵活就业、新就业形态发展，支持劳动者做临时性、非全日制、季节性、弹性制工作等；鼓励和支持居民尤其是乡村居民借助电商平台开展平台网购、在线团购、餐饮外卖、共享出行等非接触消费等。

2. 加快发展数字化劳动力

数字经济不断发展壮大，既催生了新兴的数字产业，也大大推动了传统产业的数字化转型升级。新的经济形态对劳动力的数字素养提出了新的要求，加快发展数字化劳动力成为当下必须重视的问题。

一是提高劳动力数字化能力素养。加大人力资本投资，深化教育改革，出台优惠扶持政策，营造鼓励基础理论研究的社会环境。实施精英人才培养工程。进一步加大职业教育和技能培训，全面提升劳动者素质。

二是优化劳动力数字化发展环境。借鉴健康码体系和机制，建立劳动力年假数字化管理、全民健身运动管理、健康体检管理、心理辅导服务等平台和机制，让劳动力身心更加健康。

三是探索培养数字化新劳动力。运用人工智能、大数据、AR（增强现实）、VR等新一代信息技术，探索培养和使用数字教师、数字医生、数字服务员等数字空间劳动力的方法和机制。

四是加快培养数字经济专业人才。未来，数字经济各领域将需要以下几类关键人才：数字化的基础研发人才、数字化的交叉融合型人才、数字化的治理型人才。为此，要深度开展产教融合创新，人才引进和外脑联合，建设便利学员合作创新的服务体系，以全面、系统、专业的数字经济人才培养体系，提高全民全社会的数字经济素质素养和技能，夯实我国数字经济发展的社会基础。

四、数据要素理论是数字经济理论的重要组成

当今世界正经历百年未有之大变局，新一轮科技革命和产业变革深入发展，全球经济越来越呈现出数字化特征，数字经济成为各国经济转型升级的战略抉择。数据作为新生产要素将深刻影响人类生产生活方式，是数字经济发展的基础性、关键性、决定性的要素基础。

我国拥有全球规模最大的单体数字市场，网民规模相当于全球网民的1/5，已超过10亿，中等收入人群超过4亿并在进一步增加，居民消费升级的需求潜力巨大；同时，我国是全球唯一拥有联合国产业分类中全部工业门类的国家，制造业规模连续11年位居世界首位；这些都为数字经济发展提供了广阔的发展空间。我国是第一个把数据列为生产要素的国家。因此，在数字经济理论创新和实践创新方面，我们有机会、有能力也应该有担当地做出应有的贡献。

数据要素理论是中国政府在全球数字经济理论和实践上的巨大贡献。

一是基石性地发展了数字经济的基础理论。数据是数字经济的基石，数据要素理论在数字经济的基础理论核心框架中处于不可或缺的位置。数据要素化创造性地、清晰地构建了数据要素理论的底层逻辑，基石性地发展了数字经济的基础理论。

二是创造性地厘清了数据要素和其他要素的辩证关系。数据要素化和要素数据化的提出，深刻地阐述了数据要素与土地、劳动力、资本、技术等传统要素的辩证关系，对于推动和促进数字经济与实体经济深度融合至关重要。

三是开创性地提出了数据要素市场化的可实施路径。数据要素化指明了数据价值的根本判断依据，阐明了数据成为生产要素的路径和方法，给出了解决数据要素市场化中的确权、定价、交易等关键问题的可行性解决方案，将大大推动我国数据要素市场化的进程。

在此基础上，数字经济领域的专家学者需要突破传统思维的桎梏，勇于开拓、大胆创新，把数字经济理论应用到中国伟大的数字经济实践中，并努力引领全球数字经济的理论创新。

第六章

数字经济的平台化发展：
从消费互联网到产业互联网

数字经济是面向实体和数字两个空间的经济形态，传统工业在实体空间中得到了长足发展，传统的互联网企业在数字空间中找到了机遇。席卷全球的新冠肺炎疫情让全世界看到实体空间的脆弱性，并开始重视数字空间的开发利用，这突出表现在实体经济全面开始做数字化转型，进军数字空间。也就是说，数字时代的任何一家企业不再只是存在于物理空间，它也必然孪生于数字空间之中。数字空间同样是人类社会的巨大市场，是企业在数字经济时代经营的重要环境。早期在这一市场空间中经营的是消费互联网企业，但它们往往难以触及传统实体经济。所以，数字经济的发展必然要求传统实体经济也进入数字空间，建设以全产业链协同整合为目标的产业互联网。

产业互联网是通过产业内各个参与者（包括终端消费者）的互联互通，改变产业内数据采集、流通和使用的方式，通过为每一个环节提供可信的数字赋能，改变每个环节创造价值的方式，并最终改变产业生态的运转方式。产业互联网充分体现了数据要素在产业内的价值创造能力，利用大数据、人工智能、区块链等技术加工产业内的数据要素，把数据变成产品价值的一部分，进而提升整个产业的价值。产业互联网直接触达终端消费者，为消费者提供基于产业数据的新产品、新服务、新价值，这也是释放终端的数字消费潜力，用数字消费带动产业互联网价值提升。

1994—2019 年，中国的消费互联网得到迅速发展，其核心是利用网络广覆盖的传播特性，在每个人群关注的领域获取流量，再用各种传统的方式把流量变现。这种以流量为核心的商业模式，无法为社会提供足够可信的交易环境，并因此给互联网经济带来了"劣币驱逐良币"等很多问题。与消费互联网不同，产业互联网的核心是信用，是用技术手段保证产业互联网生态内的可信性，并依托这种可信性建立产业的价值体系。也就是说，产业互联网的构建需要一个公平、可信的软硬件环境，区块链技术也就成了构建产业互联网的重要支撑。建立产业互联网仅仅靠一两家企业是很难实现的，必须要有政府协调或者龙头企业带头，这也是实现产业互联网的难点。

一、消费互联网天花板渐近，产业互联网是数字经济新热点

消费互联网是在数字空间中开发与老百姓的生活消费场景密切相关的各种网络服务平台。过去 10 余年来，我国消费互联网取得了举世瞩目的成绩，涌现了阿里巴巴、腾讯、百度、京东等一批世界知名互联网企业，产生了超过 10 亿网民，从而为发展数字经济奠定了坚实的基础。但在消费互联网蓬勃发展中，有两个方面的重要趋势是不可忽视的。

(一)消费互联网增量红利逐渐消退，产业互联网价值凸显

当前我国网民数量、手机用户均已经超过 10 亿，网民数量进

一步增长的空间有限。移动互联网月活用户增速持续下降，互联网增量红利逐渐消退，所以消费互联网的流量天花板早晚会到来。

数字经济真正的蓝海在于数字化平台与生产场景相结合，对传统产业进行赋能升级，形成产业互联网。根据测算，仅仅在航空、电力、医疗保健、铁路、油气这五个领域引入数字化支持，建设产业互联网，假设只提高1%的效益，平均每年就能产生200亿美元，这是一片巨大的蓝海。中国的传统产业规模巨大，因此发展产业互联网的价值空间也非常巨大。基于"五全信息"，通过数字技术和智能创新，对大量的传统产业赋能，将会使传统产业全面进入产业互联网时代。如果说中国的消费互联网市场只能够容纳几家万亿元级的企业，那么在产业互联网领域有可能容纳几十家、上百家同等规模的创新企业。

对比中美互联网行业，美国产业互联网公司占据美股科技前20强的半壁江山，相比之下，中国的GDP约为美国的70%，但美国产业互联网科技股市值为中国的30倍，中国尚无领先的产业互联网巨头企业。可以说，产业互联网具备更加广阔的发展空间。

（二）消费互联网值得深思的三大问题

消费互联网为中国数字经济发展奠定了坚实的基础，为数字经济积累了大量的网民，畅通了网络空间的商品循环，创造了一批数字空间中的商业模式，但是我们也要看到，消费互联网20多年的快速增长还存在很多值得深思的问题。

一是参与者之间的博弈往往是零和游戏。消费互联网竞争到最后往往是赢家独吞整个市场。因此很多早期互联网企业不计成本融资烧钱扩展业务，意图打败所有竞争对手。在形成垄断优势后，又对平台商户或消费者收取高昂的门槛费、服务费。这类商业模式在社会总体价值创造上贡献有限，因为过度关注流量，助长了假冒伪劣商品在网上的泛滥,甚至倒逼制造业出现"劣币驱逐良币"的现象。

二是利用人性弱点设计各种产品。网络市场形成初期所主导的自由理念,使网络上失信的违约成本极低,于是会出现很多企业利用人性的弱点设计各种产品来获取流量,罔顾消费者的长期利益和市场的良性发展。比如一些信息服务公司,通过各种打擦边球的图片、噱头标题吸引用户点击观看视频、新闻。这种利用人性弱点诱使用户使用产品的行为实际上是不正当的,甚至是触犯法律的。未来互联网经济的竞争,一定是在更公平、可信的环境下进行,这些利用人性弱点设计产品的公司很难长久生存。

三是互联网上普遍存在大数据杀熟、算法杀熟行为。在用户不知情的情况下,互联网企业根据大数据分析将用户群体划分为不同类别,进而收取不同的价格,这类杀熟行为有违市场公平、透明的原则,被杀熟的消费者一旦获悉后也会感到愤怒。平台企业与用户之间存在严重的信息不对称,因而平台企业可以轻易应用算法分析客户的行为特征,进而形成歧视性定价。

究其原因,这三个方面的问题还是因为消费互联网没有形成明确的各方多赢的盈利模式。在消费互联网下,一旦确定某种模式就可以"一刀切"地全盘推进,就可以通过烧钱追求流量并形成规模效应。这样的发展模式显然不是数字经济发展的未来,消费互联网自身也必须针对这些问题转型发展。

(三)产业互联网兼顾实体和数字空间,是数字经济的蓝海

与消费互联网不同,产业互联网下,每一个行业的结构、模式各不相同,并不是"一刀切"的,而是针对不同行业生态的"小锅菜",需要一个行业、一个行业地推进。比如汽车产业链的产业互联网就不一定适用于电力产业链,化工产业链的产业互联网也无法直接平移复制到金融行业。

产业互联网必须通过产生整个产业链上企业的降本效应，提高效率，形成资源优化配置，降低融资成本，产生 1+1>2 的效益。比如，通过金融科技降低融资成本，解决融资难、融资贵的问题；通过智能物流体系降低物流成本等，使产业链上的龙头企业、中小企业，以及中介公司、服务业公司、互联网平台各得其所、各有效益，形成明确的多方共赢的盈利模式。

二、产业互联网通过四个步骤走向数字孪生

(一) 产业互联网的四个步骤

产业互联网的建立不是一蹴而就的，每个行业虽然有每个行业的特点，但概括起来，发展产业互联网还是有四个步骤可以遵循的。

第一个步骤是数字化。要实现"万物发声"，目的是让产业链上中下游各环节通过数字技术表述出来，发出"声音"、留下痕迹，为构建产业数字空间提供源头数据。

第二个步骤是网络化。要实现"万物万联"，通过 5G、物联网、工业互联网、卫星互联网等通信基础设施，把所有能够"发声"的单元连接在一起，高带宽、低时延地实现大范围的数据交互共享。

第三个步骤是智能化。要实现"人机对话"，也就是要在"万物万联"的基础上，让物与人可以交流，通过与人的智慧的融合，实现局部的智能反应与调控。

第四个步骤是智慧化。要实现"智慧网联"，就是借助"万物互联""人机对话"，使整个系统中的各种要素在人的智慧的驱动下，实现优化运行。

这四个步骤，前一步是后一步的基础，但又不是截然分开、泾

渭分明的。推进产业互联网建设，要循序渐进、适度超前，但也不要好高骛远、急于求成。

（二）产业互联网的最高境界是数字孪生

当某一个行业的数字化转型升级完成了这四个步骤，就有条件进入产业互联网的最高境界——数字孪生。要实现数字孪生，首先就要通过智能传感器、仪器仪表对物理对象的状态进行多物理量的采集和测量，并以数字化的方式，将物理对象的属性和数据全面映射到虚拟空间中，创建出全生命周期的动态虚拟模型，以此模拟其在现实中的行为特征。其次要将动态仿真的数字模型与物理实体互相叠加、同步运行，实现有机融合。最后，要实现数字虚拟世界和物理真实世界的精准映射、交互协同、实时联动。在虚拟世界中，一是可以对现实世界进行调控和干预；二是可以通过模拟和预测真实系统的运行，想象真实系统如何进一步完善，从而进行改造和优化。而通过 VR 技术的深度应用，以及 VR 技术所具备的沉浸感、交互性和想象性的特征，将更有利于数字孪生在数字场景中的可视化表达和人机交互。

数字孪生具有四个特征。

一是动态性特征。数字孪生是动态的而非静止的，不仅能全面描绘物理实体的状态，还能动态反映出物理实体的运行。即通过动态仿真赋予数字孪生体灵气，让其从静止的虚拟影像一跃而成为鲜活灵动的动态模型，并无限逼近真实世界中的物理实体。要实现这一点，关键就在于根据物理学规律和机理，通过先进的算法在虚拟世界中重现物体在真实世界下的运行过程，比如物体受重力作用下落、移动时因摩擦力而减速、液体和空气的流动等，乃至模拟生命体的神经反射。

二是持续性特征。数字孪生覆盖物理实体从研发、设计、制造，到运行、检测，再到回收利用的全生命周期，数字孪生体与物理实体之间的作用是持续的、不间断的。

三是实时性特征。数字孪生构建的虚拟模型与物理实体之间的联动和交互应该是实时或准实时的，能够及时地传输数据并进行精准映射。如果虚拟模型与物理实体之间存在较高的迟延，就无法准确、及时地反映物理实体的各种状态，数字孪生的许多功能也就无以为继。

四是双向性特征。虚拟空间中的数字孪生体不仅是物理实体的数字镜像，也是与物理实体实时联动、相互作用的。物理实体的状态将实时映射在数字孪生体，同时数字孪生体运行产生的数据和指令也会传输到物理实体上；数字模型不仅单向地反映物理实体的运行，而且双向地对物理实体进行反馈。

随着云计算、人工智能、边缘计算等支撑技术的跨越式发展，数字孪生技术已经应用到制造、航空航天、电力、医疗、基建工程乃至城市治理领域。

比如在制造领域，数字孪生应用于产品的设计、生产、制造、运营等全生命周期过程。在研发设计环节，可以利用虚拟模型将产品的各类物理参数以可视化的方式表现，并在虚拟空间中进行可重复、参数可变的仿真实验，测试和验证产品在不同外部环境下的性能和表现，从而提高设计的准确性和可靠性，缩短研发流程，大幅降低研发和试错成本；在生产环节，利用虚拟生产线的3D（三维）可视化效果，工作人员不用去现场就能够充分掌握生产线的实时状态，从而进行运维管理、资源和能源管理、调整生产工艺、优化生产参数、生产调度预判等。除了帮助传统制造业提升效率，数字孪生也不断创新制造业的资本运营、供应链管理、客户服务等模式，为制造业拓展了大量的价值空间。

再如在城市治理领域，数字孪生技术的应用造就了数字孪生城市。通过海量的传感器对城市中数以亿计的数据进行采集和测量，并利用数字高清地图技术，在虚拟空间中构建整个城市的高精度数字孪生体，通过城市的物理空间与虚拟空间之间的交互映射、虚实对应、实时互动，在城市虚拟空间中对天气变化、地理环境、基础设施、城市建筑、市政资源、人口土地、产业规划、城市交通等要素进行数字化表达，并对其进行推演，从而实现城市实时状态的可视化和城市运作管理的智能化，进而提升城市规划质量，优化城市建设，提高城市管理水平。

三、消费和产业互联网平台经济的垄断问题及对策

如前所述，我国数字平台经济已经从上半场的消费互联网进入下半场的产业互联网，在这里我们把二者统称为互联网平台经济，但因为产业互联网还处于发展初期，互联网平台经济现阶段主要还是指消费互联网平台。

我国互联网平台经济已经渗透到生产、生活的诸多方面。根据《互联网平台分类分级指南（征求意见稿）》，依据平台的连接对象和主要功能，可将我国互联网平台分为以下六大类（表6-1）。

表6-1 互联网平台分类

平台类别	连接属性	主要功能	包含种类
网络销售类平台	连接人与商品	交易功能	综合商品交易类、垂直商品交易类、商超团购类等
生活服务类平台	连接人与服务	服务功能	出行服务类、旅游服务类、配送服务类、家政服务类、房屋经纪类等
社交娱乐类平台	连接人与人	社交娱乐功能	即时通信类、游戏休闲类、视听服务类、直播视频类、短视频类、文学类等

续表

平台类别	连接属性	主要功能	包含种类
信息资讯类平台	连接人与信息	信息资讯功能	新闻门户类、搜索引擎类、用户内容生成（UGC）类、视听资讯类、新闻机构类等
金融服务类平台	连接人与资金	融资功能	综合金融服务类、支付结算类、消费金融类、金融资讯类、证券投资类等
计算应用类平台	连接人与计算能力	网络计算功能	智能终端类、操作系统类、手机软件（App）商店类、信息管理类、云计算类、网络服务类、工业互联网类等

资料来源：根据公开资料整理。

综合考虑用户规模（即平台在中国的年活跃用户数量）、业务种类（平台分类涉及的平台业务）以及限制能力（平台具有的限制或阻碍商户接触消费者的能力），可将我国互联网平台分为以下三级（表6-2）。

表6-2　互联网平台分级

平台分级	分级依据	具体标准
超级平台	超大用户规模	在中国的上年度年活跃用户不低于5亿
	超广业务种类	核心业务至少涉及两类平台业务
	超高经济体量	上年底市值（估值）不低于10 000亿元
	超强限制能力	具有超强的限制商户接触消费者（用户）的能力
大型平台	较大用户规模	在中国的上年度年活跃用户不低于5 000万
	主营业务	具有表现突出的平台主营业务
	较高经济体量	上年底市值（估值）不低于1 000亿元
	较强限制能力	具有较强的限制商户接触消费者（用户）的能力
中小平台	一定用户规模	在中国具有一定的年活跃用户
	一定业务种类	具有一定业务
	一定经济体量	具有一定的市值（估值）
	一定限制能力	具有一定的限制商户接触消费者（用户）的能力

资料来源：根据公开资料整理。

超级平台具有规模、数据、算法、技术、资本等诸多优势,在市场竞争中容易占据优势地位。

(一)互联网平台经济中垄断的表现及社会福利损失

1. 互联网平台经济垄断的类型

根据《国务院反垄断委员会关于平台经济领域的反垄断指南》,平台经济领域的垄断行为主要包括经营者达成垄断协议,经营者滥用市场支配地位,经营者集中滥用行政权力排除和限制竞争等。目前,互联网平台经济领域较为典型,受到反垄断执法机构重点关注的垄断行为主要包括以下七个方面。

第一,数据滥用。一是互联网平台滥用非公开数据识别潜在竞争对手,例如脸书通过收购虚拟专用网 Onavo,并将其收集的消费者对各类应用程序的使用情况和花费时间等非公开实时数据作为"早期预警系统",从而识别、跟踪可能威胁脸书市场地位的潜在竞争对手。二是"大数据杀熟",例如国内酒店预订平台、外卖平台、售房平台等均曾被媒体曝光,存在利用大数据杀熟的歧视性定价行为。

第二,掠夺性定价。主要指互联网平台通过交叉补贴等方式,以低于成本的价格销售商品或服务,将客户锁定在平台的生态系统中,从而挤压竞争对手并占领市场。例如,亚马逊为了应对竞争对手 Diapers.com 在母婴与个人护理产品市场的崛起,大幅降低其自营相关产品的价格,仅在一个季度内就亏损 2 亿美元。当亚马逊成功吸引足够的消费者并确保其在相关市场上的主导地位后,便转而提高价格或取消相应补贴。国内的典型案例是,2021 年 3 月,国家市场监督管理总局对"多多买菜"低于成本定价予以处罚。掠夺性定价的危害之处在于,它凭借资本的力量摧毁了中小经营者参与市场竞争的可能性,且通常只是在同质竞争、价格竞争,与创新关联不大。

第三，拒绝交易。主要表现为具有市场支配地位的互联网平台拒绝与第三方开展业务，从而剥夺市场参与者的竞争可能。2021年9月9日，工业和信息化部信息通信管理局举办的一场"屏蔽网址链接问题行政指导会"上，参会的国内主要互联网平台企业被要求在9月17日前必须按标准解除屏蔽，否则将依法采取处置措施。9月13日国务院新闻办举行的新闻发布会上，工业和信息化部新闻发言人指出，保障合法的网址链接正常访问是互联网发展的基本要求，无正当理由限制网址链接的识别、解析、正常访问，影响了用户体验，也损害了用户权益，扰乱了市场秩序。

第四，限定交易。主要表现为具有市场支配地位的互联网平台限定他人按照自己的意愿进行交易，从而排斥其他经营者的公平竞争。例如，国内电商平台"二选一"的行为，通过迫使平台内经营者（合作方）站队，放弃与其他平台合作的机会，直接损害了其他电子商务平台经营者（竞争者）和电子商务经营者的交易机会和经济利益，也明显影响了消费者的选择机会和消费利益。

第五，搭售。例如，谷歌滥用在安卓操作系统市场的支配地位，通过签订具有排他性的合同，强制智能手机制造商预先安装谷歌搜索引擎和谷歌 Chrome 浏览器，并将其设置为默认应用状态，阻碍了应用市场中的其他竞争对手进入市场。

第六，自我优待。主要指互联网平台通过操纵算法等行为，增强自有商品或服务的竞争优势，扭曲平台内的竞争。例如，谷歌在 2007 年推出了"通用搜索"，向用户展示整合了谷歌各种自有资源的搜索结果，包括谷歌图片、谷歌新闻等。谷歌通过调整搜索算法，自动提升自有资源的搜索排名，致使竞争对手的流量大幅降低。

第七，扼杀型并购。大型企业以防止未来竞争为目的，收购初创、有快速增长用户群和巨大业绩增长潜力的企业。有数据表明，2015—2017年，谷歌、亚马逊、苹果、脸书、微软共收购175家企业，这些企业的平均年龄为4.05岁，其中105家企业在收购一年内被关闭，约占总数的60%。通过直接消灭竞争者，平台企业提高了竞争壁垒，损害了市场创新。

2.互联网平台垄断造成的福利损失

（1）增加消费者剩余的损失

当垄断造成参与竞争的企业数量减少时，产品和服务的提供量会减少，但企业的收益会增加，增加的部分是原有的消费者剩余，即垄断造成了竞争下降，带来了消费者剩余的损失，损害了消费者利益。例如，2015年以前的"滴滴"和"快的"两个出行平台，为吸引客户竞相发放优惠券，在2015年2月合并前合计占据打车软件的99%以上，是典型的"双寡头垄断"。最终双方走向合并的表面原因是其宣传"双方的所有投资人共同的强烈期望"[55]，但最核心的原因还是合并能获取更高的垄断利润。合并后，消费者不仅没有了优惠券，而且在高峰时段需要加价才能打到车，这严重影响了消费者的出行体验。再如，2020年12月24日，市场监管总局依法对阿里巴巴集团控股有限公司实施"二选一"等涉嫌垄断行为立案调查，认为阿里巴巴破坏了市场公平竞争的秩序，使被迫"二选一"的平台商家商品销售受到影响，消费者自由选择的权利和合法利益遭到损害。

（2）增加生产者剩余的损失

先入市场的企业具有先占优势，会对后入企业形成挤压，提高行业的准入门槛，从而限制新企业的入场。《国务院反垄断委员会关于平台经济领域的反垄断指南》第十二条对这种不公平价格行为的定性是："具有市场支配地位的平台经济领域经营者，可能滥用市场支配地位，以不公平的高价销售商品或者以不公平的低价购买商品。"早在 2017 年，我国移动支付领域里阿里巴巴和腾讯就合计占据了 94% 以上的市场[56]，二者不仅具有市场支配地位，还可以轻易阻止新数字平台来扩大移动支付领域的市场份额。2021 年 7 月 24 日，国家市场监管总局宣布依法对腾讯控股有限公司做出责令解除网络音乐独家版权等处罚。腾讯与主要竞争对手合并后实体占有的独家曲库资源超过 80%，对相关市场具有或者可能具有排除、限制竞争效果。

（二）互联网平台经济中垄断所带来的问题

上述这些互联网大型平台特别是超级平台所出现的一些垄断行为，涉及的用户庞大，与社会的很多行业都有着密切的联系，因垄断而产生的反竞争问题、侵害同行及消费者利益等问题不仅涉及企业之间的竞争，而且对整个数字经济的发展造成了一定的负面影响，其中暴露的数据安全问题更有可能威胁到国家安全。这些问题概括起来包括以下六个方面。

1. 平台垄断导致平台生态的环境恶化

互联网企业通过烧钱等手段获得市场规模优势，实现赢家通吃和流量垄断，对用户或消费者收取高昂的平台费。过度关注流量导致假冒伪劣商品泛滥，甚至倒逼制造业"劣币驱逐良币"，损害实体经济发展。

2. 平台垄断出现扰乱市场秩序、违背公平竞争的苗头，损害社会公平

部分平台企业滥用市场地位，限制竞争性交易，导致依靠互联网平台的生产经营者失去了与平台企业谈判议价的权利，存在互联

网平台"二选一"、限制弱势企业发展、屏蔽和拦截第三方网址链接阻碍平台间互联互通、网络资源（如知识产权等）的垄断、违规合并获取市场垄断优势等问题，扰乱了市场秩序。

部分平台企业依托包括资本、技术等在内的要素资源优势，形成围绕"流量"的全新资本竞争模式和估值体系，依托互联网平台进行资本积累，通过平台资本补贴压缩市场参与者的利润空间，提高行业壁垒，限制公平竞争。

3. 平台过度挖掘数据侵犯个人隐私，损害公众合法利益

部分平台企业形成绝对垄断后，采用"大数据杀熟"、滥用人脸识别技术、过度挖掘和滥用个人数据、数据泄漏、数据非法转售等手段，独占用户个人敏感数据并肆意处置，侵害个人隐私权。

部分平台企业将公开的原始信息当作私人财产处置，拒绝他人接入关键数据库，制造数据孤岛，排除或限制竞争等，损害了公众的合法利益。由于市场初期失信和违约成本低，消费互联网企业利用人性的弱点设计各种产品来获取流量，损害消费者利益。如通过打擦边球的图片和视频、噱头标题吸引用户点击。

4. 平台垄断阻碍新兴企业提升技术创新能力

某些平台企业由于流量池封闭、遏制竞争对手带来了相对"轻松"的收入模式，让其无须增加基础科技投入即可获得超额利润。这类企业往往习惯于商业模式创新，而忽视了底层核心技术的攻关，容易受到国际竞争对手"卡脖子"威胁，影响国际竞争力。

5. 加大收入分配差异，影响社会公平

某些互联网平台企业充分享受了我国超大规模市场红利，快速积累的资本使它们往往通过高薪模式争抢人才，这种争抢模式如果

不加以监管，不仅会拉大与其他行业的收入差距，而且会对互联网平台企业的长远发展带来负面影响。从另一个角度看，互联网平台在开发数据要素价值时，是在数据要素市场还不完备的时候，数据拥有方的利益并没有得到体现，所以其利润水平也将随着数据市场的规范而受到影响。

6.缺乏监管的数据聚集带来各种安全隐患

国际上，少数互联网平台借助数据优势，开始强有力地扩张到社会其他领域，力图改变这些领域的既有秩序。如2021年1月22日，谷歌抵制向新闻机构内容付费，威胁澳大利亚政府将关闭搜索服务；2021年2月17日，脸书屏蔽澳大利亚所有媒体的新闻内容，同时限制该国用户分享和获取海外新闻的权限；2021年2月23日，澳大利亚政府妥协，将对此前通过的新法进行修订，脸书宣布将解除针对澳大利亚的新闻封禁。超级互联网平台因为实际掌控海量用户、实时数据和巨额交易，已经大大超越了传统跨国公司的实力与能力，其数据资源的使用必须得到有效监管，否则会带来各种安全隐患。

（三）互联网平台经济垄断问题产生的原因

一般而言，互联网平台经济的垄断问题不是单一平台企业的问题，而是数字经济在开发数据要素过程中，数据红利期必然带来的现象。垄断问题的成因是既有社会经济系统不适应数字生产力发展，是多方位的、系统性的因素叠加而成。

1.资本的无序扩张是垄断的根本原因

资本是互联网平台生存、发展的根本动力。互联网平台的稳定性、容量、技术底层并无较高的门槛，在发展初期企业无法形成明显的技术优势。对于消费者来说，需求高度同质化且单一，选择互联网平台的关键因素在于便利和价格优势。多数企业采用"先免费，后获利"的方式发展，在平台企业进入市场初期，以免费提供服务的方式吸引供需双方入驻和使用平台。互联网平台企业在形成用户规模化之前，不可避免地要经历"烧钱"期。

资本市场追求的就是局部性的垄断，以保持市场地位。资本具有逐利的天性，资本投资的目标是寻求更高的回报。当平台企业形成规模化或是有形成规模化趋势的时候，更容易吸引资本的目光。拥有足够资金支持的平台，可以为消费者提供更多的价格优惠，以保持或扩大市场优势。资本助推的垄断性还表现在垄断平台的"投行化"，拥有大量资本的平台通过投资并购形成垄断生态圈，仅在 2020 年，三家主要互联网平台企业腾讯、阿里巴巴、百度对外投资收购项目（次数）分别为 43、16、13，总投资金额分别达到 1 110.30 亿元、619.86 亿元、423.38 亿元，涉及领域十分广泛，不断扩大并加强了其生态圈。[57] 因此，资本是平台不断发展和扩张的推手，促使强者恒强。

2. 单纯以流量为核心的商业模式容易形成数据垄断

从 1994 年我国接入互联网开始，消费互联网经历了流量瓜分阶段、流量垄断阶段、流量挖掘阶段，以流量为核心的商业模式无法掩盖平台上诚信体系的缺失，并开始脱离"实体"经济。1994—2019 年，消费互联网迅速发展的核心是利用网络广覆盖的快速传播，在不同人群关注领域获取流量，再用各种所谓互联网创新的方式把流量变现。以流量为核心的商业模式无法为社会提供足够可信的交易环境，这一方面会带来一定程度的"劣币驱逐良币"问题，另一方面片面追求流量也会导致企业逐渐走向数据垄断的路径。

3. 不加约束的技术与算法创新会进一步推动垄断

随着数据收集、存储、分析等技术的进步，互联网平台在运营中可以更便捷、更低成本地获取用户数据，并通过海量数据对用户进行分析，做出更精准的人群画像，对于不同人群推行更精准的产品、促销活动。各平台都非常重视算法研究，凭借排他性数据优势，平台可以与传统产业形成单方向的"破坏性算法创新"。这些算法已经开始上升为平台内部的公共管理权限，算法可以强制要求商户不与竞争对手进行交易。同样凭借这种管理权限，平台可以向平台内的经营者收取费用，压制其竞争对手的发展。一旦算法侵占了平台的公共属性，平台就变成一个垄断者，就会出现滥用算法权力的现象。

4. 政府在互联网平台领域监管能力不足助长了垄断

互联网平台在发展初期，政府普遍采取了鼓励的态度，但在对新生事物的监管上缺乏手段。互联网平台强大的渗透力和影响力使消费者、经营者和政府对平台产生了事实上的依赖，这也使得大型互联网平台在监管盲区中获利颇丰。这种鼓励的政策在互联网平台发展初期起到了培育新产业、新业态、新模式的作用，但同时也会助长某些平台在监管不完善情况下肆意扩张、形成垄断。

（四）互联网平台经济反垄断对策

依据《关于强化反垄断深入推进公平竞争政策实施的意见》，我国互联网平台经济反垄断必须处理好发展和安全、效率和公平、活力和秩序、国内和国际四个关系，坚持基于技术的监管规范和促进创新发展两手并重、两手都要硬。

总体而言，互联网平台经济反垄断要从规则、数据、技术、资本多个角度出发，统筹运用市场政策调节、法律法规调节、文化观念调节，构建全方位、多层次、立体化的互联网平台反垄断体系，实现事前事中事后全链条全领域监管。市场政策调节依靠供求关系的变化对资源配置自发地调节，避免垄断，是"无形之手"。法律法规调节依靠法律、法规、规章制度、政策等对资源配置直接或间接进行调节，是"有形之手"。文化观念调节依靠道德力量、文化力量对资源配置进行调节，是一种共同价值观塑造的过程。

1. 市场政策调节

一是要界定平台业务范围，不能借助新技术工具无序扩张市场边界，要在自身业务上做精做专。无论是消费互联网平台还是产业互联网平台，都要摒弃一味做大流量的惯性思维，而是要界定企业的业务范围，明确自己的核心业务，在企业的核心技术能力上下功夫、做精做专。更不能借助资本力量，盲目向不熟悉的民生等领域扩张，不能触碰国家数据安全的底线。

二是鼓励平台企业瞄准互联网发展的技术趋势，投身于未来科技的研发。鼓励互联网平台企业充分利用数据、资金、人才、用户和技术等资源优势，瞄准互联网发展的技术趋势，加大创新投入，提升技术水平，组织核心技术攻关，投身于"卡脖子"技术、未来科技的研发，用技术储备能力筑高企业的竞争壁垒。

三是鼓励平台积极开拓国际市场，提升国际竞争力和影响力。构建网络空间人类命运共同体，是中国作为一个大国的努力目标。中国互联网平台企业要有广阔的国际视野，在网络空间中为全人类探索全新的服务模式。因此，市场政策要鼓励互联网平台企业走出国门，参与到全球数字经济竞争中，一方面便于互联网平台企业继续做大做强，另一方面互联网平台企业也能在国际竞争中不断磨炼自己，逐渐成为全球相关技术的领先者。

四是鼓励平台企业积极参与数据要素市场化配置，建立可信、规范的市场环境。消费互联网平台企业虽然遇到了一些问题，但这些问题大多数还是发展中的问题，随着我国平台经济政策的完善，这些问题都是可以解决的。互联网平台的发展趋势，一定是向着更公平、更规范、更高质量的方向发展，所以相应企业必须要顺应大势，积极参与我国数字经济的总体布局，把平台逐渐建设成可信、规范的数字经济平台，成为我国数据要素市场化配置的重要组成部分。

2. 法律法规调节

一是要加快推进数据立法，适时推出《数据资产法》，注意数据立法和反垄断法的一致性。在保护个人隐私、保护企业商业机密、保护国家数据资产安全的前提下，要积极探索多种数据所有制，推动数据资产的确权、数据资产进入财务报表，并在条件成熟时推出《数据资产法》。数据立法要与反垄断法的要求相适应，2021年10月23日，《中华人民共和国反垄断法（修正草案）》向社会公开征求意见。修正草案提出进一步完善反垄断相关制度规则，包括增加规定经营者不得滥用数据和算法、技术、资本优势以及平台规则排除、限制竞争，建立"安全港"制度；建立经营者集中审查期限"停钟"制度，明确国务院市场监督管理部门负责反垄断统一执法工作等。这些反垄断的法律要求都是数据立法要遵循的基本原则。

二是要加强监管技术平台建设，用技术手段尽量做到事前监管。可信计算、大数据、人工智能等技术为相关部门提升监管水平提供了工具，政府要加强监管技术平台等监管领域的基础设施建设，如金融领域的监管沙箱等，用技术手段增强对平台企业的监管能力。把垄断问题消灭在苗头阶段，尽量避免事后监管。

三是要强化对特定领域的监管，避免发生规则性的恶性事件。在公共服务、公共安全等特定领域，一旦发生问题，将严重影响国家的经济安全、社会安全，后果不堪设想。因此，对这些领域要有特别的法规进行规范。国家发展改革委、商务部联合发布的《市场准入负面清单（2021年版）》就是这种法规，它既有助于防患于未然，又给相关平台企业提供了发展指引。

3. 文化观念调节

一是要鼓励平台企业建设高尚的企业文化，树立建设网络空间人类命运共同体的崇高理想。从历史经验来看，任何一家伟大的企业都是有着正确价值导向、崇高企业文化和远大共同理想的企业，都一定不是资本裹挟下的利益追逐者。互联网平台企业是先进生产力的聚集地，是数字经济最活跃的代表，也是年轻人向往的时代热点，所以更要鼓励平台树立高尚的企业文化，鼓励平台上的年轻人具有崇高的理想。有了正确的思想，就会避免大量的短视行为，也就可以有效地避免前述的各种垄断现象。

二是要鼓励互联网平台企业扶贫助弱，积极参加各种公益活动。人生的追求不是金钱的积累，而是探索未知、解决问题、为子孙后代开创更美好的环境和制度。互联网平台企业是先进生产力的代表，要鼓励这些企业积极参与各种形式的公益活动，在公益活动中发挥这些企业的带动作用，通过扶贫助弱，一方面助力于中国共同富裕的国家大计，另一方面也从人才、技术、市场等方面为互联网平台企业带来可持续发展的空间。

四、数字产业化和产业数字化

大数据、云计算、人工智能、区块链和移动互联网等数字技术在人类社会及其经济系统一旦大规模应用，就会形成数字技术产业化。而各种数字化技术有机结合形成的智慧综合体，一旦与社会消费结合，就会形成消费互联网；与实体经济结合，就会形成产业互联网、形成产业经济数字化。

（一）数字产业化

数字技术产业化，也就是新基建中的信息基础设施建设。根据工信部有关机构测算，2020年我国数字产业化规模达到7.5万亿元，占GDP比重的7.3%。随着新基建战略的进一步推进，各类数字化技术，包括5G网络、大数据、人工智能、云计算等在内的每一项数字产业都将在今后5年内产生万亿元级的投资，也都将产生巨大的收益。

1. 5G产业化

具体来说，在5G方面，截至2020年底，我国累计开通5G基站96万座。根据工信部等十部门联合印发的《5G应用"扬帆"行动计划（2021—2023年）》，到2023年要实现每万人拥有5G基站超过18座，意味着到2023年底我国将建成5G基站超过250万座；预计2020—2025年建成5G基站500万～600万座，保守估计每座投资20万元，仅5G基站建设的投资规模就将达到万亿元。更重要的是，5G的大规模商用将对包括终端设备、应用场景、运维服务等在内的整个5G生态系统产生难以估量的带动作用。

2. 云计算产业化

在云计算方面，云计算以具备存储能力、通信能力和计算能力的大型数据处理中心IDC作为硬件载体，本质上是大量服务器的集合，数据处理中心的功能是以服务器的数量来衡量的。中国今后5年将会增加1 000万台服务器。这1 000万台服务器连带机房、电力等设施建设至少将带动1万亿元规模的投资。相应地，云计算服务商可以 IDC 为硬件，以私有云、公共云作为客户服务的接口，向客户提供服务。就像居民通过水龙头管道向自来水厂买水一样，各类客户按需购买，按所需的计算量、存储量、通信量购买 IDC 资源，并按量结算费用。资源闲置时也可供其他客户使用，这样就能有效、全面、有弹性地利用云计算架构中的资源，既能同时为千家万户服务，又能使大量服务器不发生闲置，从而使资源优化配置，产生巨大红利。

3. 大数据产业化

在大数据方面，随着全球数据量的爆发式增长和数据的资源属性不断增强，大数据应用的经济价值也不断显现出来。数据具备六大特性：一是数据是取之不尽、用之不竭的；二是原始数据是碎片化的、没有意义的；三是数据不可能完全原始，其加工过程就是由无序到有序的过程；四是数据能够产生数据；五是数据在利用过程中产生了价值和产权；六是数据可以经过多次转让和买卖。基于数据的这六大特性，杂乱无章的数据经过大数据平台的加工和处理后成了有指向性的、有意义的信息，再由信息归纳形成了知识，从而成为决策判断、信用判断的工具，数据就具备了价值，就能为大数据平台带来可观的商业收益。

4. 人工智能产业化

在人工智能方面，人工智能企业基于大数据平台的支撑为客户提供算法服务，也可以获得收入。云计算、大数据、人工智能的软件植入在云计算厂商提供的数据处理中心硬件中，对客户形成三种在线服务。第一个是 IaaS，云计算的云是一个硬件，是一个具有通信能力、计算能力、存储能力的基础设施，可以提供基础设施服务。第二个是 PaaS，大数据公司往往在收集、组织管理了大量数据的基础上，使用人工智能算法后为客户提供有效的数据服务，形成一个大数据的服务平台，可以提供大数据平台服务。第三个是SaaS，人工智能公司依靠大数据平台支撑，提供算法，算法也是一种服务。

再比如物联网，预计未来5年将有30亿～50亿个终端联网，形成万物互联，相应的投资规模也会达到2万亿～3万亿元。区块链等数字产业今后也将带动万亿元级别的投资，同时产生巨大的回报和收益。

总而言之，数字经济产业化，在当前数字革命方兴未艾、信息基础设施建设如火如荼的大背景下，数字化技术的各个环节，云计算、大数据、人工智能、以5G为基础的移动互联网、区块链等，本身就能够形成若干个万亿元级规模的庞大产业，成为国民经济的重要组成部分。

（二）传统产业数字化

传统产业数字化，也就是新基建中的融合基础设施建设。数字化技术综合体不仅自身能够形成庞大的产业，还能够对传统产业进行赋能增效，改造升级，从而产生巨大的叠加效应、乘数效应。中国的工业产值在90万亿元左右，假设通过数字化转型提升5%的效能，每年就能在不增加其他原材料投入的基础上，产生四五万亿元的增加值；此外，中国还有大约150万亿元销售额的服务业，假设通过数字化转型提高5%的效能，就能产生七八万亿元的增加值。通过下面四个例子，我们可以看到传统产业是如何进行数字化改造升级的。

1. 与制造业结合形成智能制造、工业4.0

数字技术与制造业深度融合发展，形成智能制造、工业4.0，就是传统产业数字化的典型范例。能被称为工业 4.0 的企业，一般具有互联、数据、集成、转型四大特点，就是企业的仪表、生产线、车间、管理部门、供应链、研发、运营、产品、客户、消费者的数据和信息互联互通、实时集成、信息反馈，使得整个工厂企业从传统制造转向个性化定制，实现生产过程柔性化、个性化，同时提高运营效率，加快库存周转。

  工业 4.0 具备三大特征。一是车间里几乎没有人，由机器人代替人力进行高精尖的运转。二是整个车间、整个工厂可以当作一个人体在自动化地运转，自动地对生产、物流等环节进行思考和决策。三是跟整个市场密切联系。产品的需求、市场的定制需求、个性化要求，都在事先设计之中。以芯片制造企业为例，在流水线中运行的芯片不是按同一批次、同一种芯片批量生产，而是每一个盘片所对应的芯片都是有不同要求的，输入指令后，机器人能够进行高速运作和个性化生产。

  更进一步，数字孪生的应用贯穿产品的设计、生产、制造、运营等全生命周期。在研发设计环节，可以利用虚拟模型进行可重复、参数可变的仿真实验，测试、验证产品在不同外部环境下的性能和表现，从而提高设计的准确性和可靠性，缩短研发流程，大幅降低研发和试错成本；在生产环节，工作人员不用去现场就能充分掌握生产线的实时状态，从而进行运维管理、资源能源管理、调整生产工艺、优化生产参数、生产调度预判等。除了帮助传统制造业提升效率，数字孪生也不断创新制造业的资本运营、供应链管理、客户服务等模式，为制造业拓展了大量的价值空间。传统制造业以生产加工各种工业品为主，做的是实体空间的实体产品创造。数字技术赋予了传统制造业"五全信息"，工厂形成了孪生的数字工厂，产品形成了孪生的数字产品，服务形成了孪生的数字服务。当有了"五全信息"作为基础，传统制造业的数字化转型就有了丰富资源，在数字空间中就可以产生出大量生产性服务业的创新模式。

2. 与城市管理结合形成智慧城市

智慧城市是数字城市与物联网相结合的产物，被认为是信息时代城市发展的大方向、文明发展的大趋势，其实质就是运用现代信息技术，推动城市运行系统的互联、高效和智能，赋予城市智慧感知、智慧反应、智慧管理的能力，从而为城市居民创造更加美好的生活，使城市发展更加和谐、更具活力、更可持续。

智慧城市是新型城市化的升级版，是未来城市的高级形态，以大数据、云计算、互联网、物联网等新一代信息技术为支撑，致力于城市发展的智慧化，使城市具有智慧感知、反应、调控能力，实现城市的可持续发展。

从战术层面推进智慧城市的建设，务必要把握其内在逻辑规律，抓住两个关键点。一是推动智慧城市建造，必须全面掌握并熟练运用互联网时代的新技术、新理念、新思维，更加科学主动地推动城市与智慧融合。二是智慧城市的建设要遵循数字化转型的四个步骤循序渐进。第一步是让城市的物能说话；第二步是通过物联网、移动互联网将数字化的城市要件连接起来，让城市的物与物之间能对话；第三步是让人与物能够交流，实现城市局部的智能反应与调控，比如智能收费、智能交通等；第四步是让城市会思考。

通过数字孪生技术的应用，实现城市实体空间和虚拟空间的联动，智慧城市的建设能够达到新的高度。通过海量的传感器对城市中数以亿计的数据进行采集和测量，并利用数字高清地图技术，在虚拟空间中构建一整个城市的高精度数字孪生体，对天气变化、地理环境、基础设施、城市建筑、市政资源、人口土地、产业规划、城市交通等要素进行数字化表达，并对其进行推演，从而实现城市实时状态的可视化和城市运作管理的智能化。传统的城市治理是以实体空间和实体人群为主体，数字技术促进传统的实体空间扩展到数字空间之中，数字空间中信息的有序和实体空间的治理是相辅相成的关系，能够有效提升城市规划质量，优化城市建设，提高城市管理水平。同时，数字孪生城市会产生更为丰富的"五全信息"，城市的海量数据转变成为财富，进而创新出大量的智慧城市应用。"实体空间+数字空间"是城市经济新的发展基础，也是城市治理的数字体系，是真正意义上造福于民的智慧城市。

3. 与建筑业结合形成智慧建筑

面向未来，推动传统建筑业进行数字化转型升级至少可以带来三点好处。

一是能够满足客户的个性化需求。在许多产业，客户的需求不断呈现个性化、差异化，逐渐从千篇一律的产品需求过渡到千人千面的产品需求。这一趋势未来也会体现在建筑产业中。AR、VR、MR（混合现实）、人工智能和物联网等数字技术正以多种方式转变零售和办公空间，全球新冠肺炎疫情的大流行加速推动了这一转变。随着客户需求和业务需求的不断发展，要求未来的空间适应不同的场景，为多模式、多功能预留可能性。建筑产业通过数字化赋能能够使建筑空间更具适应性和灵活性，更好地满足客户需求。

二是可以利用数字化技术，打通供应链上下游企业，实现信息协同和产业效率的升级。例如，浪费现象在建筑领域十分普遍，物料和人工在实施过程中的浪费往往超过1/3。而通过数字化技术打通供应链，建筑业可以显著减少浪费，还能大幅提高管理效能，提高施工的安全性。此外，对建筑业进行数字化赋能还能大幅提升节能环保效能。

三是可以通过数字孪生，创新建筑业的商业模式，重组建筑业的价值链。传统建筑业的价值兑现主要体现在建筑物物理空间的出租和出售上。数字技术的应用也让建筑物有了"五全信息",传统的实体建筑便也有了数字孪生体。通过 BIM(建筑信息模型)等数字模型技术,一栋建筑可以为客户提供更为全面的空间数字信息,同时还可以提供建筑物内的环境等各种相关信息。在这些信息的基础上,建筑业的商业模式将会发生颠覆式的创新,价值链也将发生根本性的重组。建筑业价值将更多体现在对建筑物的物理和数字空间的持续使用上,也就是通过运营建筑业的"五全信息"来创造价值。

总之,作为中国经济发展的支柱产业,建筑业在数字化时代的发展空间巨大。但这个空间绝不是靠盖房子、修高速公路来实现的,而是要转变发展思路,激活数据要素潜能,紧紧抓住新基建的历史机遇,以技术变革推动建筑业的数字化、智能化。尤其要高度重视数字模型技术的研发和应用,创造建筑产业互联网新业态,改变建筑产业的商业模式,打造开创性的、万物互联时代的中国式数字建筑产业。

4. 与金融结合形成金融科技

金融科技发展的基础是产业互联网,主体是产业互联网金融。在大数据、云计算、物联网、人工智能等技术赋能下,金融科技发展带来了前所未有的历史机遇。面向未来,产业互联网金融具有巨大的发展前景。产业互联网金融是机构通过金融科技向产业生态,尤其是中小微企业提供投融资服务的统称。产业互联网金融以企业为用户,以生产经营活动为场景提供数字金融服务。由于产业价值链更复杂、链条更长,目前数字化的比例仍然很低,产业金融服务还远未达到面向个人端的数字金融智能化、便捷化的程度,因此产业互联网金融是金融科技发展的下一个蓝海。

产业互联网金融的现实意义在于解决中小微企业的融资难、融资贵问题。中小微企业融资难、融资贵，不仅是中国的问题，也是世界性难题；不仅是银行自身的问题，还与小微企业自身特点有关。小微企业属于金融业长尾客户，存在抵押品不足、信用资质差、信息不对称、生命周期短等问题。传统金融机构在开展小微金融业务时，也存在获客、尽职调查成本高、担保不足、风险成本高、风控流程长等问题。

借助产业互联网金融，通过"五全信息"的合理运用，一是可以降低获客成本；二是可以有效解决中小企业存在的信息、信用"孤岛"问题；三是能够实现智能风控；四是可以有效提高审批效率，为小微企业提供与之匹配的金融服务。

未来产业互联网金融发展的关键节点将逐步打通，进入成熟发展阶段。金融的底层逻辑是信用，在"五全信息"驱动下，企业运营数据可以与金融服务紧密结合起来，以信息流转带动信用流转，从而解决传统金融供给无效的问题。

数字化平台与专业金融机构有机结合、各展所长是金融科技最合理的发展模式。数字化平台深耕产业，形成各行业的"五全信息"，提供给相应的金融战略伙伴，使金融机构服务效率得到最大化的提升，同时金融机构发挥自身低融资成本、信用判断、资本规模和社会信用等方面的优势，两者优势互补、资源优化配置。最终，金融科技要形成明确的各方多赢的效益格局。

第七章

数字金融

近年来，随着全球科技创新进入空前密集活跃时期，新一代的数字技术加快突破应用，数字经济发展进入了快车道，以移动金融、互联网金融、智能金融等为代表的带有鲜明数字化时代特征的金融新业态、新应用、新模式不断涌现。数字金融作为与信息社会、数字经济相对应的金融发展新阶段正迎面而来，为现代金融体系注入了新活力，为更好地服务实体经济奠定了基础，为进一步满足人民日益增长的美好生活需要提供了有力支撑。

一、金融创新与科技革命

产业革命始于科技，成于金融。科技的不断进步，不仅可以改变传统的企业经营模式，刷新经营者的思维，还可以推动新行业的出现，孕育出大量商机。技术还能从根本上改变金融业的服务生产和提供方式，降低交易成本，提升管理效率，改进市场秩序；同时，伴随着科技发展的企业创新升级也对金融提出了新需求，促使和推动金融机构不断创新。

（一）四次技术革命中的金融创新

技术革命是指技术的升级创新，在生产方式上由机器取代人力，以大规模工厂化生产取代个体工厂手工生产的一场生产与科技革命。人类社会的发展已经历四次技术革命，在金融行业也表现出四次比较重大的变革和突破。

1. 第一次技术革命：蒸汽时代推动了现代银行体系的诞生

18世纪60年代，以蒸汽机的发明和广泛普及为主要标志的第一次技术革命，实现了工业生产从手工器具到机械化的转变。蒸汽机的出现和广泛使用也推动了其他工业部门的机械化，引起了工程技术上的全面改革。在工业上，导致了机器制造业、钢铁工业、运输工业的蓬勃兴起，初步形成了完整的工业技术体系。

此时，人类摆脱了小农经济，出现了大规模工业生产，异地交易和国际贸易进一步发展，商业往来的规模越来越大。而当时银行过高的利率几乎吞噬了产业资本家的全部利润，使新兴的资产阶级无利润可图，不能适应资本主义工商企业的发展需要。随着社会化的大生产和工业革命的兴起，迫切需要建立起能够服务、支持和推动资本主义生产方式发展，并能以合理的贷款利率服务工商企业的商业银行。

因此，为顺应资本主义生产方式的发展，在第一次技术革命后，以中央银行和商业银行为代表的现代银行体系初见雏形，为工业生产源源不断地输送资本燃料和动力。

2. 第二次技术革命：电气时代推动了投资银行的诞生

19世纪80年代以后，随着科学技术的迅猛发展，世界范围内兴起了近代第二次技术革命，这次技术革命以电力技术为主导，以电力的广泛应用为主要标志，因此也被称为电气时代。它的产生、发展及其应用，极大地推动了化工技术、钢铁技术、内燃机技术等其他技术的全面发展。

电气时代是产业规模经济诞生的年代，需要密集资本的大规模投入。而传统的商业银行是针对传统企业设定的，主要经营债务属性的存贷款业务，无法满足市场需求。对于新技术、新行业，需要设计出新的金融服务和产品。因此，第二次技术革命推动了以摩根银行、卡内基投资银行、洛克菲勒财团为代表的投资银行的诞生和兴起。这些投资银行在当时的市场中，为大规模生产匹配资金、构造证券市场，起到了优化资源配置、促进产业整合的作用，为规模经济的发展提供了助力。

3. 第三次技术革命：信息技术时代推动了 PE/VC 风投体系的诞生

从 20 世纪 50 年代开始，电子计算机的迅速发展和广泛应用，极大地改变了世界的面貌和人类的生活。以全球互联网络为标志的信息高速公路正在缩短人类交往的距离。这次科技革命不仅极大地推动了人类社会经济、政治、文化领域的变革，而且影响了人类的生活方式和思维方式，使人类社会生活和人的现代化向更高境界发展。

1965 年提出的摩尔定律指出，约每隔 18 个月集成芯片上的电路数目就会翻一番。新技术的快速发展和应用诞生了大量的创业企业。同时，信息技术时代，若没有创新的产品模式和有竞争力的服务，现有企业也很容易被新的业务和模式取而代之。因此，这一阶段有大量企业诞生的同时，也有很多企业在快速消失。这就需要资本在投资时能擦亮眼睛、慧眼识英雄，同时也要具有承受创投失败的抗风险能力。这一阶段的投资有很多的不确定性，会给投资及其回报带来很大的风险，为满足这些融资需求，PE/VC（私募股权投资/风险投资）等现代风投体系由此诞生。

风险投资在创业企业发展初期投入风险资本，待其发育相对成熟后，通过市场退出机制将所投入的资本由股权形态转化为资金形态，以收回投资，具有高风险、高收益的特点。风险投资是优化现有企业生产要素组合，是把科学技术转化为生产力的催化剂，能强化市场对企业的优胜劣汰。这些不同的风险投资模式通过不同风险偏好资金的汇集，分担了创业企业的高风险，推动了信息技术时代的发展。

4. 第四次技术革命：数字经济时代推动了消费数字金融、产业数字金融的诞生

进入 21 世纪，在第四次技术革命中，5G、物联网创造了万物互联的全新世界，全面改变社会生产要素和生产关系，数据逐渐成为关键的生产要素。以数字经济发展为代表，人类社会也正在进入以数字化生产力为主要标志的新阶段。

在数字经济时代，以物联网、大数据、人工智能等为代表的新一代信息与通信技术的发展，给人们的生活带来巨大变化，正推动形成数字化生活。一方面，随着线上支付的发展，C 端（客户端）的消费场景逐步向线上化转移。为满足 C 端的消费需求，技术的创新带动了金融服务的创新，在支付、消费信贷、智能投顾等领域开展了很多尝试，涵盖了人们的衣食住行各个方面，面向 C 端的数字金融服务越来越丰富。另一方面，伴随着数字经济时代新技术的落地，数字科技开始与产业深度融合。传统的 B 端（企业端）需要利用数字技术破解企业、产业发展中的难题，重新定义、设计产品和服务，实现业务的转型、创新和增长。当前，数字金融在产业端的应用方兴未艾，在产业数字化变革的进程中，服务于实体经

济的产业金融预计将迎来黄金发展期。

(二) 小结

金融行业历来是先进技术应用的先行者，金融发展史也是一部与技术不断融合的历史。技术的发展不仅提高了金融资源配置的效率，还拓展了金融服务的范围，使交易可能性边界得到极大拓展，资源可以在全球范围内、在网络空间内实现优化配置。

当今世界正面临百年未有之大变局，变局中危和机同生并存，这给实现中华民族伟大复兴带来了重大机遇。那么，如何才能最大限度地把握这次历史性机遇？历史经验证明，只有抓住这次技术革命的机会，以技术手段构建更加健全的具有高度适应性、竞争力、普惠性的现代金融体系，才能更加有效地支持实体经济的发展，形成金融和实体经济的良性循环，并最终实现经济结构的优化升级，推动经济高质量发展。

二、数字金融的发展：成绩、问题与对策

数字金融是利用金融科技构建的金融新生态。中华人民共和国成立 70 多年来，金融业栉风沐雨、砥砺前行，积极利用信息技术优化业务流程，拓宽客户渠道，提升服务质效，推动金融服务方式发生了根本性变革，明显增强了人民群众对数字化、网络化、智能化金融产品和服务的满意度。2020 年新冠肺炎疫情的暴发，进一步加速了数字金融的发展。当前，我国在数字金融的一些领域已取得不错成绩，占据了全球领跑的优势，但在此过程中，也不免会遭遇曲折、走弯路，暴露出一些问题。对这些风险问题进行总结，可以对未来的更好发展指明方向，意义重大。

（一）数字金融在发展中取得的成绩

截至 2020 年，我国数字金融的用户总数超过 10 亿，居全球第一。各类数字金融的应用，拓展了我国金融服务的广度和深度，填补了传统金融机构在普惠金融领域的空白。通过发展金融科技和新型商业模式，数字金融有效提升了我国金融行业的整体效率。近 10 年来，中国持续在数字金融领域深耕，取得了不错的成效，特别是在消费互联网的金融科技创新和应用方面已占领全球领先地位。

例如，移动支付的兴起和发展在中国数字金融历史上算是浓墨重彩的一笔。在移动支付普及前，我国处于现金和银行交易并行发展的支付节点，并且银行卡支付基础设施相较发达国家而言有很大差距。在移动支付普及的今天，我国呈现银行卡、现金和移动支付并行发展的格局，其中在移动支付领域全球领先。Statista 发布的《2021 金融科技报告：数字支付》(*FinTech Report 2021-Digital Payments*) 显示，2020 年全球最大的数字支付市场是中国，数字支付规模达 24 965 亿美元，占比 45.6%；其次为美国，数字支付市场规模为 10 354 亿美元，占比 18.915%。

同时，中国互联网络信息中心发布的第 47 次《中国互联网络发展状况统计报告》数据显示，截至 2020 年 12 月，我国移动支付用户规模达到 8.54 亿，比 2019 年 6 月增长了 34.9%，网民移动支付的使用比例由 2018 年底的 72.5% 提升至 86.4%。中国人民银行发布的数据显示，截至 2020 年底，我国移动支付业务 1 232.20 亿笔，金额 432.16 万亿元，同比分别增长 21.48% 和 24.50%。伴随着中国消费者的消费观念和行为的改变，未来中国移动支付市场规模还会进一步扩大，预计到 2026 年移动支付的交易规模有望达到 1 290.42 万亿元。

在数字金融领域，移动支付是数字金融的起点和发展基础，它让居民拥有较发达的数字生活，已成为中国在全球的名片。在2020年新冠肺炎疫情期间，包括数字政务在内的数字化生活服务，成了我国居民抵御疫情对生活冲击的重要科技力量。中国金融科技企业利用全球领先的移动支付技术，让中国数亿居民享受到了便捷的数字生活服务。高比例的移动支付背后是中国居民领先全球的数字生活方式，数亿居民足不出户，仅凭手机就可以实现在线缴纳水电煤气费、交通罚款，办理社保、公积金查询等数十项便捷服务。此外，移动支付作为数字普惠金融的重要工具载体，提高了金融服务的便捷性与可得性，缩小了区域发展不平衡和城乡数字鸿沟。

金融与科技紧密结合，不仅催生了新的支付方式，还带动了金融配套服务的发展。信贷方面，随着第三方支付的普及，阿里巴巴、腾讯、京东等互联网企业利用平台上累积的互联网大数据，实现大数据风控，通过旗下的数字银行或互联网小贷公司，向平台生态内的微型企业和消费者发放数字贷款。保险方面，我国近10年保险增长速度较为高速，居民保障需求也呈现快速上升态势，业内普遍预计我国在2030年前后有望超过美国，成为全球第一大保险市场。得益于保险市场需求旺盛、数字保险降本增效效应强，以及我国金融科技具有整体领先优势等有利因素，我国数字保险近年获得快速发展。我国多家大保险公司在发展线下代理人模式的同时，或自建线上保险销售渠道，或与保险科技平台合作线上销售保险产品，大量商业保险公司还与互联网保险科技平台合作，创新推出多种定制化互联网保险产品，并把服务触达到原本难以获得保险服务的群体。

总体而言，基于新科技、新技术的数字金融新趋势正在形成，在新发展形势下，多样化的参与主体、业务模式、服务方式，将为我国带来由表及里的更新和变革。数字金融经历了几年的快速发展，市场体量不断扩大。特别是互联网技术发展和场景应用丰富，细分领域越来越多，客群范围逐渐向下沉市场覆盖已初见成效，但这仅是起步和奠基时代。未来，由技术升级带来的数字化转型进程还将进一步加速，我国金融业也将进入整体数字化转型升级时期。

（二）数字金融领域曾经的风险爆雷

中国的数字金融在前期发展迅速，规模快速扩张，代表了中国金融一定的国际竞争力。但我们也要清醒地看到，在快速发展的过程中，数字金融的风险和问题也在不断暴露。从 P2P 爆雷到校园贷、现金贷等，沉渣泛起、良莠不齐。

1. P2P

P2P 本质是信息中介，与作为信用中介的传统金融机构有根本区别。P2P 交易模式诞生于欧美，本来仅是针对特定范围的小众商业模式，但是 2006 年传入我国后，打着金融创新的旗号，有所变质。总结 P2P 在我国发展的教训，一是监管不完善、商业模式异化；二是 P2P 商业模式天然存在缺陷，难以持续。

P2P 兴起之初是为企业和个人解决融资渠道狭窄的问题，更好地服务实体经济发展。在 2012 年以后的几年时间里，P2P 等互联网金融业务迅速发展，最高峰时我国网络借贷平台数量超过 5 000 家。但由于行业的进入门槛低，同时国内的相关监管机构对于这种新兴的借款平台没有及时出台相应的监管政策，风险开始集中暴露。为维护金融稳定、保护投资者利益，2016 年开始，国家陆续出台监管措施整治 P2P 行业，在 2017 年以后的强监管下，开始出现 P2P 清退潮，到 2020 年 11 月中旬，我国 P2P 清零落幕。

纵观 P2P 在我国的发展历程，自 2006 年实践至今，大致经历了四个阶段。

2006—2011年：萌芽期。行业发展缓慢，以借鉴国外模式为主，以信息中介模式存在。随着英美P2P创新浪潮传入中国，2006年宜信首先实践，2008年拍拍贷首创国内小额信贷网站。这一阶段业务模式以信息中介模式存在，借款人基于授信额度在平台发布借款信息，投资人自行选择投资。据不完全统计，截至2011年末，我国网贷平台数量大约有60家，活跃的平台只有不到20家，平均月成交金额为5亿元，有效投资人约为1万人。

2012—2013年：野蛮扩张期。市场需求激发高增长，但在监管不完善的情况下，P2P异化为信用中介。由于彼时我国金融市场尚不健全，且以间接融资为主，居民理财渠道有限，小微企业、个人融资难度大，P2P一定程度上弥补金融系统空缺，市场需求较大。2012—2013年，货币政策中性偏紧，部分信用资质较低的中小企业无法获得贷款，P2P平台结合民间借贷开始对中小企业融资采用"线下审核＋线上融资"模式，并要求借款方出具抵押物，同时平台承诺保障本金和利息，出现信用中介特点。

2013—2015年：风险暴露期。大量民间借贷、小贷公司、融资担保公司涌入P2P行业，自融、资金池、庞氏融资等层出不穷，平台风险激增。这一阶段，P2P行业出现两次爆雷潮。第一次是2013年，宏观经济下行引爆部分平台风险。2012年以来经济换挡趋势明显，信用风险压力提升，而此时野蛮生长的平台自融、假标等乱象丛生，因此集中违约、资金抽离引发了部分平台卷款跑路等问题。第二次是2014—2016年，股市上涨导致流动性抽离，叠加监管政策落地，大量违规平台风险暴露。2016年4月，原银监会印发《P2P网络借贷风险专项整治工作实施方案》，要求成立网贷风险专项整治工作领导小组，全面排查。在此期间，问题平台出现大量跑路行为。

2016—2020年11月中旬：整顿规范、清退期。针对P2P风险爆雷，2016年3月，互联网金融协会成立；8月，原银监会等四部委联合发布了《网络借贷信息中介机构业务活动管理暂行办法》，随后关于存管、备案、信息披露三大主要配套政策陆续落地；10月13日，国务院办公厅印发了《互联网金融风险专项整治工作实施方案的通知》，集中力量对P2P网络借贷、股权众筹、互联网保险、第三方支付、通过互联网开展资产管理及跨界从事金融业务、互联网金融领域广告等重点领域进行整治。一年以后，开始强监管和清退：2017年12月，P2P网贷风险专项整治工作领导小组下发《关于做好P2P网络借贷风险专项整治整改验收工作的通知》；由于各地执行力度不一，2018年8月领导小组再度下发《关于开展P2P网络借贷机构合规检查工作的通知》，全面强化备案要求；2019年1月，互联网金融风险专项整治工作领导小组办公室、P2P网贷风险专项整治工作领导小组办公室联合发布了《关于做好网贷机构分类处置和风险防范工作的意见》，提出坚持以机构退出为主要工作方向，除部分严格合规的在营机构外，其余机构能退尽退、应关尽关，加大和加快整治工作的力度和速度。2020年11月27日，银保监会首席律师刘福寿表示，我国P2P网贷机构数量已完全归零。

在短短不到10年时间里，P2P从遍地开花到完全归零，导致居民财富流失、金融风险加剧，教训深刻，值得反思。从整个市场发展的角度来说，中国一直面临着企业和个人融资难、融资贵的问题，P2P的出现，其实是用互联网手段来解决金融发展过程中信息不对称难题的一种有效思路，其出发点是好的。但是由于过度发展，行业泥沙俱下，P2P出现大量问题，这些问题最终无法得到有效解决，风险越来越大。在这种情况下，P2P迫不得已最终退出了市场。

之所以P2P在我国风险大量集聚并暴露，是因为其业务模式出现异化，并且监管尚不完善。P2P的业务模式主要分为两类：一类是正规的信息中介，只对借贷双方进行信息匹配，以拍拍贷为代表；另一类是违规的类信用中介，包括担保模式、超级债权人模式、类资产证券化模式等，其共性均为资金池方式运营，背离信息中介职能，存在期限错配、自融、庞氏融资等多种违规操作。随着网络借贷行业的发展，监管漏洞逐渐涌现，大量P2P在发展过程中以类信用中介模式冲规模，挤压正规信息中介生存空间，劣币驱逐良币，导致风险快速积聚。与此同时，由于经济下行压力加大，坏账现象越来越多，1 000多家网络借贷平台集中爆雷，行业出现"庞氏骗局"，危及社会和金融稳定。

2. 互联网消费信贷

互联网消费信贷是指金融机构、类金融组织以及互联网企业等借助互联网技术向消费者提供的以个人消费为目的，无担保、无抵押的短期、小额信用类消费贷款服务，其申请、审核、放款和还款等全流程都在互联网上完成。与传统消费金融相比，互联网消费信贷在降低资金成本、提高业务效率、减少信息不对称性等方面具有无可比拟的优势。

我国个人消费信贷从20世纪80年代中期开始发展至今，业务范围已经得到了明显的扩大。随着经济的发展，各类银行为适应市场需要，拓展金融业务服务范围，以满足个人正常消费需求而纷纷开展了针对个人开办的贷款品种，如个人住房抵押贷款、汽车消费贷款、教育助学金贷款、大额耐用消费品贷款、家居装修贷款、度假旅游消费贷款等。这些个人信贷品种的发展，拉动了市场内需，推动了相关产业的发展。

随着居民消费支出不断提高，以及人们对线上化生活、消费接受程度的不断提升，互联网消费信贷也呈倍数增长，商业银行的个人消费贷款在信贷资产中的比重快速增加。虽然我国狭义消费信贷余额已经超过美国，达到 15 万亿元左右，但我国人均狭义消费信贷余额、人均收入和人均消费支出等指标仍处于较低水平，还有很大的发展空间。因此可以预见，在宏观经济发展的推动下，商业银行还将继续在数字消费信贷上发力，创新个人消费金融产品，把个人数字消费信贷作为拓展业务的一个重要领域。

但随着互联网消费信贷的逐年发展，制约该项业务发展的风险也将逐步暴露和突出，需要引起足够的重视。目前，互联网消费信贷风险主要表现在以下三个方面。

一是信用风险。借款人信用风险就是消费贷款逾期、违约等带来的风险，它的风险大小主要取决于平台公司的征信水平和风控能力。互联网金融平台虽然借贷方便，但利息成本较高，其客户大多是很难在商业银行获取贷款的客户。因此，相对于商业银行的客户，互联网消费金融的借款人信用水平较差。并且，由于互联网消费金融产品的实际利率远远高于市场利率，在市场利率波动或者市场竞争激烈的情况下，借款人违约的可能性较大。此外，由于互联网金融平台在对借款人的相关数据采集时，在其真实性、有效性等方面难以保证，虽然数据海量，但数据质量不高、金融属性弱，对借款人的信用风险较难准确评估。

二是监管不完善。首先，国家鼓励消费信贷开展的政策是明确的，但配套政策、法律法规、从政措施尚未到位，数字消费信贷领域可适用的法规不完善。现行的《商业银行法》《银行业监督管理法》《证券法》等金融法律法规在数字消费信贷领域的针对性和操作性不足。其次，规范互联网金融发展的指导性文件或者整治方案效力层次较低，缺乏长效性。数字消费信贷创新产品层出不穷，立法和监管的滞后性无法应对互联网金融市场的创新。立法和监管的不完善是我国近几年互联网金融行业门槛低、行业乱象丛生的主要原因之一。

三是引导过度消费，侵害消费者合法权益。越来越低的借钱门槛、过度消费的刻意诱导等，对涉世未深的年轻人过度消费起到了推波助澜的作用。一段时间以来，借条贷、校园贷等乱象频发、屡见报端，超前消费、借贷消费不仅裹挟年轻人个人财务状况，更是对其发展前景乃至人身安全构成威胁。同时，由于信息不对称，互联网消费平台拥有金融消费者无法比拟的信息优势，金融消费者很难获得互联网金融平台在产品创新、产品定价和风险控制等方面的完备信息，尤其当平台为了自身利益，延迟或拒绝披露相关信息时，金融消费者的合法权益容易受到侵犯。

（三）消费互联网时代数字金融发展的经验教训

消费互联网时代，我国金融科技蓬勃发展，在取得世人瞩目的成绩的同时，也走了不少弯路，积累了经验教训。

总体而言，数字金融的发展要以确保金融安全、维护消费者权益为底线，以遵守公平竞争的市场秩序为要求。数字金融的监管要以持牌经营为前提，以严格监管为关键，调整监管理念，加强监管能力建设，在理念和行动上将严格监管贯穿于金融机构和金融活动生命周期的全过程。

持牌经营。由于金融企业存在专业性、杠杆性、信用性、风险性，必须有专业监管机构予以持牌许可才能经营，无牌经营就是非法经营，可能产生信用风险、流动性风险、交叉金融业务风险等诸多风险。凡是互联网平台或公司业务涉及金融领域的，必须提高注册门槛，实行严格的"先证后照"，即有关监管部门在基于对相应资质和人员素质条件的确认基础上发出许可证，之后工商部门才能发执照。

加强监管能力建设。随着现代科技水平的提升，行业健康有序发展对监管能力也提出了更高要求。推进科技与监管深度融合，加强科技监管能力建设，一方面，要积极开展新技术研究，提高数据分析能力、信息处理能力等，为监管科技建设的推进提供强有力的技术保障；另一方面，要加强监管科技与现有金融监管体系的有效配合，明确监管科技的应用是对现有金融监管的补充，进一步完善金融监管框架。例如，可依托数字化监管协议、实时化数据采集、智能化风险感知等科技手段，优化金融监管流程，提升金融监管的效率。

促进公平竞争，维护市场秩序。针对不当行为实施反垄断监管，加快完善相关法律法规机制，维护市场公平。例如，可加快健全市场准入制度、公平竞争审查机制、数字经济公平竞争监管制度、预防和制止滥用行政权力排除限制竞争制度等。监管部门应关注科技企业利用其垄断地位采取捆绑销售、畸高定价、限制竞争等垄断行为，并对烧钱补贴等非正常竞争手段进行穿透式审查，落实反垄断法。同时，加快完善反垄断体制机制，建立全方位、多层次、立体化监管体系，实现事前事中事后全链条全领域监管。

加强消费者保护。可分别从法律监管和平台机构两方面双管齐下，保护消费者合法权益。首先，法律监管方面，构建权责明确、保护有效、利用规范的个人信息处理和保护制度规则，通过加快立法、强化监管、严格执法，及时弥补规则空白和漏洞，加强数据产权制度建设，强化平台企业数据安全责任，保障消费者信息数据的产权和安全。其次，平台机构方面，要提高自身金融科技伦理意识，保障消费用户的知情权，做到信贷产品信息的全面告知、风险提醒，遵循"适当性原则"进行额度授信，承担起金融教育的责任，帮助用户提升理性借贷、理性消费意识和风险防范能力。

（四）小结

"数字化"是这个社会最先进、最具穿透力的生产力，近10年可以说是在气势磅礴地发展。当前，数字金融的普惠性、便捷性已经重塑了消费生态，相关政策监管也在逐步完善，我国的消费互联网数字金融领域已在全球拥有领先优势。面对发展过程中出现的一些风险和问题，我们还需要深刻反思与经验总结。金融的发展要回归初心，唯有回归服务本源，根植实体经济，关注民生百姓，才能与时代发展同方向、同步调，才能行稳致远。

三、金融回归实体经济：产业数字金融

产业数字金融是在数字经济时代背景下，我国现代金融在服务产业需求端全新的发展方向，是智慧科技成果在金融领域应用空间最广泛、潜在价值最丰富的领域。产业数字金融作为产业与金融的完美结合，能有效降低产业链上各类民营、中小企业融资成本，真正助力实体企业降本增效，提升企业生产活力，实现金融回归服务实体经济的本源与初心。

（一）从消费金融服务创新到产业金融服务创新

数字时代消费金融服务的创新基于消费互联网的发展，产业互联网时代的到来，孕育着产业金融服务的创新。

党的十九届五中全会明确提出"加快发展现代产业体系，推动经济体系优化升级"，要求坚持把发展经济着力点放在实体经济上，坚定不移地建设制造强国、质量强国、网络强国、数字中国，推进产业基础高级化、产业链现代化，提高经济质量效益和核心竞争力。发展现代产业体系，推动经济体系优化升级，既是建设现代化经济体系、推动经济高质量发展的必然要求，也是重塑我国产业竞争新优势、构建新发展格局的重要举措。而金融在促进经济增长中发挥着不可替代的作用。在此背景下，要实现 B 端的产业转型升

级，还需要大量的资金支持，金融服务空间巨大。

虽然B端产业金融服务的需求巨大，但产业金融服务不充分、不均衡的问题较为突出。不充分的问题主要表现在我国的制造业企业有着大量的资金需求，但一方面直接融资比重低，企业缺乏融资渠道或融资渠道不畅通；另一方面间接融资成本高，企业缺乏信用担保。因此，企业的合理融资需求不能得到很好的满足。不均衡主要表现为更多的金融资源流向供应链中具有绝对话语权的核心优势大企业以及有政府信用背书的企业和项目，中小企业"融资难、融资贵"的问题仍然非常突出。世界银行等发布的《中小微企业融资缺口》报告显示，我国中小企业潜在融资需求达到29万亿元，但41%的中小微企业面临融资难题。由于制造业企业大多数为民营企业，如果不及时向制造业"输血"，一些中小制造业可能会面临转型升级资金不足的窘境。而对于先进制造业、战略新兴产业这类资本规模需求较大的行业，充足的资本金是企业发展的先决条件，倘若没有信贷支持和金融驱动，其发展将面临不可持续性和巨大阻力。

为解决这一问题，多年来，从中央到地方，各级政府出台了一系列政策措施；从金融界到科技圈，许多机构和企业做了大量的探索。但问题依然存在，主要在于风险控制的技术性原因上。此前，过往的风控技术的限制以及技术限制导致的风控理念的限制，即过分依赖主体信用，金融机构天然地倾向于贷款给安全度高、风险度低的大企业。对大多数中小企业而言，由于金融机构缺少一手客观数据，对中小企业的经营情况难以掌握，底层资产难以穿透，真实贸易背景难以确认，传统的"供应链金融"模式试图通过核心企业对上下游中小企业的确权、增信来解决问题，但由于激励机制的缺乏，真正被核心企业惠及的中小企业只是产业链上很小的部分。

幸运的是，随着第四次工业革命的到来以及产业互联网的发展，5G、物联网、区块链、人工智能、云计算、大数据等数字技术的集成应用，数字技术赋能下的全新"数据"具备较强的金融属性，为产业金融风控的技术和理念创新提供了可能。

（二）我国产业金融的发展历程

改革开放40多年以来，我国产业金融发展大致经历了三个阶段。产业金融1.0阶段，即传统银行的对公业务，通常表现为点对点地服务某龙头企业，且特别以有政府背景或政府背书的企业为主。产业金融2.0阶段，即以核心企业为中心，依托核心企业的主体信用，通过核心企业的担保、确权、增信，使金融服务延伸到与核心企业有供需关系的上下游企业，形成的大家所熟知的供应链金融形态。当前，第四次工业革命迈入产业互联网时代，产业金融创新也迎来了"产业数字金融"的3.0阶段。

1. 产业金融1.0与产业金融2.0

产业金融1.0阶段只服务单一机构，服务范围非常有限。产业金融2.0阶段的供应链金融，又分为两种典型版本，其一是金融机构主导的供应链金融，其二是核心企业主导的供应链金融。

在金融机构主导的供应链金融版本中，银行主导、企业配合。金融机构主要服务产业链核心企业和核心企业愿意担保、确权、增信的上下游核心供应商企业，供应链金融链条拓展长度有限。这是因为银行的专长在于资金安排，其对产业链把控能力相对不足，具体而言有以下四个方面。一是看不清。产业链错综复杂，实体产业链结构复杂、风险敞口大，银行缺乏垂直行业细分的经验和能力，无法深入提供金融服务。二是摸不透。底层资产不透明，缺乏通过技术手段获取实时一手数据和有效的风险预警的能力，缺乏监控底层资产的能力。三是不信任。除行业龙头企业外，绝大部分实体企业主体信用不足，缺乏必要的抵押物，主体信用模式下无法获得金融服务。四是不完整，产业链金融服务和金融监管之间存在区位错配，金融机构无法按照产业链全链路思维拓客，没有形成全链路闭环的风险控制模式。

而在核心企业主导的供应链金融版本中，银行配合企业推动供应链金融。由企业管理供应链运营，把握其上下游中小微企业的状况，并提出金融服务的对象和要求，商业银行参与评估、直接提供流动性。这种模式下，由于推进的主体就是产业中的企业，因此对于供应链中小微企业的状况更为了解，能有针对性地将合适的资金在合适的时间以合适的成本提供给合适的对象，因而金融与产业的结合更趋紧密。但这种模式也存在不足，核心企业推动的供应链金融的服务对象往往是核心企业的直接上下游合作伙伴，这是一种"链条"化的金融服务，而无法聚合更为广泛的供应链参与者，特别是同产业的融合合作，即供应链和供应链之间的合作无法有效实现，因而无法形成全行业、全产业更大范围的金融疏通。此外，产业中除了核心龙头企业，还有一些准大型企业甚至偏中型企业，这些企业在行业中也具有一定的竞争力，但是它们缺乏足够的资源和能力构建供应链服务体系，很难与金融机构合作为上下游客户企业提供金融服务。

2. 产业金融3.0阶段：产业数字金融

无论是产业金融的1.0阶段还是2.0阶段，都过度依赖产业链上核心企业的主体信用，过度看重核心企业对上下游企业的确权、增信，因而只对与核心企业有供需关系的企业提供金融服务，对产业链企业服务的门槛高、范围窄、深度浅。

与产业金融1.0、产业金融2.0模式相比，产业金融3.0阶段的产业数字金融依托物联网、大数据、区块链、人工智能、云计算等数字技术，解决了上述痛点。具体来说：产业数字金融根据不同行业的业务流程特点、风险特点，一行一策地定制数据采集与算法模型；通过物联网布点、企业系统无缝直连、第三方交易平台数据自动采集等多维手段，以及区块链不可篡改、可追溯的特点，一是将每一笔资产背后交易情况全数字化、透明化、可视化，对交易标的进行实时的、可信的全方位监控；二是借由物流、商流、资金流和信息流"四流合一"的数据交叉验证，完成资产穿透、交易背景验真、风险揭示，实现交易信用对金融机构传统的主体信用风控体系提供有益补充，提升风控模型的准确性。

通过以上方法，产业数字金融理念创新了"主体信用+交易信用"的数字风控体系，创新了确权逻辑，摆脱了传统供应链金融对核心企业确权的过度依赖，实现了对底层资产和贸易背景的认定，从而从根本上解决了金融机构对供应链产业链上下游中小微企业看不穿、看不透、不信任的问题，为系统性解决中小企业融资难、融资贵这一世界性难题提供了解决方案。在产业数字金融模式下，产业链上中下游所有企业，不论大小，不论是否与核心企业建立了直接的供应关系，无论是否获得了核心企业的确权、增信与担保，均可平等地获得金融服务；产业链上的金融血脉得以疏通，金融的中介效率和分配效率得以提升。

实际上，产业金融3.0阶段的产业数字金融的相关理念也给金融机构下一步数字化转型提供了方向，为金融机构商业模式理念的升级提供了启发。一是全产业链理念。传统模式是通过银行对公业务服务零散、单一的企业，而产业数字金融模式是服务完整的产业链，系统性解决产业链上金融服务不均衡、不充分的问题。二是闭环理念。传统的模式并没有形成产业链资金闭环，而在产业数字金融模式中，产业链资金从供给侧到需求侧形成了完整闭环，保证了资金在整个产业链内部封闭流转，从而能使上下游企业获取低成本的结算资金，降低负债成本，实现资金去向的可控和可追溯。三是生态理念。传统模式中，或银行主导、企业配合，或银行配合企业，均只由银行和企业来主导。但产业数字金融模式是与科技公司共建"数字门户"，以开放包容的心态拥抱外部科技平台，依靠服务商、金融科技公司的力量，通过开放平台模式，更好地填平产业环境和金融服务之间的鸿沟，共建产融生态。

综上所述，产业数字金融是金融科技经历消费互联网金融之后的全新发展阶段。与服务C端的互联网金融不同，产业数字金融聚焦于服务B端产业链。建立完善的产业数字金融体系，要吸取过去互联网金融发展过程中的经验教训，做到三个坚持。

一是坚持科技公司和金融机构各司其职、取长补短、共建生态。产业金融市场体量是消费金融的若干倍，服务的要求和专业度也与消费金融不可同日而语。庞大而复杂的市场一定不是单靠科技公司或者金融机构的力量就能够支撑的，两者谁也不能取代谁。科技公司提供数字技术赋能，金融机构提供金融场景服务，双方要坚持各司其职，保持开放心态，取长补短方能建设完善的产业数字金融生态。

二是坚持严把准入门槛，吸取消费互联网的经验教训，稳步推进产业数字金融科技创新。产业数字金融是一项门槛很高的科技金融创新，特别是要能满足金融机构严格的风控要求，这不是任何科技公司、供应链公司通过简单的系统对接和数据采集就能完成的。产业数字金融必须对产业金融服务全流程进行深度科技赋能，真正实现产业链上数据的四流合一。为此，金融机构要审慎选择对金融和科技均有较深理解的科技平台，共同建设产业数字金融体系。

三是坚持为实体经济降本增效的初心。数字技术赋能产业金融，一定要切实为实体经济带来降本增效的效果，而不应增加企业金融服务的成本。产业数字金融平台要成为金融机构和实体经济之间有益的科技桥梁。

消费互联网金融科技与产业互联网金融科技

金融科技进入了全新时代，从消费互联网时代的金融科技全面升级到产业互联网时代的金融科技，具有四大本质上的不同。

第一，使用的数据基础并不相同。消费互联网时代的金融科技使用的数据主观、维度单一，容易被篡改，传输不及时，来源不可信，应用场景少，不具备金融属性；而产业互联网时代的金融科技万物互联、数据多维，物联网设备采集，由5G高速网络传输，经区块链加密，确保链上链下均真实可信，是金融机构风控管理最重要的生产资料，具备极强的金融属性。

第二，提供的数据服务截然不同。消费互联网时代的数据服务粗放、简单，数据来源和采集过程单一，缺乏复杂的建模和分析手段，只能提供简单的 IT 数据服务，即大数法则和概率预测，对金融机构严格风控管理不具有太多价值。而产业互联网时代提供的是 DT（数据处理技术）时代的数据服务，数据采集来源多样，中台处理严谨科学，建模分析复杂，输出模型准确度极高，支持定制化数据应用服务，不再是简单的大数法则和概率预测。未来，随着人工智能技术不断成熟，还将进入 AT（智慧数据服务）时代。

第三，扮演的角色并不相同。消费互联网时代的金融科技是"做金融的金融科技"，自办金融，以收取息差为盈利模式，背离了科技公司初心，并没有解决实体企业融资难、融资贵问题，同时存在平台垄断、一家独大、监管不完善和准入门槛较低、真正科技含量较低等诸多问题。产业互联网时代的金融科技是"不做金融的金融科技"，以提供数字科技技术服务为盈利模式，真正拓宽实体企业融资渠道，降低实体企业融资成本，积极主动纳入监管机构监管，秉持生态的理念，综合使用数字科技各项技术。

第四，对金融业的价值截然不同。消费互联网时代的金融科技遵循的是一家独大、赢者通吃的零和游戏规则，部分业内专家认为有可能形成国内大循环的"栓塞"。而产业互联网时代的金融科技定位为"疏通血管"，表现为"三性"：一是保护性，通过科技手段揭示风险，显著降低金融服务的潜在风险；二是引流性，通过科技手段让金融服务更好地下沉到产业链，引导金融血液流向更多过去流通不到的中小企业；三是疏通性，通过科技手段赋能提升金融血液的流通效率，让金融服务更高效。

（三）产业数字金融的实施逻辑

为有效贯彻产业数字金融理念的落地和价值的实现，清华大学产业互联网研究院与上海聚均科技有限公司（简称"聚均科技"）基于实践，总结出了一套可复制、可推广的标准化实施步骤，共分六步，分别是产业链深度调研、数字化方案定制、场景数据采集实施、数据整合、指标监控和预警服务输出，以及专属运营支持。

第一步：产业链深度调研。通过对产业链上中下游的深度调研，真实还原产业链生产、经营、贸易流程，了解产业链的具体特点，根据其特性、潜在风险特点、风控特点和金融服务需求形成产业金融数字化转型方案和系统升级方案。

第二步：数字化方案定制。具体而言，根据委托机构风险偏好，结合产业链业务特点，梳理风险维度，设计风险指标体系；针对产业链风险点提供风险应对策略；根据委托机构风险偏好，结合产业链业务特点定制专属数字化方案。

第三步：场景数据采集实施。首先根据业务方案拟定数据采集覆盖范围，然后通过物联网设备对生产和仓库实施监控，对物流轨迹进行跟踪，同时对接企业 ERP 等信息管理系统，对接多种方式开展四流（物流、商流、资金流、信息流）数据的采集。

第四步：数据整合。首先通过监控模型的设立和 AI 训练去除无效数据，形成一套委托机构认可的定制化数据体系，然后根据数字化方案设计的规则对采集数据进行交叉对比，实现贸易背景验真、底层资产穿透。

第五步：指标监控和预警服务输出。通过搭建数字风控体系，定制数字风控模型，进行实时的风险预警，对预警信息进行解读并推送给委托机构，推送周期报告。同时，为委托机构定制化"数字门户"，并在"数字门户"上呈现可视化的日常指标监控和预警服务。

第六步：专属运营支持。服务合作期间，为委托机构提供一对一专属运营团队，确保资金流闭环管理，确保预警服务的准确和及时。此外，收集机构反馈，根据委托需求的变化动态优化调整服务。

聚均科技：医药行业产业数字金融解决方案

在医药行业产业链中，医药流通行业在整个链条中处于弱势地位，面临的资金压力最大，也是最需要金融服务的一个环节。流通行业普遍采用轻资产运营形式，缺少银行认可的重资产抵押物，主体信用不足，因此得不到充分的金融服务。其实流通行业的医院应收账款资产是银行非常认可的资产，但医院应收账款单笔金额小，医院不可能通过传统手段对应收账款逐笔确权。

一边是资金压力大、手握优质资产但得不到金融服务的流通企业；另一边是想要提供金融服务，但是因为对流通企业主体不信任、资产看不清、回款难管控，从而无法提供金融服务的银行。为解决上述痛点，聚均科技依据产业数字金融的理念，打造了医药行业的数字化解决方案。

第一，解决方案及价值。

解决方案有三大重点：一是资产验证，解决资产看不清问题；二是严格的资金闭环方案，解决回款难管控问题；三是补充交易信用指标，形成完善的风控体系，且风险透明可视，解决主体不信任问题。

- 资产验证方面。聚均科技在梳理了医药行业的业务流程的基础上，探索出了一套标准化的数据采集流程，在被授权的前提下，运用增设物联网设备、纸质单据的电子化识别等多维度技术手段，对数据进行批量化、自动化采集；同时也在被授权的前提下购买第三方平台数据。数据采集后，根据聚均科技业内首创的医药应收账款转确权逻辑，进行单据的自动匹配、穿透验证，剔除中间关键单据缺失、数据有问题、逻辑不合理的资产，形成了合格资产。最后通过区块链对其中的关键数据进行加密，防止篡改，确保数据真实可靠。通过穿透验证，形成了软确权逻辑，解决了医院不配合确权、传统模式无法解决的痛点。该模式通用性广、可复制性强。
- 资金闭环管理方面。一是对回款的监控，实现资金的严格回流，并为银行带来低成本的资金；二是该监控是实时自动化的，减少银行贷后人工管理成本，帮助银行提前发现风险、化解风险。
- 数字风控方面。打造了一套针对医药行业的完整的数据交易信用预警指标库，根据采集到的颗粒度更细、更高频、更多维的数据进行实时预警，帮助银行补充更为完善的风控体系。同时，资产穿透回款管理以及风险监控过程都是透明可视的，帮助金融机构实时掌握资产的变化情况。

第二，方案实现了四个"业内首创"，且标准化可复用。

- 业内首创资产包逐笔穿透确保交易背景真实：资产包所有订单逐笔穿透，所有资产凭证全部数据化，区块链加密，第三方平台验真，确保贸易背景的真实性。
- 业内首创产品存续期资产包 100% 逐笔追踪：资产回款情况逐笔追踪，实时反映回款情况。
- 业内首创基于实时数据的交易风险预警：聚焦于封闭场景，基于实时可信的数据，通过大数据和人工智能形成交易信用风险预警机制，与银行主体信用风控形成互补。
- 业内首创集中运营平台实时、全面、全透明展示：建立集中运营平台，向金融机构全面开放，资产包内所有数据逐笔展示，逐笔实时追踪，逐笔预警。

该方案解决了金融机构在医疗行业提供金融服务的难点，得到了金融机构的认可，同时服务了医药批发企业和医药零售企业等医药供应链上的弱势机构，在赋能金融机构的同时赋能了企业。未来，基于对医药产业各大小产业链上下游运营、交易、风控特点越来越深入的理解，聚均科技将可实现对医药全产业链的整体解决方案提供。

（四）大力发展产业数字金融的价值

产业数字金融是产业互联网时代金融服务的创新理念，发展产业数字金融有三方面的多重价值。

1. 从产业链现代化的角度看

第一，产业数字金融能系统性地解决产业链上中小微企业融资难题。数字技术赋能下的产业数字金融，将产业链上各企业主体经营情况全数字化、透明化，并通过保障全经营过程的可信性，让产业链上各类企业都能获得平等的金融服务。金融机构也能够在技术赋能帮助下直接深入中小微企业的经营过程，依据可信的资产与交易数据为企业提供直接的金融服务。发展产业数字金融不是对企业阶段性的政策扶持，而是一项长期的"管道疏通"工程，将成为提振产业链上民营中小微企业经营活力的一种长期有效的手段。

第二，产业数字金融能为实体经济带来显著的降本增效。数字时代的规模效应，使得规则上哪怕只有1%的改变也会带来系统上的巨大变化。我国实体企业应收账款、应付账款和存量固定资产总额超100万亿元，如果通过在全社会大力发展产业数字金融，每降低企业这两块资产1%的融资利率，就能为实体企业释放总量超过1万亿元的融资成本。这在社会融资成本较高的民营中小微企业中，发挥的效果将更加显著。通过改变融资模式，可以为实体经济带来数万亿元规模的成本减负。

第三，产业数字金融还能助力加速各实体产业自身的数字化转型，提高企业转型的积极性。产业数字金融和产业互联网是驱动实体企业数字化转型的两个轮子，要结合起来一起落地。企业数字化转型在软硬件上都可能有巨大的成本投入，这对本已处在较大经营压力下的民营中小微企业而言往往是难以承受的。通过构建产业数字金融体系，企业的数字化改造不仅给企业带来业务上的转型升级，还可以通过提供可信数据，让企业在较短时间内获得数字金融服务带来的降本增效实际便利，从而减轻企业数字化转型的成本压力。

2. 从金融稳定和发展的角度看

第一，提升我国产业金融服务的科技水平，健全融资增信支持体系，引导社会金融服务从主体信用向交易信用转变。

产业数字金融作为产业金融服务的3.0阶段，充分利用了数字时代以可信计算为代表的技术体系，保证产业链上数据的客观、公允、难篡改等特点，建立全新的智能化产业金融服务模式，并以此赋能实体经济的数字化转型。这对于我国金融体系是个百年不遇的机遇，通过"数字技术＋产业金融"实现我国在产业数字金融领域走在世界前列。

发展产业数字金融还能够引导我国的金融服务从过去供应链金融模式下只看重企业主体信用向关注企业交易信用转变，有助于创新金融支持中小企业政策工具，健全融资增信支持体系，降低综合融资成本，从而彻底解决现有金融体系下中小微企业主体信用评级不高、无法放贷的难题，激发中小企业市场主体活力。

第二，为金融机构带来显著的"三升三降"，提升金融机构的经营表现和市场竞争力。产业数字金融模式可以有效解决产业链金融服务区位错配，金融服务不均衡、不充分的痛点，从而提升金融机构全产业链服务能力；产业数字金融全程数字化的闭环管理，符合监管机构监管要求，从而提升金融机构的风险合规能力；产业数字金融通过打造产业金融服务真正的"数字化"商业模式，从而提升金融机构整体商业模式的竞争力。与此同时，产业数字金融模式还能降低金融机构资金成本、风险成本和运营成本，从而实现金融机构整体 ROE（净资产收益率）、ROA（资产收益率）的提升。

第三，通过全程数据透明、可控，能有效控制全社会的系统性金融风险。金融科技的创新往往因为伴随高风险而被市场诟病。但产业数字金融恰恰是有效控制社会系统性金融风险的重要创新。产业数字金融的本质是通过数字技术，最大限度地透明化产业金融服务的各个环节，使虚假贸易背景、虚假交易过程、虚假资金往来、虚假账户管理、虚假数据等传统金融风险点无处遁藏。产业数字金融将通过数字化手段充分暴露并极大地降低当前金融系统中各类潜在的风险，打造全透明化的数字金融市场。

第四，为监管机构提供数字监管、科技监管奠定了坚实的数据基础。监管机构亦可使用数字技术，实时监控各金融机构开展产业数字金融的服务过程，并可以通过基于实时数据的预警模型提前揭示潜在风险，这将显著提升我国金融行业的监管科技能力。

3. 从建设中国特色金融体系的角度看

产业数字金融体现了新发展理念，能有效地服务新发展格局，对中国特色金融体系的建构发展具有积极意义。"创新、协调、绿色、开放、共享"的新发展理念，是习近平新时代中国特色社会主义思想的重要内容，是确保我国经济社会持续健康发展的科学理念。产业数字金融通过创新技术手段，赋能金融机构和传统企业转型升级；通过系统性疏通产业链金融血脉，使上下游企业协调发展，产业链现代化水平不断提升；通过搭建开放的产融平台，实现产融生态各方互利共享；通过技术赋能对产业链上下游企业（特别是中小企业）底层资产的穿透验真，帮助金融机构看得清、摸得透、信得过，让产业链上各类企业都能获得平等的金融服务，实现了金融回归实体经济的本源。

与此同时，产业链现代化是加快构建"双循环"新发展格局背景下的一项重要工作。产业链现代化是党的十九届五中全会对我国发展现代产业体系、推动经济体系优化升级所做出的重大谋划和部署，包括产业基础能力提升、运行模式优化、产业链控制力增强和治理能力提升等方面。产业数字金融能有效疏通产业金融血脉，支持供应链上下游企业转型发展，是助力产业链现代化的重要金融手段之一。

总之，产业数字金融作为数字技术时代产业与金融的完美结合，体现了新发展理念，服务新发展格局，并为系统性解决产业链上中小企业融资难、融资贵的世界性难题提供了原创的中国方案，是新时期中国特色金融体系的重要创新与实践，值得在世界范围内推广。

（五）发展产业数字金融的建议

产业数字金融是清华大学互联网产业研究院基于与产业金融服务平台和解决方案提供方聚均科技合作开展研究的成果、由专家学者共同提出的金融领域的一个全新概念，它既是我国产业金融领域理论创新的代表，也是我国实现经济数字化转型的工具。为更好地发展产业数字金融，有以下五个建议。

一是产业链数字化程度有待进一步提升。我国企业的信息化、数字化基础薄弱，企业离产业数字金融要求的数字化程度还有较大差距，不少企业在生产层面、财务层面、供销层面上的信息化、数字化都还没有完成。企业与产业链的数字化是基础性工作，如果布局上有大量欠缺，产业数字金融在实际推进的过程当中就会出现基础不足、动力不足等问题。因此，短期内或要有针对性的政策支持，对于确实在自身数字化方面有所投入的企业，给予企业所得税的专项附加扣除政策，提升企业夯实数字化基础的积极性。

二是人民银行完善和提升"监管沙盒"制度，加强对产业数字金融科技平台的创新支持。通过"监管沙盒"为已经成熟的产业数字金融平台进行包容审慎监管。鼓励银行等金融机构在B端产业金融方面进一步践行"开放银行"的理念，积极拥抱接受沙盒监管的科技平台，规范市场准入机制。

三是"一行两会"监管机构出台政策引导各类金融机构提高自身金融资产数字化的占比。各类金融机构要特别提升对存量和增量资产数字化风控的占比。这将有助于提升金融机构风险管理的科技水平，并进一步提高资产质量。鼓励金融机构开展自身数字化创新的同时，也要鼓励其与接受沙盒监管的第三方科技平台开展创新合作。

四是建议国家相关部门设立相应的扶持基金，支持从事产业数字金融相关业务的科技企业做大做强。通过基金扶持，让产业数字金融的每一个细分领域科技成果不断丰富。同时，通过鼓励研发，不断完善对产业链、企业资产的数字穿透和预警能力，从而建立更加完善的各个产业数字金融体系，更好地控制体系内的风险，真正满足实体经济的金融需求。

五是在某些行业和地区尽快开展产业数字金融的试点工作，通过试点，总结理论，完善相应的政策法规体系。目前已经有一些产业数字金融平台在不同行业进行了局部尝试。建议国家尽快出台政策，确定"产业数字金融示范区"，加快这一全新领域的理论与实践工作。

(六) 小结

经济是肌体，金融是血脉，在数字经济的大背景下，金融业也应该积极开启自身数字化创新转型之路。产业数字金融就是产业互联网时代数字技术与金融相结合的有益探索、在传统产业金融领域的数字化转型实践，对于助力有中国特色的金融体系的建设与发展，对于助力产业数字化转型、产业链现代化及经济高质量发展均有积极价值。

未来在发展产业数字金融的过程中，我们要吸取在消费互联网金融发展过程中的经验教训，加强监管，积极纳入监管机构的科技创新监管试点，并通过产业数字金融技术助力监管科技能力提升；金融机构与科技公司各司其职，让"专业的人干专业事"；严守准入门槛，避免行业泥沙俱下、良莠不齐；同时，不忘金融服务实体经济的初心，以加快构建新发展格局为使命，建立更加创新、协调、绿色、开放、共享的金融新生态。

第八章

数字治理

伴随着第四次工业革命走向纵深，大数据、人工智能、区块链等新兴技术深刻地影响着国家治理的方方面面，新兴数字与智能技术的快速迭代，正在加速全社会数字化进程。数字技术的飞速发展对传统政府治理提出一定挑战，传统的政务信息化、信息公开已经不再适应时代需求，政府须更大程度地整合与公开政府数据资源。此外，新技术的发展也促使公众参与意识的提高，其越发重视对政务信息的知情权和民意表达权，以及对公共治理的过程参与。因此，传统的政府治理方式已经无法满足当前时代发展和治理需求。党的十八届三中全会提出推进国家治理体系和治理能力现代化的要求，并将推进国家治理体系和治理能力现代化作为全面深化改革的总目标。

在人类文明发展的长河中，技术对于经济社会发展一直发挥着重要的驱动作用。进入数字时代，基于数据、面向数据和经由数据的数字治理正在成为全球数字化转型的最强劲引擎。[58] 数字技术为解决各类治理难题提供了新思路、新方法、新手段，因此如何利用好大数据、人工智能等数字技术提升社会治理现代化水平，更好地服务经济社会发展和人民生活改善，成为重要的时代命题。

一、数字治理概述

（一）数字治理基本定义

1. 数字治理的时代背景

党的十九大以来，党中央高度重视数字化发展，提出实施国家大数据战略，加快建设数字中国，在全球范围内率先探索数字化转型之路。在顶层设计指引下，我国数字化进程成效显著，经济和社会生活日益数字化，十几亿人造就的数字红利得以充分发挥。电子商务、社会交往、移动支付、短视频等数字生活方式快速普及，驱动政务服务、经济监管和社会治理的数字化转型，"互联网+"政务服务、数字政府、城市大脑建设成效显著，我国成为全球数字治理的引领者。面对新冠肺炎疫情肆虐的艰巨挑战，数字治理成为中国疫情防控、复工复产的关键抓手，不仅交上了满意答卷，在一定程度上也保障我国成为2020年全球唯一实现正增长的主要经济体。

党的十九届五中全会进一步提出我国要加快"数字化发展"。统筹数字经济、数字政府和数字社会协同发展，数字治理发挥着全方位赋能数字化转型的不可或缺的作用。数字治理强调基于数据平台的协同与开放，基于数据要素的协同与合作，基于数据资源的决策和服务，对于我国这样一个超大规模、快速数字化的国家来说尤为适用。

2. 数字治理的定义

数字治理来源于信息技术发展实践，其理论内涵也随着技术与社会的双向互动而不断丰富与完善，更多地体现为治理哲学、体制、机制与技术的统一复合体。[59]数字治理是现代信息技术在政府治理上的创新应用，其本质是对物质城市及其经济社会等相关现象的数字化重现和认识，基于对城市中如人流、交通流、资金流等信息的数据感知、处理与分析能力，优化现有结构和运行效能。[60] 此外，治理本身是一种体制机制、决策、监督和实施的综合性概念，所以数字治理不能仅从"数字化"的角度来看，"智能化"才是其根本。从主体方看，要实现智能、自驱动、高效实时的功能；从对象方来看，要解决便捷、效率、连通、公平的问题。这样来看，数字治理必然是系统科学问题，因此数字治理更倾向于数智化治理。[61]

狭义的数字治理主要是指对内提升政府的管理效能，对外提升政府的透明度和公共服务水平，类似于数字政府的概念；而广义的数字治理不仅是技术与公共管理的结合，而且要以发展的、动态的视角去审视政府、社会、企业之间的关系，体现的是服务型政府以及善治政府建设的要求，是一种共商、共治、共享的治理模式。广义的数字治理既包括狭义数字治理中的内容，还将数字技术应用于政府、企业、社会公众等多个主体，扩大公共参与治理，优化公共政策的制定，提高公共服务的水平。

因此，可以将数字治理定义为政府采取数字化方式，推进数据信息共享和政务数字化公开，并在此基础上，通过数字治理解决社会发展的治理命题，即利用数字化手段更加全面地考察政府行政行为产生的效果，采用有效的数据分析方法提高政府对政策和措施效果的精准评估能力，尽可能地辅助政府做出符合公共利益的价值判断。简言之，就是通过数字化、智能化手段赋能，提升社会治理的科学性、透明性、民主性、多元性和包容性，进而提升社会治理的效能。

(二) 数字治理的特点

作为数字时代的全新治理方式，数据治理在治理对象、治理方式、治理场域和治理结构方面形成了新的拓展。[62] 总体来看，数字治理具有数据驱动化、协同化、精准化、泛在化以及智能化五大特点。

1. 数据驱动化

数字治理的基本特点就是数据驱动化。政府在数字治理过程中，主张"用数据对话、用数据决策、用数据服务、用数据创新"，以数据引导各项变革。数据作为一种新的生产要素参与市场流动已在国家层面提出，随着数字时代的全面来临，各主体数字化转型加快，数据将成为万事万物的表现形式和连接方式，呈现海量、动态、多样的特征，进行数据汇聚整合、挖掘利用、分析研判将是政府数字治理活动的重要内容。

2. 协同化

数字治理的协同化包含两方面，一方面是各部门之间的协同，另一方面是"政府—社会—个人"的协同。

一是各部门之间的协同。在当前全面建设社会主义现代化国家的新征程中，总会遇到各种问题需要各领域、各部门的协同配合解决。传统的政府治理更多是科层制的治理方式，导致在政策制定或问题解决过程中，通常以部门利益为中心，缺乏整体性、协同性，对于群众需求的响应和反馈较为迟钝，信息碎片化、应用条块化、服务割裂化问题明显。数字治理基于数字技术，能够有效打通政府社会间、区域间、部门间壁垒，实现治理流程的再造和联动治理，例如在疫情防控过程中，需要应急、交通、医疗、财政、社区等多个部门和治理主体的协同。

二是"政府—社会—个人"的协同。共建共治共享是数字治理的天然基因。[62] 在传统治理中，政府治理通常是单向的，无法实现政府、社会、个人间的良性互动。但在数字治理的框架下，互联网与物联网将人、物、服务联系起来，形成政社协同的反馈闭环，政府、社会、企业和个人都可以通过数字技术参与到治理中，发挥各自的比较优势，实现社会治理的"群体智慧"。政府擅长制度设计、政策制定等方面，而在技术层面上，企业、专业机构通常更具优势。"政府—社会—个人"的协同能够让政府的政策和服务更加细化、人性化，群众的满足感也会大大提升。

3. 精准化

数字治理能够实现政策的精准滴灌。在此前的脱贫攻坚和抗击新冠肺炎疫情中，政府政策的精准性越来越高，例如脱贫攻坚战略中提出了精准脱贫，抗击疫情中针对中小微企业出台了一系列金融扶持政策，数字技术能够将这些政策精准地触达需要服务的对象，防止政策的"大水漫灌"。此外，在抗击新冠肺炎疫情过程中，政府建立的通信大数据平台，运用三大电信运营商基础数据，借助手机行程追踪功能，辅之以疫情大数据分析模型，有效实现对涉疫人群点、线、面三维追踪，快速形成疫情防控对策。

4. 泛在化

当前，以人工智能、区块链技术为代表的新科技革命飞速发展，政府将变得"无时不在、无处不在"。一方面，各省市推动政务服务向移动端延伸，实现政务服务事项"掌上办""指尖办"，政务服务将变得无处不在、触手可及。另一方面，随着信息技术的发展和应用，传统意义上的实体政府、服务大厅等转变为"线上政府""24小时不打烊"等虚拟政府形式，政府提供服务不再局限于时间和空间的限制，对公众来说，政府"无时不在"，但又隐形不可见。

5. 智能化

数字经济时代，国家和国家的核心竞争力是以计算速度、计算方法、通信能力、存储能力、数据总量来代表国家的竞争能力——算力，算力的提升大幅提高了数字治理的预判性。数字治理的预判性一方面来自大数据的运用和算力的提升，另一方面来自数字融合世界。数字治理能够通过数字孪生技术，在线上形成一个与线下相互映射的数字孪生世界，可以在其中进行数字化模拟，为线下政策制定或趋势走势形成参考性的预判。

（三）数字治理的优势

基于数字治理的五大特点，其相较于传统政府治理具备以下四点优势。

1. 降低信息不对称

信息不对称一直都是国家管理工作和政府治理的难题，在面对突发情况时，如何能让更多的人了解政府的最新政策信息至关重要。数字平台搭建和大数据挖掘，能够有效地缓解政府与群众之间的信息不对称问题。例如，在2020年抗击新冠肺炎疫情过程中，各地疫情数据通过全媒体、立体式滚动报道发布并传播开来，向国内公众及国际社会传递准确信号、传递信心力量，让公众高度重视、严格防范、众志成城抗疫情。此外，信息传播难免鱼龙混杂，政府不仅要及时发布准确信息，还要关注谣言信息、虚假信息，警惕恐慌情绪蔓延。因此，在数字时代，对于政府和公共部门而言，信息公开不是负担，而是义务和责任，信息公开是推进国家治理现代化的必选项，是社会的稳定器。

另外，政府完善网络信息反馈渠道、认真倾听百姓声音、有效解民之忧，均要从百姓的需求和痛点出发，提出治理之策。数字治理改变了"以政府为中心"的传统科层制治理方式，呈现出"以公众需求为中心"的扁平化、个性化治理特点。数字治理模式下，既能有效回应民意，又能跨越体制与制度差异，构建起行之有效的民主参与、民意表达和"民治、民有、民享"回应机制。[62]

2. 健全政府服务激励机制

任何管理活动都面临激励问题，科学的评价制度是完善激励机制的基础。目前，各行各业都在引入数字技术，改善评价方式，提高治理的科学化程度。例如，2019年国务院印发了《关于建立政务服务"好差评"制度提高政务服务水平的意见》，要求建成全国一体化在线政务服务平台"好差评"管理体系，各级政务服务机构、各类政务服务平台全部开展"好差评"。政务服务的"好差评"与政府工作人员的考核奖惩制度挂钩，充分调动了政府工作人员的积极性、主动性。这一制度赋予办事企业更多的话语权和监督权，倒逼政府进一步改善政务服务。

3. 提升政府决策科学性

数字治理核心是依靠数据决策，相较于传统政府治理依据某一部门或某一领导决策，治理效能大幅提升。在科学决策层面，政府的整体主义决策不再是围绕着政治精英，数字技术的广泛、快速的传播特性，使得任何一位具备信息技术素养的主体都能成为信息的生产者、传播者。公共问题的解决不再仅依赖少数人的决策，而落实到"共商、共治、共享"的治理主体；政府决策方式不再是"出现问题—逻辑分析—因果解释—制定方案"的被动响应模式，而是转化为"数据收集—量化分析—明确联系—方案预备"的主动预测模式，[63]从而提升政府决策的科学化、民主化水平。

第八章 数字治理

4. 有效提升政府的公共服务水平

在政府治理创新中，政务服务创新是最受社会关注的领域，也是与普通老百姓的切身利益关系最密切的领域。近年来，浙江的"最多跑一次"、广东的网上服务大厅、上海和佛山的"一门式服务"等，打破了线下公共服务中窗口数量、在线时间等方面的制约，服务能力大大增强，服务方式也更加人性化、智能化和智慧化，展现出数字治理在政府服务方面的巨大优势。

二、数字时代的政府职能转变

（一）政府职能转变的背景

党的十八大以来，随着我国经济发展步入新常态，传统的政府治理模式遇到许多挑战。近年来，数字经济的高速发展也对政府职能提出了新的要求。

1. 政策背景

转变政府职能是深化行政体制改革的核心。党的十八大以来，政府职能深刻转变、持续优化，对解放和发展生产力、促进经济持续健康发展、增进社会公平正义发挥了重要作用。面对新时代新使命，必须加快转变政府职能，建设职责明确、依法行政的政府治理体系。党的十九大报告中明确提出，"转变政府职能，深化简政放权，创新监督方式，增强政府公信力和执行力，建设人民满意的服务型政府"。这表明政府职能转变是建设服务型政府、优化政府运行过程的前提条件，也是行政体制改革的重要推动力。

2019年，党的十九届四中全会对推进国家治理体系和治理能力现代化进行全面布局，提出"建立健全运用互联网、大数据、人工智能等技术手段进行行政管理的制度规则。推进数字政府建设，加强数据有序共享"。2020年新冠肺炎疫情之后，数字化越发成为全球经济发展的驱动力之一，数字化转型也成为推动政府职能转变的重要力量。[64] 党的十九届五中全会再次强调，加强数字社会、数字政府建设，提升公共服务、社会治理等数字化智能化水平，推动国家治理效能得到新提升。推进国家治理体系和治理能力现代化，首先应当实现政府治理的数字化。

政府职能转变不是一般的职权、职责、职务的简单转型，而是政府权力、规模、行为的职能转变，这种职能转变的过程也是有限政府建设的过程。[65] 在计划经济时代，政府作为一个"全能型"的角色，掌管着经济和社会的方方面面，通过直接的行政方式对各类资源进行调控。随着社会主义市场经济体制的建立与完善，政府已经不能以"全能"的角色出现在经济社会发展中，这就必然需要转变政府职能，推动政府角色和职责在市场经济条件下重新界定。政府角色随着职能的转变逐步变为市场的监管者和宏观调控的管理者，并且确定政府的职责为"经济调节、市场监管、社会管理和公共服务"，这是社会主义市场经济条件下政府的四项基本职能。具体而言，政府在经济和社会发展的各项活动中，从原有的直接管理转变为间接管理，从微观管理转变为宏观管理，从直接进行资源调配转变为规划、协调与监管资源市场化分配等。[66]

2.现实背景

（1）当前政府治理过程中存在许多挑战

首先，随着公共服务种类和内容需求多样化的趋势，政府的财政投入有限，公众对公共服务和公共产品数量的需求却日益增长，公共服务面临供给滞后、供不应求等挑战，公共服务的供求矛盾日益突出。

目前公共服务的供给是由政府主导的，由于缺乏有效的沟通渠道，民众对公共服务的需求仍难以反映到公共服务的供给主体中，只能单向接受公共服务。面对公众对公共服务的需求渐趋多元化的问题，政府难以对此进行有效的识别，只能提供较为单一的公共服务，无法照顾到每个群体的利益。[67]公共服务的供需矛盾问题来源于供给侧，公共服务的供给侧改革的迫切要求提出后，我国做了许多有益的尝试，试图通过改革公共服务供给体系来解决公共服务的供需矛盾，然而使公共服务的供给与需求达到平衡还需要结合外界环境与背景，需从思维、结构、体制、内容等各方面进行创新与变革。

其次，当前部门之间的数据孤岛问题依然突出。数据孤岛一般是指各个政府部门的信息来源彼此独立，信息平台相互排斥，信息处理难以关联互动，信息运用不能互换共享的信息壁垒和信息堵塞现象。[68]尽管在政策层面国家已经出台多项纲要、办法对数据共享提出了明确要求，但受到各部门利益的影响、共享机制不完善以及技术标准的制约，数据共享问题在实践中的推进困难重重。

最后，当前政府各部门之间的协同性依然有待提升。尽管目前政府部门在职责分工、领导体制和运作方式等方面逐步明晰和精细化，但依然存在政府职能定位不清、部门间职责关系界定不明确等问题，进而导致日常跨部门的协调配合有待进一步优化。此外，受限于部门权力化和利益化，各部门之间也缺乏协同意识。

（2）我国经济步入新发展阶段对政府治理提出新要求

当前我国已经步入新的发展阶段，传统的政府治理模式与当前的社会经济发展已难以匹配。在新发展阶段下，要贯彻落实新发展理念，推动高质量发展，加快构建以国内大循环为主体、国内国际双循环相互促进的新发展格局。

在双循环新发展格局下，中国的社会主义市场经济体制将进一步完善，要素资源将在更高水平上实现优化配置，经济增长将更可持续。在单纯的外循环拉动下，中国经济增长较为粗放，靠的是劳动力和资本的大量投入。经济增长的内生动力不足，产能过剩和内需不足。建立国内大循环为主体的双循环格局，不仅意味着要进一步打通生产、交换、分配、消费各环节的供给，形成更加畅通的经济循环，而且意味着要深化产业政策、投融资体制的改革，深化要素市场改革，加快建立高标准市场体系，这都对政府治理水平提出了更高的要求。

（3）数字经济成为当前经济发展的重要引擎

当前数字经济时代已经来临，数字化转型发展是不可逆转的大趋势。习近平总书记向2019中国国际数字经济博览会致贺信，指出"中国高度重视发展数字经济，在创新、协调、绿色、开放、共享的新发展理念指引下，中国正积极推进数字产业化、产业数字化，引导数字经济和实体经济深度融合，推动经济高质量发展"。

数字产业化和产业数字化是数字经济发展的两个重要方面，有利于引导数字经济和实体经济深度融合，推动中国经济高质量发展。其中数字产业化主要是将数据作为一种新型生产要素运用于生产；产业数字化则是运用大数据、云计算、人工智能等数字技术为传统经济插上"数字翅膀"，对其进行全方位、全角度、全链条的改造，推动传统产业、国民经济更好地发展。与此同时，数字产业化的发展以及产业数字化的转型，造就了以数字化为核心的现代产业集群，并且参与了国际数字化的发展竞争。

发展数字经济、实现数字化转型，归根结底就是要寻找能适应新生产力发展的新生产关系。数字经济的飞速发展使生产力和生产关系也发生了相应变化，以大数据、人工智能、云计算、工业互联网、区块链等为代表的新一代信息技术逐渐成为新的生产力，相应的生产关系也发生了变化。

当前全球主流的生产关系还是在工业时代所形成的层级化、职能化的生产关系，这种生产关系是为了适应工业上的大规模分工协作需要而建立的。进入 21 世纪以来，全球生产力高速发展，以"云大智区"等技术为代表的先进生产力不断出现，现有的工业生产关系已经不能适应数字生产力发展的需要。这种矛盾日趋激烈，全球范围的疫情更是加剧了这一冲突。疫情隔离导致了原有生产流通体系的停滞，水平分工体系的崩溃使我们不得不重新思考建立一种怎样的生产关系才能够降低全球经济运行的风险，适应数字生产力的需要，为全球带来新的增长点。所以，发展数字经济、实现数字化转型，归根结底就是要寻找能适应新生产力发展的新生产关系。不能匹配先进生产力的生产关系已经导致全球经济出现了大量问题。一方面，大数据使社会向着透明、诚信、公平的方向发展，并呼唤组织结构日益扁平化的生产关系；另一方面，层级化、职能化的现有生产关系很容易导致单边主义、保护主义，以及大量的权力寻租现象。基于这样的背景，原先科层制的政府治理模式不再适用于数字经济时代的发展，相应的政府职能也需发生相应的转变。

（二）数字时代的政府职能

2016 年 10 月 9 日，习近平总书记在主持十八届中央政治局第三十六次集体学习时指出，"随着互联网特别是移动互联网发展，社会治理模式正在从单向管理转向双向互动，从线下转向线上线下融合，从单纯的政府监管向更加注重社会协同治理转变。我们要深刻认识互联网在国家管理和社会治理中的作用，以推行电子政务、建设新型智慧城市等为抓手，以数据集中和共享为途径，建设全国一体化的国家大数据中心，推进技术融合、业务融合、数据融合，实现跨层级、跨地域、跨系统、跨部门、跨业务的协同管理和服务"。总体来看，政府职能转变需要遵循以下四个原则。

一是有限但有为。"有限但有为"是政府数字治理的最基本原则，特别是在数字化发展这一有着高度不确定性的创新实践中，我们需要避免政府职能的缺位，但更需要注意的是防止政府职能的越位，只有正确处理好政府和市场的关系，才能充分发挥市场在资源配置中的决定性作用。将有效市场和有为政府更好地结合起来，更加尊重市场经济一般规律，最大限度地减少政府对市场资源的直接配置和对微观经济活动的直接干预，大力保护和激发市场主体活力；同时要继续创新和完善宏观调控，有效弥补市场失灵，着力推动形成新发展格局，努力实现更高质量、更有效率、更加公平、更可持续、更为安全的发展。因此政府在数字治理过程中，可以通过提供产权保护、平等准入、公平竞争、公正监督等公共产品，创造有效率的市场环境，使企业和个人等市场参与者在这样的市场环境中优化资源配置。

二是服务人民为导向。为人民服务是我们党的根本宗旨，也是各级政府的根本宗旨。当前，我国社会主要矛盾已经转化为人民日益增长的美好生活需要和不平衡不充分的发展之间的矛盾。人民对美好生活有更多新期待，这就要求把加快转变政府职能放在更突出位置，坚持以人民为中心的发展思想，不断优化政府服务，创造良好的发展环境，抓住人民最关心、最直接、最现实的利益问题，大力保障和改善民生，促进社会公平正义，让人民群众有更多获得感、幸福感、安全感。

数字化本身并不是最终目标，人民群众的获得感、幸福感和安全感才是政府工作的归依。数字时代政府应坚持和践行新时期服务型政府建设理念，通过政府流程再造，不断降低制度性交易成本，让数据多跑路、群众少跑腿。一方面，政府建设始终围绕解决群众需求，强调以客户需求为基础进行组织重构和流程再造，通过提升治理能力和治理水平，增强民众的获得感和满意度。另一方面，政府主张由群众评价建设效果，全面建成政务服务"好差评"

制度体系，企业和群众的评价权力得到进一步增强，途径进一步扩展。

三是整体协同。数字时代政府强调整体建设理念，要求通过机制设计，不断打通部门间壁垒，吸纳多主体力量，实现更高层次协同。一方面，数字时代政府建设的一个重要目标就是打破以往条块分割模式，建成上接国家、下联市县、横向到边、纵向到底的全覆盖的整体型政府，实现政府内部运作与对外服务一体化、线上线下深度融合，如建设一体化政务服务平台和数据共享交换平台、一体化大数据中心等。另一方面，数字时代政府强调治理机制的协同推进。对内，各地政府积极搭建线上沟通平台，通过技术融合、业务融合、数据融合，实现跨层级、跨地域、跨部门、跨业务的协同管理和服务，减少科层体制带来的沟通成本。对外，政府治理不断引入企业和群众参与，实现优势互补、互利共赢。

四是依法推进。法制化是数字时代政府职能转变的前提和基础，各级政府作为国家权力机关的执行机关，承担着实施法律法规的重要职责，必须坚持依法行政，让权力在阳光下运行。2021年8月中共中央、国务院印发了《法治政府建设实施纲要（2021—2025年）》，其中提出政府需"坚持法定职责必须为、法无授权不可为，着力实现政府职能深刻转变，把该管的事务管好、管到位，基本形成边界清晰、分工合理、权责一致、运行高效、法治保障的政府机构职能体系"。这就要求加快转变政府职能，推进机构、职能、权限、程序、责任法定化，推进各级政府事权规范化、法律化，强化对行政权力的制约和监督，进一步提高政府工作人员依法行政能力，确保政府各项工作在法治轨道上全面推进。

因此，数字时代政府职能转变，需要在坚持以上四个原则的基础上，为市场、社会主体的探索创新创造一个更加开放包容的环境。数字时代政府职能的有效实现有赖于三个方面的重要抓手：一是为市场、社会主体提供新型数字基础设施；二是为数字经济运行提供基础性的规则和制度，既包括公共数据治理、数据要素市场构建，以及数据开放等，为数据资源这一新型生产要素的价值转化提供保障，也包含撬动科技创新、新技术转化应用的制度创新以及包容审慎的监管机制；三是通过激发市民主体性来为数字化转型提供人力资本。

三、建设新型数字基础设施

2020年3月，中共中央政治局常务委员会召开会议提出，加快5G网络、数据中心等新型基础设施建设进度。构建一个具有竞争力的数字社会，必须要有先进的数字基础设施。新基建作为支撑数字经济、数字社会治理的各种基础设施，代表着人类文明的未来。新型基础设施主要包括三大类。

第一类：信息基础设施。信息基础设施覆盖面很广，重点有三个方面。一是以5G、物联网、工业互联网、卫星互联网为代表的通信网络基础设施，通信设施一旦升级，时延降低，对于物联网应用将会是极大的利好。二是以数据中心、智能计算中心为代表的算力基础设施，也就是数据中心，我国的数据中心建设还比较缺乏，需要大力发展。三是以人工智能、云计算、区块链等为代表的新技术设施。

新技术的应用需要技术基础设施作为支撑。例如对于人工智能而言，机器学习算法需要海量数据和相应的数据标注作为基础，需要大量的可以产生数据的相关基础设施。而算力基础设施的价值不仅是一个数据中心的价值，还包含数据资产的未来价值：数据经济时代，数据已经成为和土地、资本、技术一样重要的新要素。只有拥有这样新的基建、新基础设施，才能把生产要素存储好、使用好，才能基于生产要素开发更大的价值、发挥更大的作用。

第二类：融合基础设施。融合基础设施是指用大数据、人工智能、区块链等新技术来升级旧的基础设施，利用新技术赋予其新内涵，进而产生大量创新的可能性。事实上，融合发展的基础设施，对每一个企业的创新是极其重要的，它可能会改变每个人的生活，改变每个企业的生存环境，甚至改变整个社会运营的方式。以交通为例，如果为交通加入物联网、车联网，交通基础设施就能实现智能化，进而可以去支撑未来更多交通行业的创新。在数字和物联网时代，如果把公交车和数据融合在一起，把公交系统转型升级，公交系统就变成了新型的城市基础设施，它所承载的内容不只是每天在某城市有多少乘客这样一个数字，而是这些乘客遍布在城市哪些角落，从而指导相关企业去优化商业配置，把城市的潜力发挥出来。再如房地产，随着数字经济的发展，我们看到在物理空间里还存在数字空间，人们不仅是在一个建筑里面遮风避雨，还需要了解这栋建筑里面空气的质量、温度、电磁辐射等，而经营这样一个数字空间，就会为房地产业带来新的发展机会。换言之，工业时代大量的传统基础设施，都需要通过和新技术的融合来做转型升级，形成新的发展动力，创造出大量新价值。

第三类：研发型基础设施。研发型基础设施主要是指支撑科学研究、技术开发、产品研制的具有公益属性的基础设施，比如重大科技基础设施、科教基础设施、产业技术创新基础设施等。这对综合国力的提升具有非常重要的意义。我国在这方面已经加大了投入力度，例如天眼望远镜等一系列大型科研基础设施在中国的建设已经全球领先，又如清华大学投入研发的全球分辨率最高的照相机，能帮助脑科学的研究上升到新的台阶。当然在研发类基础设施里还有一项非常重要，那就是企业技术创新的基础设施，每个企业只有加大在研发基础设施上的投入，才有可能在激烈竞争当中立于不败之地。

目前基础设施的竞争已经在全球展开，基于这些基础设施的产业互联网创新已经在各个国家、各行各业中悄然进行。中央提出的新基建重大举措，不仅要发挥建设项目本身的投资拉动作用，还要充分重视基于新基建的产业互联网建设，有步骤、有计划地通过产业互联网完成城市基础设施从工业时代向数字时代转型。

在新基建的背景下，中国的产业互联网已经在各地区、各行业如火如荼地开展起来。传统的消费互联网企业也已经意识到这一发展潮流，根据自身特点积极布局产业互联网。比如，阿里巴巴的产业互联网着力在云计算领域，通过提供算力为产业生态赋能；腾讯则在自己擅长的社交网络基础上，从人入手，着力构建产业互联网中各个企业的数字助手；百度着力在人工智能领域，力图为产业互联网的发展提供智能化工具；京东则充分发挥自己在物流体系上的优势，在产业互联网的版图中加入智慧物流的支撑。这些互联网企业的积极尝试，一方面拓展了自身的发展空间，另一方面也加速了中国产业互联网的建设。当前很多人思维模式还停留在工业化、信息化、消费互联网的阶段，对产业互联网布局的积极性和主动性不够，所以需要各级政府发挥主导作用，率先完成思想革命，并主动引领各地产业走向数字化，并逐渐形成产业互联网的新生态。

四、打造良好的数字营商环境

良好的数字营商环境既是数字经济健康发展的需要，也是适应当前我国新发展阶段的要求。在当前的双循环新发展格局下，政府不仅需要考虑自身作为一个大型组织如何用数字技术提高运行效率，更需要在与市场、社会的互动中重新界定自身的职责边界，为市场、社会主体的探索创新营造一个更加开放包容、市场化、法治化、国际化的营商环境。

（一）打造完善的数字经济时代的社会信用体系

随着我国市场经济的发展，信用不仅是市场各部门的新契约，也成为一种基本要素。李克强总理在 2020 年 11 月 25 日国务院常务会议上指出："市场经济首先是信用经济"，信用是我国市场经济发展的前提和基础。进入数字经济时代，信用要素逐渐成为国民经济的中枢。信用交易连接市场各部门，发挥着提升市场效率、润滑经济、激发市场活力等重要作用。信用要素能有效推动经济向着更加公平、更有效率、更为畅通的方向发展，其对于"双循环"新发展格局的顺利实施至关重要。

信用和法律作为维持市场秩序的两种基本手段，共同对交易行为和市场机制提出规范性要求、做出制度性安排。二者互为替代，同时互为补充，并在某方面上具有同质性。就替代性而言，良好的信用可以大大减少对法律的需求，节约交易成本。就互补性而言，一方面，由于大量的交易合同是不可能完备的，如果没有信用，法律也是无能为力的；另一方面，如果没有完善的法律，人们守信的积极性就可能大大降低。[69] 因此，完善的社会信用体系是经济健康发展的基础。

当前数字经济蓬勃发展同样其离不开信用机制的支撑。数字经济的发展有赖于信用保障，离开信用的保障，数字经济不可能可持续发展，信用机制与数字经济二者互相融合、互相促进。鉴于数字经济的发展呈现出高度的信用化趋势，可以说，数字经济就是信用经济。[69]

1. 信用体系的建设现状

一直以来，我国高度重视社会信用体系建设。2014年，国务院印发了《社会信用体系建设规划纲要（2014—2020年）》，提出在"政府推动，社会共建；健全法制，规范发展；统筹规划，分步实施；重点突破，强化应用"的原则下，到2020年基本建成社会信用基础性法律法规和标准体系与以信用信息资源共享为基础的覆盖全社会的征信系统，基本健全信用监管体制。总体来看，我国社会信用体系建设在这期间取得了一些成就，例如，在信用信息归集、记录和整合方面，全国信用信息共享平台和很多部委、地方的信用信息平台已基本完成了初期建设。

健全社会成员信用记录是社会信用体系建设的基本要求，在征信方面，目前我国已经建立了金融、公共、商务市场三大征信体系。其中金融征信体系主要是为金融信贷服务的，包括中国人民银行已经给予备案的131家企业征信机构和2家个人征信机构（人民银行征信中心和百行征信）。其中截至2020年12月底，人行征信系统已采集11亿名自然人、6 092.3万户企业和其他组织的信息，实现了信用卡、贷款、信用担保、融资融券等金融领域负债信息的全覆盖，可有效防范信用违约风险跨市场、跨行业、跨地域的转移。在公共征信领域，最有代表性的是国家发改委和人民银行指导成立的全国信用信息共享平台与"信用中国"网站，其功能与内容主要是信用浏览、行政许可与行政处罚信息公示，其在推动城市信用建设、公共信用信息共享与公开应用、守信联合激励与失信联合惩戒、信用惠民工程等很多方面均发挥了重要的引领作用，对建立良好的社会信用环境和信用秩序起到了非常积极的推动作用。[70]在商业征信体系（市场征信体系）领域，越来越多的商户参与其中，愿意为有信用的企业或个人提供各类产品和服务。他们利用企查查、天眼查等，了解企业或个人的信用状况，根据不同的信用水平提供不同层级的信用服务。

随着互联网、大数据、云计算、人工智能、区块链技术等的长足发展，社会信用体系建设迎来了革命性、颠覆性变革，信用数据化、智能化程度不断提升，社会信用变得可计算、可存储、可编程、可流动、可变现、可治理；信用信息更为公开透明，信用资源更为复杂多变，信用流动变得更加迅速便利，信用价值更加显著突出，信用边界范围更宽阔，信用融合程度更高。社会信用体系建设业已突破人格边界、制度壁垒、行业隔阂，在人格信用、制度信用、法治信用基础上，逐步走向智能信用、智慧信用、数据信用、协同信用、适时信用、共享信用、透明信用、精准信用的创新发展阶段，呈现"牵一发而动全身"的态势，拉开了大数据时代社会信用建设序幕，全视域信用治理时机已经来临。

2. 数字经济时代社会信用体系的特点

当前社会信用体系建设不仅为数字经济的发展和社会治理模式的创新提供了思路，而且为国家治理能力和治理体系现代化贡献了力量。信用机制与数字经济二者互相融合、互相促进，共同作用于社会发展。数字经济时代的社会信用体系建设集中体现为四点，即信用监管平台化、奖惩精准化、信用信息动态化和信用信息多维化。

信用监管平台化。信用监管类服务就是以信用为基础的新型监管所提供的各种各样监管措施都应该有对应的服务，这个服务主要就是让社会公众能简单、方便、快捷地了解、查询和具体办理这些信用监管相关事项。[70]借助于强大的数据和平台支撑，信用主体的基本信息、违约信息、违法信息等可以比以前有更加充分的披露，方便信用信息的传递，从而有利于为特定主体的信用"画像"，市场声誉机制能够得以真正实现。

奖惩精准化。基于数字化信息所赋予的强大力量，社会理性大幅度提高。借助于各类电子化的信用信息，市场主体和社会成员可以根据对方信用状况决定是否提高交易条件，或者拒绝同失信者交易。在社会治理方面，对于那些屡屡违法或者存在严重违法行为的主体，除依法应当承担相应的法律责任外，还可以基于失信信息的共享而形成相应的信用惩戒机制，使违法者付出更高的成本。国务院印发的《关于加快推进社会信用体系建设构建以信用为基础的新型监管机制的指导意见》要求，全国信用信息共享平台要加强与相关部门的协同配合，依法依规整合各类信用信息，对市场主体开展全覆盖、标准化、公益性的公共信用综合评价，定期将评价结果推送至相关政府部门、金融机构、行业协会商会参考使用，并依照有关规定向社会公开。推动相关部门利用公共信用综合评价结果，结合部门行业管理数据，建立行业信用评价模型，为信用监管提供更精准的依据。

信用信息动态化。随着大数据、区块链技术的发展和应用，征信体系中的数据能够实现信用信息的实时动态更新，有效解决原先静态信用信息定期更新带来的时滞性问题。此外，区块链技术的产生和应用为数字经济下的信用体系带来巨大的影响和改变，其不可篡改、可追溯等特点，极大地促进了陌生人之间建立互信体系，打破了信息孤岛，成为保障数字经济发展和信用传递的重要技术支撑。

信用信息多维化。数字经济时代，淘宝、京东等互联网交易平台以及各类小额贷款公司、金融科技公司等在各自细分领域中积累了海量个人信息，大数据、人工智能、区块链等信息技术为处理量级大、碎片化、标准化程度低的个人信息提供了强大的科技支撑。此外，随着产业数字化的发展，金融科技能够对产业链内的资产实现穿透，获取交易数据，其中既包括对资产的物流情况的监控，例如，资产在存续期的实时在途、在仓、在库情况；也包括对资金流的监控，例如，资产存续期的实时还款情况的闭环监测；还包括对商流和信息流的监控预警，例如，资产存续期市场公允价格的波动情况、企业自身和所在行业的突发风险事件监控等，进而实现产业链上企业交易信用的评估。

3.数字信用体系建设路径

新时代社会信用体系建设需要与时俱进，紧扣社会信用建设经络脉搏，抓好抓紧社会信用数据化、智能化、智慧化建设。首先，要积极推进"互联网+信用""人工智能+信用""区块链技术+信用"，加强国家层面信用数据库、智能信用平台、信用天网工程的建设与管理，加大信用体系建设的科技创新投入、信息技术投入，做精做细做深信用信息系统，提高信用信息流动性、透明性，增强信用信息适时化、普适度。

其次，积极推进社会信用体系信息化、智能化建设的统一管理、标准管理、共享管理，强化信用信息采集、信息管理、数据运营、数据服务、数据安全、监督惩戒等科学化、规范化。

再次，有效整合政务、金融、财政、市场监督、税务、大数据管理、社会信用机构等信用信息资源，优化完善社会信用治理系统，实现信用法治规范、制度准则、伦理道德等全流程嵌入，促进信用体系建设与法治建设、经济发展、精神文明、社会治理等一体化发展，重构新时代社会信用关系模式。

最后，有效整合条块化、分散化、碎片化的信用资源，打通国内国外、行业部门、网络系统之间的信用信息壁垒，打破信息孤岛，促进社会信用信息互联互通、共创共享，增强供应链、产业链、价值链的良性闭环效应，打造立体化、个性化、多元化的社会信用体系，培育全天候、全方位的社会信用云系统。

（二）以可信计算为基础的公平市场体系

1. 可信计算是破解数据产权不明约束、发挥数据价值的重要手段

数字经济是人类在全球化数据网络基础上，利用各种数字技术，通过数据处理来优化社会资源配置、创造数据产品、形成数据消费，并进而创造人类的数据财富、推动全球生产力的发展，数据是数字经济发展的核心。随着云计算、物联网、移动计算等技术的发展和应用领域的不断拓宽，数据的价值潜力越来越受到重视。2020年3月，《中共中央 国务院关于构建更加完善的要素市场化配置体制机制的意见》（简称《意见》）发布，对要素市场的发展提出了新的构想，并首次把数据作为要素，提出了其市场化配置的发展方向。《意见》强调，从推进政府数据开放共享、提升社会数据资源价值、加强数据资源整合和安全保护三个方面加快培育数据要素市场。

但是，数据资源整合不充分一直以来都是制约我国数据产业发展的重要问题，大量的数据仅应用在个别的市场主体或个别业务活动中，数据整体的投入水平、配置水平还比较低，数据与实体经济融合程度不高，数据对于促进经济增长的作用还未充分发挥。[71] 数据拥有者出于数据安全保密的顾虑而不愿共享数据，使得不同企业、不同机构间难以利用对方的数据进行联合分析或建模。日趋严格的隐私保护监管也加重了企业对数据流通与协作合法合规的担忧。此外，由于数据具备可复制性，且其价值本身就是信息，数据的信息价值可能在数据被"阅读"时被获取，数据拷贝成本低、维权难的困境也降低了企业分享重要数据的意愿。而产生以上问题的根本原因都在于数据产权难以界定。

清晰的产权界定是数据要素通过市场竞争、交易、定价实现高效配置的前提和依据。只有产权清晰才能实现数据所有权与使用权的分离，从而实现数据要素在不同主体和部门之间的流动与分配；也只有产权清晰的数据才能通过市场交易实现主体的收益权，真正做到由市场评价贡献、按贡献获取报酬。如果数据占有者对数据的产权无法得到清晰界定和保护，就无法确定地从数据开放共享中获得收益，反而面临商业机密或数据生产者个人隐私泄露等数据安全风险，"数据垄断"和"数据孤岛"就成为理性选择。

在当前数据产权还未能有效界定的情况下，可信计算的兴起为人们提供了在数据安全合规、融合应用过程中寻求发展和安全之间平衡点的技术路径和解决思路，其正成为未来数字治理的有效路径之一。可信计算能够在不暴露原始数据的情况下计算数据，且计算结果可被验证，进而实现了数据价值的运用，同时保护了用户的隐私。

可信计算的概念最早于1999年由TCPA（可信计算组织TCG的前身）提出，并没有一个明确的定义，主要思想是通过增强现有的IT体系结构安全来确保整个系统安全。可信计算是信息安全领域一个重要的应用和研究分支，是从系统角度解决当前信息安全隐患的一种有效机制。无论是数据的提供者还是访问者，对安全要求和重视程度越来越高。因此产业提出可信计算的概念，希望能够实现数据存储、流转和处理中全程加密，既挖掘数据价值，又满足隐私需求。国际上对可信计算的研究主要集中在产业界，可信计算的研究主要包括可信计算机体系结构、可信计算机硬件平台、可信计算机软件平台和可信网络接入四部分。

2.可信计算助力公平市场体系建设
（1）可信计算有助于打破平台经济的数据垄断
2021年，党中央、国务院印发了《建设高标准市场体系行动方案》，在夯实市场体系基础制度方面提出，"推动完善平台企业垄断认定、数据收集使用管理、消费者权益保护等方面的法律规范""加强平台经济、共享经济等新业态领域反垄断和反不正当竞争规制"，多次提及平台经济。事实上，平台企业是互联网经济背景下新兴的市场主体，是科技创新和商业模式创新相结合的产物，其充分利用数据资源等关键生产要素，借助网络载体，在不断进步的信息通信技术推动下，在经济生活的各个领域和环节发挥着重要作用，显示出传统行业一些难以企及的竞争优势。但是，平台企业在经营过程中凭借数据、技术、资本优势，频频基于"数据霸权""程序霸权"做出排除、限制竞争，损害消费者利益的行为。

反垄断法的目标就是要维护公平竞争的市场秩序，企业和资本尤其是大企业和大资本，应该做市场秩序的维护者。企业越大，对市场的影响越大。大企业和大资本更应积极履行维护公平竞争市场秩序的法律义务和社会责任，贯穿企业经营和资本扩张的始终。如果企业和资本的行为影响到市场竞争秩序，国家有义务实施相应的法律，以维护市场秩序。

可信计算能够确保在数据脱敏并不可追溯的前提下，将数据加工为产品并进行交易，体现了数据是个人与平台共有的属性；允许第三方经个人授权后，有偿访问个人数据账户并为客户提供增值服务，体现数据的公共资源属性。[72] 因此，可信计算有助于打破平台经济的数据垄断，助力公平市场体系建设。

（2）可信计算有助于实现隐私保护

移动互联网时代以来，人们对数据隐私保护的呼声愈烈，人们对数据作为一种潜力巨大的价值资源的认识越来越清晰。互联网企业在经营过程中不断产生大量数据，并存储在其公司的云端，但这些数据大多处于模糊的"无主"状态，产权关系并未明晰，一直以来却被互联网公司掌握并利用。当前许多智能服务背后都是来自互联网公司 AI 机器人利用个人隐私数据进行机器学习的结果，在这个过程中，用户是被动的，利益存在受损的嫌疑。《平台金融新时代》一书指出，对于个人隐私保护问题，平台金融科技公司存在未经授权收集个人信息、过度收集个人信息、隐私过度暴露和侵犯个人隐私的倾向。

可信计算可以在保护数据隐私的前提下，采用安全多方计算和同态加密等密码学技术，对数据进行安全计算和处理，充分保护数据隐私。特别是在处理敏感数据时，可信计算可以为数据安全提供可信环境，在数据计算过程中实现数据隐私保护，有助于公平市场体系建设。

（三）用数字党建实现监督与创新发展一体化

2019 年 7 月，习近平总书记在中央和国家机关党的建设工作会议上指出，"只有持之以恒抓基层、打基础，发挥基层党组织战斗堡垒作用和党员先锋模范作用，机关党建工作才能落地生根"。基层党组织是全党"战斗力"的基础，织密织严基层"组织网"就是要把党的建设工作链条延伸到每个领域，形成"横向到底、纵向到边、上下贯通、执行有力"的严密组织体系，保证党的各项决策部署"令必行、行必果"。

2019 年印发的《中国共产党党员教育管理工作条例》中提出，要充分运用互联网技术和信息化手段，推进基层党建传统优势与信息技术深度融合，不断提高党员教育管理现代化水平。当前，数字化向用户精准投送信息和服务，给公众的生活带来便利，也给基层党建工作带来机遇，提高了党务工作的公开透明度，提升了党建工作效率等。基层党组织如何充分运用好"数字党建"新模式，将数字应用党建、让党建进入数字，真正发挥党对数字化的优势汲取与管控能力，进而发挥党的先锋模范作用，是时代赋予的一项重要课题。

案例：亿联信息科技——党建引领基层治理数字化

习近平总书记在中央和国家机关党的建设工作会议上的讲话指出，"处理好党建和业务的关系。解决'两张皮'问题，关键是找准结合点，推动机关党建和业务工作相互促进"。亿联信息科技推出了一套基层党建引领基层治理数字化平台——"党群e事通"。该平台充分运用数字化技术，通过创新构建线上党员联系群众社群，加强基层网格支部建设，打通服务群众最后一公里的基础上，把组织链条延伸到基层治理的"神经末梢"。此外平台通过"吹哨报到"流程，推动党建网格与综治、应急、城管等社会治理全科网格融合，实现"多网合一"，有效解决基层党建和基层治理"两条线""两张皮"的问题。目前平台已先后助力青岛、济南、四川、泸州等全国各地3 000多个基层党组织做实基层党建、社会治理和乡村振兴工作。

"党群e事通"平台贯通由市级党委到社区党委、支部（网格）五级组织链条，支部建在网格上，建强组织体系"动力主轴"，激活组织"神经末梢"；构建党员群众社群，创新党员联系服务群众新模式，发挥党员先锋模范作用，密切党群关系；党建、基层治理工作信息化、数字化，补齐基层党组织领导基层治理的各种短板，把基层党组织建设成为实现党的领导的坚强战斗堡垒。同时打造"民有所呼、我有所应"的工作平台，创新实践新时代"枫桥经验"。"党群e事通"平台以信息化为支撑，实现治理精准落地，服务精准投送，将"提出问题—把关筛选—线上讨论—形成项目—吹哨报到—效果评估"闭环流程作为平台建设的主线，打通基层"发声"渠道，让群众不满有地方吐槽、求助有部门回应，切实提升群众的获得感、幸福感、安全感。此外，"党群e事通"平台通过数字化干部绩效，把基层治理一线作为锻炼干部的"赛马场"，为社区党组织"补钙"，让机关干部"墩苗"，既激发广大党员干部干事创业的积极性，又为基层治理注入生机和活力。通过科学制定党建、治理、服务指标体系，实现基于大数据分析的科学考评体系，数字化驱动问题上达、处理、分析全流程，实现党建、治理、服务的可视化、可量化。

党建声音
打造党建引领基层治理宣传平台，做好先锋模范、典型案例等宣传工作，宣传党的主张，贯彻党的决定，弘扬正能量，发挥德治作用。

考核评价
搭建党建引领基层治理评价体系，量化党员干部、各级部门工作评估；通过大数据算法和技术的应用，对居民诉求、党建效果、治理效果等进行数据深度挖掘，助力科学决策。

社会服务
延伸政务服务范围，推动公共服务品质提升，引入公益服务范畴，推动主动精准服务。

邻里党群社群
基层党员发动周边热心群众组建邻里社群，党员亮身份，聚焦居民诉求进行议题讨论，由单纯"反映问题"拓展为"一起商量问题，共同解决问题"，将组织优势转化为智力优势，用群众路线解决群众问题，发挥群团带动、居民自治。

党群议事厅
构建线上党群议事厅，民主协商，收集民意，意见表决，充分发挥公众参与价值。

吹哨报道
党群议事厅的热点议题就是基层的哨声，各科室按需报到，形成基层治理的有效联动。也可以向社会组织吹哨，发动社会力量参与治理。

中心：主要板块（1-6）

图8-1 党建引领主要板块

资料来源：作者整理。

"数字党建"较之传统的党建方式方法，创造了五方面价值。

1. 实现精准治理

依托云计算技术，搭建集信息处理、党建引领一体的大数据平台，结合互联网，能够将党建引领实时状态以数字可视化的形态呈现，让党建、组织力建设充分量化，建立一个动态、立体、全方位的党建引领智慧社区共治管理模型，实现对海量抽象数据的可视化分析与展示，为党建引领、精细治理等工作提供数据决策支持，真正实现党建引领基层自治。

2. 畅通沟通渠道

在信息技术高速发展的今天，网络平台已经成了不少群众发表个人意见、表达诉求意愿的主要途径，党员干部要主动通过网络平台了解民情、收集民意、引导舆论、化解矛盾，从"海量"的信息中，真正把群众所思所想摸准，并积极通过官方渠道把群众的合理诉求、实际困难回应好、解决好。

3. 有助于"联动共治、快速响应"

协同治理推进数字政府建设，跨部门、跨区域、跨层级的协调与协同，提升公共服务、社会治理数字化、智能化水平，构建网格化管理、精细化服务、信息化支撑、开放共享的基层管理服务平台。

4. 提升治理效率

以综治视频综合应用为目的，围绕社会治安综合治理重点业务，将视频会议、视频监控、视频培训、视频调解、视频信访等功能整合，实现跨地区、跨部门、跨行业指挥调度、分析研判、应急处置、服务管理等业务。围绕"建、联、管、用"四个核心，开展公共安全视频监控建设联网应用工作，实现"全域覆盖、全网共享、全时可用、全程可控"的目标。以视频联网应用为基础，按照立体化防控要求，依据场景化部署原则，强化大数据发展、智能设备应用，健全公共安全视频监控体系，夯实"雪亮工程基础"，完善公共突发事件处置工作预案，提高处理公共突发事件能力。

5. 提升决策能力

了解掌握真实情况，摸清问题症结，集深度分析、辅助决策等功能为一体，让数据赋能，使"群众跑腿、人找服务"变为"数据跑腿、服务找人"，进一步提升精细化治理的水平。以数字化的手段，构建有利于创新涌现的制度环境与生态，为管理和发展提供及时和充分的科学依据，使管理和为社会服务从定性化走向定量化；让各职能管理部门和机关能有效且实时地了解各方面发生的各类事件，实现信息的实时交互、决策和处理，为构建辖区和谐、平安起到较大的作用；可从基层治理、规划等方面为决策者提供充分、科学的决策依据和优化方案，从而节省时间、提高效率；可充分协调职能部门间的关系，减少因沟通不畅、标准规范以及接口不统一而造成的损失。

五、监管沙盒

数字时代的创新呈现出日新月异的状态。传统市场监管的重心集中在生产安全及产品质量上，监管维度有限，容错空间低。然而随着服务业、金融业、"互联网+"产业的飞速发展，以及创新模式的不断涌现，市场监管难度不断升高。因此如何在总体风险可控的条件下给予创新模式一定的容错空间，鼓励创新是新时代背景下的监管难题。[73] 2019年10月国务院印发的《优化营商环境条例》提出，政府及其有关部门应当完善政策措施、强化创新服务，鼓励和支持市场主体拓展创新空间，持续推进产品、技术、商业模式、管理等创新，充分发挥市场主体在推动科技成果转化中的作用。如果将针对传统经济形态的监管思维、监管方式照搬到数字经济新业态中，不但不能取得良好的监管效果，反而会抑制数字经济的发展。

监管沙盒的提出为市场创新主体和监管者协同探索未来之路提供了新的思路。一方面，监管沙盒在现有监管框架内对创新活动进行一定的豁免，有利于创新项目的顺利开展；另一方面，在沙盒测试开始前，监管部门与创新主体就测试参数、实施范围等进行沟通；在测试进行过程中，双方就沙盒测试的开展情况进行实时沟通，大大畅通监管部门和创新主体的沟通渠道。

（一）监管沙盒的基本概念

监管沙盒（Regulatory Sandbox）最早是由英国金融行为监管局提出的，本质是一种通过隔离实现的安全机制，旨在维护金融市场稳定性、保护消费者的同时，增强监管机制容错性，促进金融创新。根据其概念，监管机构为金融科技企业在现实中提供一个缩小版的创新空间，在保证消费者权益的前提下，给予该空间一个较为宽松的监管环境，使空间内部的企业能够对其创新的金融产品、服务、商业模式进行测试，较少受到监管规则的干扰。该模式不仅能够有效防止风险外溢，而且允许金融科技企业在现实生活场景中对其产品进行测试。

监管沙盒相较于试点试验，两者的出发点均是鼓励创新，包容试错，但不同的是，"监管沙盒"更强调监管机构与市场主体的互动性/能动性，彼此能够相互协作，实现正向反馈，同时依托法律法规和沙盒协议，在沙盒测试各阶段采取精细化管理，从而更有效地激励市场创新、防范风险和保护消费者利益。

（二）监管沙盒的特点

1. 主动监管

监管沙盒的监管理念更具主动性。在作用方式上，现有监管机制遵循的是一种相对被动的监管逻辑，而监管沙盒机制基于监管者与企业之间的沟通，是一种相对主动的监管理念。监管沙盒作为一种监管创新方式，提供了相对包容的空间与弹性的监管方式。监管者在数字产品或服务设计早期便展开调研，这有助于其理解隐私保护法律法规在哪些阶段才能实现，如何得到运用。基于此，监管沙盒能为公共政策的制定者提供更立体的、与实践相关的经验和参照，供监管者制定更有效的法规政策。

2. 事前监管

现有监管机制对市场创新的监管模式依旧属于事后监管，而监管沙盒的作用时间则是在任何制度创新推向市场之前的测试阶段。对于监管者，其能够实现与新兴领域内市场主体的对话，并获得一手、新鲜的信息和资讯。进而能够了解当下产业中的需求，并集中于法律法规存在的亟须明确的部分进行完善，缓解当前隐私保护立法与技术高速更新间较大的滞后性问题。对于入盒企业来说，在推向市场以前，能够同监管者展开积极、广泛的合作，并在真实世界而不是模拟环境中去测试它们的创新产品是否满足合规要求，由此得到的结果及对产品的修正更加具有实践指向性。

3. 隐私保护

虽然"监管沙盒"是一项起源于金融领域的监管创新模式，但其能够有效平衡隐私保护与激发科技创新两者之间的关系，近年来其在数字治理领域的积极效用也在逐步显现，很多国家和组织进行了相关探索。例如，2018年9月，英国信息专员办公室（ICO）开始研究如何借助监管沙盒在促进技术创新的同时保护隐私，截至目前，项目涉及包括交通、安全、住房、医疗、金融、青少年保护等场景中的隐私保护问题。[74]

4.鼓励创新

现有监管机制的重点在于要求创新符合所有已定规则，而监管沙盒则主要站在创新的角度，在现有监管框架内对创新活动进行一定的豁免，在保证消费者权益的原则下，就不同个案提供其能够提供的便利，有利于创新项目的顺利开展。在沙盒测试开始前，监管部门与创新主体就测试参数、实施范围等进行沟通；在测试进行过程中，双方就沙盒测试的开展情况进行实时沟通，大大畅通监管部门和创新主体的沟通渠道。

但是监管沙盒也存在一些局限。监管沙盒本质上是一种小范围的业务试点，业务规模有限，许多创新的风险点需要足够规模才能暴露，或者必须依托于一定规模之上才能发挥其降本增效作用，小规模试点则让这种规模优势无从施展。此外，受限于规模，监管沙盒里的科技创新试点只是有限试点，局限于表面，要探究深层次问题，仍不得不回归现实环境。最后，企业需自己带着市场和用户来做实验，许多针对B端机构用户的创新，通常因为找不到愿意配合的用户，从而无法在沙盒中试点。[75]

尽管监管沙盒有其局限性，但是监管沙盒作为一种数字监管手段和监管理念，依然为探索数字治理的未来之路提供了一种重要的方法论。随着越来越多的创新被纳入沙盒监管，如何更恰当有效地利用监管沙盒并发挥其作用，将会基于实践被进一步总结研究。

六、数字治理需要遵循的十条原则

不论是消费互联网领域还是产业互联网领域，大体有三大类型的企业。第一类是植根于数字技术的硬件、软件研发，开发各类基础性系统软件、操作系统，开发各种基础性硬件装备、高性能芯片、电子元器件、智能终端、通信设备以及机器人等，这是数字经济发展的基础产业，是制造数字软硬件装备的高科技企业。第二类是将数字技术和软硬件产业应用到社会经济中去的平台型企业。包括消费互联网的平台型企业或产业互联网的平台型企业，这些平台型企业是专门为各类网络公司提供生态环境的平台型企业。第三类是在平台型企业提供的互联网平台上生存发展的千千万万个网络公司，正是这些公司服务于社会民众和经济系统，构成消费互联网和产业互联网的应用场景。其中，数字化平台企业是数字经济应用的核心、支柱、主赛场，往往是一个社会万亿元级企业的代表，也是一个国家数字经济实力的最集中体现。一个平台往往承载着千千万万个网络技术服务公司，具有公共性、社会性。这是因为数字化平台企业是以数据为关键生产要素、以新一代信息技术为核心驱动力、以网络信息基础设施为重要支撑的新型经济形态。

事实上，在经济社会中，平台并不是新生事物，而是自古有之。贸易集市、百货商超是货物流通平台，人力市场、猎头公司是人力资源平台，婚姻介绍所、红娘是婚介平台，等等。一般而言，平台具备两种基础性的功能：一是信息中介、交易撮合，实现上下游资源的高效匹配；二是直接提供商品或服务。对数字化平台而言，这两类功能孕育了两类代表性企业：一种是以淘宝、京东、拼多多为代表的销售平台，以腾讯为代表的信息交流平台，以及携程、去哪儿等旅游平台等；另一种是直接提供内容的平台，如各种搜索引擎、新闻媒体、短视频服务等。

在互联网的应用和数据要素的支持下，数字化平台被赋予了全新的特征内涵。第一，数字化平台企业以互联网为主要载体，以新一代信息技术为核心驱动力，由于其信息传播速度快、覆盖范围广、穿透力强，一旦商业模式行之有效，就能以极低的边际成本迅速复制推广，具有显著的规模经济效应，因此扩张速度远远超过传统企业。第二，数字化平台以数据为关键生产要素，而数据是取之不尽、用之不竭的，可以经过多次转让和买卖，数据的使用和挖掘又会产生新的数据。平台在掌握大量活跃用户数据的基础上，生成用户画像并进行精准营销，能够提供的增值服务是成倍增长的，更容易做大。第三，互联网行业始终是近20年来的投资热点和风口，大量的资金涌入平台型企业，进一步助推平台型企业的繁荣发展。这些因素都决定了数字平台型企业更易于形成巨头。

但是，任何一个平台型企业能够成功的关键，仍在于瞄准行业的痛点，利用数字化技术针对性地解决供给与需求之间的结构性矛盾。在消费互联网行业，各类电商平台解决了传统零售行业中的渠道矛盾，支撑着上千万个B2B、B2C类的网络商品消费公司：如拼多多平台支撑着上百万的商品、日用品、服装类企业与上亿客户的打折交易；美团、饿了么等外卖平台围绕大量城市工薪阶层对于便捷、实惠的用餐需求，为上游餐厅和下游消费者之间提供配送服务；腾讯微信支撑着数以亿计的用户信息交流；网络打车平台支撑着数以千万计的出租车运行；直播带货平台在一定程度上弥补了网购场景下用户体验方面的不足；等等。这些平台的确都为社会的方方面面带来了效率上的提升。同样，在产业互联网方面，有科技金融平台类企业，为各类金融企业提升金融科技水平，改善金融资源配置效率，也为各类中小企业解决融资难、融资贵的问题；有数字物流企业平台为港口、铁路、公路物流运输企业提供仓储物流高效率、低成本的无缝对接；有专为工业4.0自动化工厂提供智能软件的平台企业；等等。

数字化平台一旦做大，就具有行业性、生态性、公共性、社会性、垄断性等特性，发展过程中往往会形成行业秩序、公平公正运行的保障功能，行业性同类交易的集聚功能，平台商家入场交易成本的定价功能，资源优化配置功能，形成几千亿元、上万亿元甚至十几万亿元的巨量资金的汇聚功能。具有这五种功能的平台公司，往往是一个国家消费互联网和产业互联网应用发展的标志、旗帜,是国家和国家之间数字经济强弱的核心竞争力的关键。对此,一方面,国家应在这类具有平台意义的公司发展初期、雏形期予以全力支持,在其萌芽状态重资注入,包括资本市场、金融市场、各类主权基金和公募、私募基金。另一方面,要考虑到这类公司的公共性、社会性、垄断性产生的巨大的社会影响力,要有规范的负面清单管理规则。

具体而言,平台企业的社会影响力主要表现在以下四个方面。一是具有影响放大的作用。平台企业与平台上的商户是深度融合的关系,平台企业在治理模式、价值取向方面都深刻影响了平台上千千万万个商户和参与者,因此平台企业的社会责任也就不再局限于自身,也包括商户的社会责任;一旦平台发生风险,不仅是企业本身的财务风险、法律风险,还会产生覆盖范围极大的社会风险。二是改变终端用户的消费和行为习惯。比如电商平台的兴起改变了消费者的购物习惯,移动支付改变了人们的支付习惯。三是具有舆论属性和社会动员能力。部分大型网站和互联网平台,尤其是资讯类平台传输的内容对于引导社会舆论走向起到了重大作用,具有较强的舆论属性或社会动员能力。四是起到价值取向输出作用。平台所传播的社会观念和价值取向会在潜移默化下影响公众价值认知体系的塑造,特别是对世界观、价值观尚未完全成熟的青少年群体而言更是如此。某些平台上对于超前消费、享乐主义的过度宣传和美化,从个人层面来看不利于脚踏实地、积极向上等优良品质的形成;从国家层面来看,不利于制造立国、实业兴邦等国家战略的推进。

因此,对于平台型企业,要坚持支持与监管并重原则,一方面鼓励支持做大做强,另一方面厘清权益与责任的边界,建立"事前+事中+事后"的全生命周期监管体系,形成规范而周密的负面清单管理规则。事实上,"数字化"并没有改变人类社会基本的经济规律和金融原理。各类互联网商务平台以及基于大数据、云计算、人工智能技术的资讯平台、搜索平台或金融平台,都应在运行发展中对人类社会规则、经济规律、金融原理心存敬畏,并充分认识、达成共识。

第一,对金融、公共服务、安全类的互联网平台公司要提高准入门槛、强化监管。凡是互联网平台或公司,其业务涉及金融领域,教育、卫生、公共交通等社会服务领域以及社会安全领域这三个方面的,必须提高注册门槛,实行严格的"先证后照",有关监管部门确认相应资质和人员素质条件后发出许可证,工商部门才能发执照,并对这三类网络平台企业实行"负面清单"管理、事中事后管理、全生命周期管理。

第二,落实反垄断法,尤其要防范市场份额的垄断程度达到整个国家80%甚至90%的企业。要及时纠正和制止网络平台公司以"融资—亏损—补贴—烧钱—再融资"的方式扩大规模直至打败对手,在形成垄断优势后,又对平台商户或消费者收取高额费用,或是强制要求用户进行"二选一"、大数据杀熟等。这一类行为有违市场公平原则,扰乱市场秩序。

第三,限制互联网平台业务混杂交叉。要像美国谷歌、脸书那样严格要求资讯平台、搜索平台和金融平台之间泾渭分明。做资讯的就不应该做金融,做搜索的也不应该做金融,做金融的不应控制资讯平台、搜索平台。

第四,保障信息数据的产权。数据在利用的过程中产生了价值和产权,要像保障专利、知识产权那样保障信息数据的产权。数据的管辖权、交易权由国家所有;所有权由双边交易的主体所共有,平台不能基于强势地位擅自进行大数据杀熟,也不能未经个人同意非法将共有的数据转让;数据转让后的主体仅拥有使用权,不得再次进行转让；数据的财产分配权由数据所有者共享。

第五，确保信息数据安全。互联网平台公司以及各类大数据、云计算运营公司，要研发加密技术、区块链技术，保护网络安全，防止黑客攻击，防止泄密事件发生，不侵犯隐私权等基本人权，绝不允许公司管理人员利用公司内部资源管理权力窃取客户数据机密和隐私。

第六，提高数据交易领域的准入门槛，建立健全统一的数据交易制度规则。对于参与数据交易的各类市场主体，包括交易双方以及提供数据交易中介、数据托管、数据加工、数据清洗等服务的第三方机构，都须经过有关机构的许可后，由国家相关部门发给营业执照，持有牌照才能参与数据交易。建立健全统一的数据交易制度规则，防范数据非法交易、数据窃取等行为。

第七，确保各种认证技术和方法的准确性、可靠性、安全性。近几年，网上许多认证，包括网上实名制在内，由于安全性差而遭到黑客轻易攻击，造成隐私泄露、社会混乱的情况，亟须改进。最近一段时间，又有许多创新，如生物识别、虹膜识别或者指纹识别。这一类创新看似很先进，但是所有这些生物识别都是黑客可以仿造的，如果一个黑客破解人的虹膜、声音、指纹等生物特征，就是很难进行监管的。这些识别在线下常规情况下是准确的、唯一的，但是在线上就可以被仿制，难以搞清楚。所以，现在美国、欧洲不允许在线上做生物识别系统。

第八，凡是改变人们生活方式的事，一定充分听证、逐渐展开；要新老并存、双规并存；要逆向思考、充分论证非常规情况下的社会安全，绝不能由着互联网公司率性而为。比如，这几年我国在货币数字化、电子钱包、网络支付方面发展很快，人们把手机当作钱包，衣食住行几乎离不开移动支付，一些商店甚至不能使用人民币。但是应当认识到无现金社会在面对战争、天灾时的可靠性问题，庞大的社会电子支付体系可能会瞬间崩溃，因此要三思而后行。

第九，互联网平台公司具有社会性公共服务的功能性后，一旦出事，后果严重。互联网公司因其穿透性强、覆盖面宽、规模巨大，一旦疏于管理，哪怕只有一个漏洞，放到全国也会有重大后果。比如，经营出租车、顺风车业务是一种社会性公共服务，因为互联网服务体系要覆盖全国，它的规模可以达到几百万辆。如果由于公司管理体系不健全，出现了恶性事件，那不仅是一个企业停业整顿的问题，还有怎么处罚的问题。常规情况下，一个出租公司有几百辆车，出了事罚3~5倍的款，罚几十万元。美国的优步出事，非死亡事故就赔了几千万美元，不是因为公司大赔偿数额也巨大，而是因为社会影响大，这一赔偿让企业损失惨重，倒逼企业彻底改正，绝对不再让员工犯这类错误。所以，在这方面要打破常规，不能用常规的管法。常规出租车出了事要赔款，正常的工伤死亡赔偿是60万元，事故死亡赔3倍，即180万元。对于大规模的网约车绝不可以这样，要加重罚款。

第十，规范和加强互联网平台企业的税务征管。最近几年许多百货商店关门了，有一些大城市1/3的百货商店都关了。其中，很重要的原因是网上购物分流了商店的业务量。而实体店无法与网店竞争的重要原因，除了房租、运营成本，就是税收。对百货商店征税是规范的、应收尽收的，而对电子商务系统的征税是看不见的，这就有违不同商业业态的公平竞争原则。

综上所述，数字经济是发展新引擎。要在宏观上、战略上热情支持，但也要留一份谨慎，留一点余地。对于涉及国家法理、行业基本宗旨和原则的问题，比如数据信息产权的原则、金融的原则、财政的原则、税收的原则、跨界经营的约束原则、社会安全的原则、垄断和反垄断的原则，或者企业运行的投入产出的原则、资本市场运行的原则，都应当有一定的冷思考、前瞻性思考，防患于未然。而政府在数字治理过程中，通过利用数字化的手段，在营造包容的营商环境、促进创新的同时，还要协调市场内部各利益主体之间的关系，维护市场中各主体间的公平竞争，防范数字经济风险，在护航数字经济健康可持续发展的同时，更好地发挥利用数字经济的特点实现共同富裕。

第九章

数字经济实践案例

一、百度：用科技创新助力产业转型，打造数字经济"制高点"[①]

国务院 2021 年 12 月发布的《"十四五"数字经济发展规划》中提出，"补齐关键技术短板，集中突破高端芯片、操作系统、工业软件、核心算法与框架等领域关键核心技术"。这些核心技术是数字经济发展的"制高点"，也是科技企业发展面临的新机遇。百度等一批专注于核心技术研发的高科技企业，正在探索和实践基于技术创新的发展路径，抢占数字经济"制高点"，推动数字经济快速发展。

（一）互联网盛宴之后：如何用技术创新引领产业发展

2022 年 4 月 28 日，北京发放了无人化载人示范应用通知书，百度成为首批获准企业，其旗下自动驾驶出行服务平台"萝卜快跑"，正式开启无人化自动驾驶出行服务。自动驾驶是人工智能应用的顶级工程，从环境感知、行为预测，到规划控制、高精地图、

[①] 本部分由百度集团协助供稿。

高精定位，一辆无人车集纳了多个领域顶尖的技术。这些核心技术是买不来的，只能靠中国企业自立自强、攻坚克难。

百度原本是一家做搜索引擎的公司，在互联网飞速发展的时代用搜索技术创造了中国互联网企业发展的奇迹。百度天生具有技术创新基因，对前沿技术总是具有高度敏感性。在中国经济数字化转型伊始，百度就开始加大人工智能等前沿技术研发力度，助力中国产业走入数字新时代。

1. 飞轮效应：研发高投入、高聚焦，形成高压强

任何一个国家，其综合国力的增长都与国家研发投入成正比。中国企业普遍存在研发强度不足的问题。研发投入如何发挥更大的效益，是中国政府和企业都在积极思考的问题。百度在研发上面走出了一条自己的道路，那就是提高研发投入、聚焦特定领域，用高压强的研发寻求技术突破。在民营企业 500 强中，只有百度和华为研发投入强度超过 15%，百度位居第一，为 23.4%（2021），百度研发人员占比达到 58.5%（2021）。这样的研发强度，使得百度取得技术突破，成为全球领先的 AI 公司。在中国科学院、《哈佛商业评论》等多个国内外机构的评选中，百度都是唯一进入全球 AI 四强的中国公司。2021 年，百度人工智能专利申请量超过 1.3 万件，申请量和授权量连续四年排名国内第一。百度在高端芯片、深度学习框架、预训练大模型这些底层技术领域的突破和创新，对国家高水平科技自立自强形成了有力支撑。

飞桨深度学习框架与平台。深度学习框架是数字经济发展中的核心技术，它上承应用，下接芯片，处于极为关键的位置。过去几十年，中国在互联网应用方面全球领先，但是在互联网底层技术和系统上缺位。PC 时代，微软 Windows 主导了桌面操作系统；移动时代，谷歌的安卓和苹果的 iOS 操作系统一统天下。在人工智能

时代，中国必须要抢下操作系统这一"制高点"。2017 年，国家发改委正式批复，由百度牵头，与清华、北航、信通院等单位共建"深度学习技术及应用国家工程实验室"，2021 年升级为国家工程研究中心。飞桨深度学习平台是研究中心的重要成果，截至 2022 年 5 月，平台已汇聚 477 万开发者，服务超过 18 万家企事业单位。在国内深度学习市场上，飞桨赶超谷歌的 TensorFlow 和脸书的 PyTorch，位居国内综合市场份额第一。

高端芯片。高端芯片是一个高技术门槛的领域，芯片底层技术自主可控非常重要。百度从 10 年前就开始布局高端芯片，从专有芯片开始进行边缘突破和创新。2018 年，百度云端通用芯片昆仑 1 （14 纳米）实现量产，2021 年昆仑芯 2（7 纳米）实现量产。百度做高端芯片的路径，一是靠技术创新，二是靠应用驱动。百度搜索每天响应数十亿次搜索请求，百度地图每天响应 1 300 亿次定位请求，超大的算力、算法需求，"逼迫"百度深入研究机器学习的算法以节省成本、提升效率。百度昆仑芯 1 已量产 2 万片，在搜索中替代了国外厂商的高端芯片。百度昆仑芯片已经在工业质检、智慧城市、智慧金融等场景、近百家客户中实现规模落地。值得一提的是，昆仑芯片除了拥有 100% 自研 XPU（云计算加速芯片）架构及多项自主设计，还与多款国产通用处理器、操作系统以及百度自研的飞桨深度学习框架完成端到端的适配，拥有软硬一体的全栈国产 AI 能力。百度鸿鹄芯片也是依赖百度全栈式的 AI 能力，为智能音箱等语音对话优化设计的芯片，在小度智能音箱上得到广泛应用。

预训练大模型（简称"大模型"）。作为当前人工智能发展的重要方向，预训练大模型具有效果好、泛化能力强的特点，进一步增强了人工智能的通用性，让广大开发者可以更低成本、更低门槛地开发 AI 模型，促进人工智能的广泛应用，成为人工智能技术和应用的新基座。

百度自 2019 年开始深耕预训练模型研发，先后发布知识增强文心（ERNIE）系列模型。文心系列模型基于持续学习的语义理解框架，从大规模知识和海量数据中融合学习，效率更高，效果更好。2019 年 12 月，ERNIE 2.0 以 9 个任务平均得分首次突破 90 大关的成绩登顶国际权威排行榜 GLUE 榜首。2021 年 7 月，ERNIE 3.0 英文模型在国际权威的复杂语言理解任务评测 SuperGLUE 上超越谷歌的 T5、OpenAI（人工智能非营利组织）的 GPT-3 等大模型，以超越人类水平 0.8 个百分点的成绩登顶榜首。2021 年 12 月，百度与鹏城实验室联合发布全球首个知识增强千亿大模型鹏城—百度·文心，参数规模达到 2 600 亿，在 60 多项 NLP（自然语言处理）任务中取得最好效果。2022 年 5 月的 WaveSummit 深度学习开发者峰会上，百度发布 10 个大模型，包括融合学习任务知识的知识增强千亿大模型、多任务统一学习的视觉大模型、跨模态大模型、生物计算大模型、行业大模型等，并提出支撑大模型产业落地的 3 个关键路径：建设更适配场景需求的大模型体系，提供全流程支持应用落地的工具、平台和方法，建设激发创新的开放生态等。

文心·行业大模型基于通用的文心大模型，融合学习行业特有的大数据和知识，进一步提升大模型对行业应用的适配性。在能源电力领域文心大模型联合国家电网研发知识增强的电力行业 NLP 大模型国网—百度·文心，在金融领域联合浦发银行研发知识增强的金融行业 NLP 大模型浦发—百度·文心，通过引入行业特色数据和知识，在电力、金融相关领域取得显著的效果提升。在航天领域，文心大模型携手中国航天发布世界上首个航天大模型——航天—百度·文心大模型，推进航天领域 AI 技术应用。

截至目前，文心大模型已应用于工业、能源、教育、金融、通信、媒体等行业，例如工业领域的零部件质量检测、能源领域的输电线路巡检、教育行业的作文灵感激发、金融行业的合同信息抽取等，真正帮助企业降本增效并激发创新。同时，文心大模型还全面应用于智能搜索、信息流、智能音箱等互联网产品，提升了用户获取信息、知识和服务的效率和效果。

AI开放平台。技术生态和产业生态的建设是中国科技公司的短板，还没有任何一家中国公司在一个大的技术浪潮中成功建立起有全球影响力的技术生态和产业生态。百度做AI，无论是飞桨深度学习平台，还是昆仑芯片，都坚持开源开放，目的是让大家少走弯路，让整个赛道更宽广，让技术发展更快，让应用普及更快。目前，百度AI开放平台已对外开放了1 400多项AI能力，日调用量突破1万亿次，服务于千行百业的智能化升级。百度还拥有中国最大的开源社区——开源中国。2020年百度宣布，将在未来5年为全社会培养500万AI人才。

作为一家典型的技术公司，百度坚持的发展路径是：通过高研发投入和创新，推动技术商业化，保持健康的公司运营，然后再投入研发创新，形成"飞轮效应"。高强度研发投入帮百度建立竞争优势和护城河，并最终转化为盈利能力。盈利能力确保持续的高强度投入，形成正反馈。

2. 乘数效应：AI推动产业智能化，实现数字经济快速增长

数字技术与传统产业的融合，将产生颠覆性改造作用，通过数字产业化、产业数字化，对经济发展产生叠加效应、乘数效应。

百度智能云的发展，无论是从规模还是起步的时间看，在单纯的云计算服务IaaS上并不占优势。但百度凭借自身在深度学习框架和高端AI芯片的积累，侧重PaaS和SaaS，提供基于人工智能算法和算力的"云智一体"的服务。百度智能云被称为"最适合跑AI的云"，可以消除企业在数字化转型中面临的算力负担。百度智能云在业界率先打造出AI原生云服务架构。在算力层面提供面向

AI场景的弹性高性能的异构算力，在应用开发层面，提供面向AI应用场景的系列低门槛开发平台，帮助企业把AI应用架构做得更加简洁、更加敏捷。同时，百度智能云还打造了绿色算力底座，包括自主研发的昆仑AI芯片、高性能极致弹性的计算架构，以及绿色节能的数据中心，有力支撑AI技术研发及大规模应用。百度的"云智一体"，就是以云为基础做数字化转型，以AI为引擎做智能化升级。以"适合跑AI的云"和"懂场景的AI"共同构造智能时代基础设施。

百度智能云在工业互联网、智慧金融、智慧医疗、智能交通和智慧城市等领域已拥有领先的产品、技术和解决方案。百度智能云"开物"工业互联网平台已经在贵阳、重庆、苏州常熟、浙江桐乡等多个城市落地。2022年5月，"开物"工业互联网平台凭借四个独特优势——核心技术自主研发、构建完整的工业AI PaaS平台、平台开放和下沉运营、建设新型职业人才培养模式，成为工信部遴选的"跨行业跨领域工业互联网平台"。"双跨"平台代表着国内工业互联网平台发展水平，入选企业则被视为"国家队"，将发挥行业标杆示范作用，促进工业互联网创新发展和生态繁荣。

在贵阳经开区，依据当地的产业基础和行业特点，结合百度的AI能力和资源，建设了一个区域级的工业互联网平台，平台上的企业平均生产效率提升了5%，协同能力提高了10%。在福建泉州，百度智能云参与打造的"水务大脑"智能化升级城市水务流程，让水务运行更高效。新疆电网在接入百度智能云的云智一体的技术和产品后，电力设备实现智能化运行，保障线路传输及巡检人员安全，实现智能巡检、智能化管控。

3. 头雁效应：自动驾驶领军者，加速商业化落地

2022年4月21日，美国汽车制造商特斯拉公司CEO（首席执

行官）马斯克宣布，特斯拉或将在 2024 年实现 Robotaxi（自动驾驶出租车）量产，而且希望自动驾驶出租车每英里的价格比公交车还要便宜。一周后，4 月 28 日，百度旗下自动驾驶出行服务平台"萝卜快跑"正式开启无人化自动驾驶出行服务。百度创始人、董事长兼 CEO 李彦宏之前就做出预测，当每天有 5 000 万个订单时，自动驾驶出租车的成本将会是现在的 1/5，届时自动驾驶行业会进入全面商用阶段。麦肯锡也曾预测，自动驾驶出租车与人类驾驶出租车相比，出行服务成本将在 2025—2027 年达到拐点，预计 2025 年之后的 5 年内，自动驾驶出租车的成本将出现快速下降。

在自动驾驶技术研发上，美国拥有发达的集成电路技术，在高端芯片设计领域也一直保持领先态势。另外，在激光雷达、视觉技术等方面都保持领先。中国发展自动驾驶的优势在于以下五个方面。第一，汽车市场足够庞大，可带来显著的规模效应，也可支撑足够多的细分场景。第二，基础设施配套齐全。我国大力推行 5G、卫星互联网、数据中心、智能交通等新型基础设施建设，让中国自动驾驶不仅可以实现单车智能，还可以走"车路协同"的发展道路。第三，中国自动驾驶在高精度地图、激光雷达、车载计算芯片等领域都取得了很大进展，车规级激光雷达、人工智能芯片算力都达到国际先进水平。第四，智能汽车是自动驾驶的核心终端，在智能汽车大规模量产之时，中国制造的优势将进一步凸显。第五，国家层面的顶层设计和政策驱动。过去 6 年，中国已经连续发布 10 余项国家级政策，从国家战略层面保证中国自动驾驶的竞争力。

作为中美两国自动驾驶领域的"头雁"，百度 Apollo 和谷歌 Waymo 都实现了自动驾驶的"无人化"，接下来将竞速自动驾驶"商业化"。这方面，百度跑得更快。从自动驾驶出行服务订单数量看，"萝卜快跑"半年订单就突破 30 万单，而 Waymo 车队的订单量，据估算每季度仅为 2.6 万～5.2 万单。从订单量看，百度

Apollo 后来居上，实现了对谷歌 Waymo 的反超，成了全球最大的自动驾驶出行服务商，中国头雁开始领跑全球。百度还定下新目标：到 2025 年将业务扩展到 65 个城市，到 2030 年扩展到 100 个城市。

事实上，百度在自动驾驶领域"车—路—云—图"全栈式布局，放眼全球都是独一无二的。百度 Apollo 已经发展出了三种商业模式：一是为主机厂商提供 Apollo 自动驾驶技术解决方案；二是百度与吉利集团合资成立了智能汽车公司"集度"，端到端地整合百度自动驾驶方面的创新，把最先进的技术第一时间推向市场；三是 Robotaxi 自动驾驶出行服务。

从 2017 年开始，百度牵头承担首批"国家新一代人工智能开放创新平台"中的自动驾驶平台建设任务，成为自动驾驶的"国家队"。其间不断加强汽车、信息领域的关键核心技术研发攻关，并全力打造开源创新生态，加速了高校、科研机构与企业，特别是初创企业的跨界协同，有效推动了自动驾驶技术创新和产业发展。截至 2022 年 5 月，百度 Apollo 全球自动驾驶生态合作伙伴超过 200 家。

综上，百度从搜索起家，服务了超过 10 亿互联网用户；近 10 年通过在人工智能、大数据、云计算等领域的尝试和探索，逐渐成长为一家领先的 AI 公司，并形成了三大增长引擎：移动生态业务、智能云、智能驾驶和智能助手。面向未来，随着数字经济的不断发展，百度将不断发挥技术创新优势，努力在新一轮的科技竞争中成为全球的科技巨头。

（二）人工智能推动产业转型的典型案例

百度智能云是百度 AI 能力的输出者，凭借"云智一体"的独特竞争优势，以云计算为基础，人工智能为引擎，赋能千行百业为战略，将 AI 技术输送到地头田间、工厂车间。百度建设的飞桨产业级深度学习开源开放平台、开物工业互联网平台，都是云智一体的智能化综合性基础设施，可以大幅降低数字技术和智能技术的应用门槛。

1. 工业互联网：为区域经济高质量发展打造新型基础设施

《"十四五"智能制造发展规划》提出，到2025年建成120个以上具有行业和区域影响力的工业互联网平台，促进区域智能制造发展。百度智能云"开物"以"AI+工业互联网"为特色，跨行业跨领域地为工业企业、产业链和区域产业集群提供"云智一体"的整体解决方案。在贵阳经开区，百度智能云"开物"打造的工业互联网平台项目，对400余家工业企业实施了数字化改造。在加入平台后，贵州劲嘉新型包装材料有限公司的安全生产得到全面提升，智能化监管设备遍布该公司生产车间的所有关键区域，当工人未按规定要求进入车间、违规操作时，系统可实现秒级速度反应，反复提醒、纠正，为安全生产提供保障。贵阳兴航机电技术有限公司借助此平台，能够更好地为全省工业企业提供优质维修服务。平台上企业如有维修需求，可实时联系到该公司，同步待修机器详情，实现精准维修，提升了生产效率。

2. 智能交通：减少交通事故，提升交通效率，出行更低碳

智能交通是云计算、大数据和人工智能三位一体最综合的应用领域。百度智能交通解决方案包括车路协同、智能信控、智慧停车、智慧交管、智慧高速等，目前在北京、上海、广州、长沙、重庆、阳泉、沧州、合肥等50个城市开展落地实践。李彦宏认为，未来的城市智能交通不仅要有"聪明的车"，还要有"智慧的路"。以车路协同为基础的智能交通，将能够提升15%~30%的通行效率。4年之内，中国的一线城市将不再需要"限购""限行"；9年之内，

靠交通效率的提升基本上就可以解决拥堵问题。

车路协同。2020年8月，广州黄埔区、广州开发区与百度Apollo开启广州市黄埔区、广州开发区面向自动驾驶与车路协同的智慧交通新基建项目。在黄埔区133公里城市开放道路和102个路口，规模化部署了城市C-V2X标准数字底座、智慧交通AI引擎及6个城市级智慧交通生态应用平台，并与现有交通信息化系统实现对接应用，取得了明显成效。在城区6条主干道实施了动态绿波的控制策略，每条道路平均行程时间下降了25%，平均遇红灯停车次数由3~4次下降为1次。其中核心干道开泰大道自东往西方向实现了一路绿灯通过12个路口。2020年5月，北京Apollo Park在北京亦庄落成，这是全球最大的自动驾驶和车路协同应用测试基地。百度在此部署了ACE智能路口解决方案，这个方案具备"多杆合一、多感合一""一次投资、持续收益"的优势，目前部署了300多个路口。

智能信控。在广州黄埔区科学城、知识城智能信控项目范围内，自适应路口数量占比达57%，日均优化次数达3 600余次，路口车均延误下降约20%，绿灯空放浪费下降约21%。让每天开车经过的人切实感受到智能交通带来的变化，体验"一路畅通"的感觉。在湖南长沙，百度和公安局交警支队合作打造了87个智能路口，路口通行效率提升25%以上，交通事故减少了35%。

智慧交管。百度为保定打造了河北省首个新型智能交通项目"保定AI智慧交管大脑"。基于百度的车路协同、大数据和AI技术，已经在保定建设了176个智能路口，实现了对车辆的自动化、精准化、智慧化的管控。目前，保定城区高峰通行拥堵指数已下降4.6%，平均速度提升11.6%；应用动态干线协调控制的四条主干道，车辆行程时间平均缩短约20%，车速平均提高约6.5公里/时。百度还在保定建设了一个特色场景：智能可变车道。在保定可变车道案例中，车道的切换是完全依靠百度的信控优化系统实现的，让车道的方向与车辆的需求更匹配，更及时地解决左转和直行排队长度不均衡的问题。

智慧高速。百度智慧高速解决方案融合了大数据、人工智能、车路协同等关键技术，解决视频联网、监控调度、巡检养护等传统高速业务痛点问题。同时，百度智慧高速解决方案还面向自由流收费、全天候通行等下一代智慧高速应用场景，推动智慧高速的数字化、智能化升级。2020年8月，国内首条支持高级别自动驾驶车路协同的高速公路——G5517高速长益段正式通车；9月，百度在四川都汶高速龙池段，建成了西南地区首个"全天候车路协同"试验场。此外，百度在山西五盂高速公路15公里范围内，建成了国内首条智能网联重载高速公路示范路段。

2021年，百度中标京雄高速河北段，将运用全新视角打造国内首条具有L2至L4级自动驾驶专业车道的智慧高速公路。在京雄高速的建设过程中，百度基于"全栈闭环、主动交互"的车路云图高速数字底座，融合大数据、人工智能、车路协同等关键能力，协助其打造"一屏观全域、一网智全程"的智慧高速样板。京雄高速在全线设置了3 700余根智慧灯杆，整合了能见度检测仪、边缘计算设备、智慧专用摄像机、路面状态检测器等新型智能设备，依托北斗高精度定位、高精度数字地图、可变信息标志和车路通信系统等，可为车主提供车路通信、高精度导航和合流区预警等服务。

MaaS，出行即服务。2021年2月，百度Apollo全球首个服务多元出行的MaaS平台亮相广州。平台部署了包括自动驾驶出租车、自动驾驶公交、自动驾驶巡检车以及自动驾驶作业车4支车队，通过百度AI算法能力，智能调度引擎，可以对全局实时运营情况及供需信息进行分析，实现对Robobus、Minibus、Robotaxi各类车型的融合调度。不仅如此，广州MaaS平台还接入公交、共享单车等其他第三方运力资源，打造基于自动驾驶的 MaaS 一站式出行平台。

3. 水电基础设施智能化，助力绿色双碳目标达成

智慧水务。在福建泉州，百度智能云联合合作伙伴打造"泉州水务大脑"，可对制水工艺进行智能化监测与预警，实现对生产流程的自动化控制与运维。一个 App 加上两名工作人员就可实现对全厂多个工艺环节的管理控制。泉州水务制水供水单位能耗下降 8%，分散式污水处理设施正常运行率提升 5%。

智慧能源。传统电网电力巡检通常依赖人工，劳动强度高，效率低，且受恶劣天气等外界因素影响较大。百度无人机每天可巡检 40~50 级线路，长达 20 公里，减少了 60% 的人工巡检工作量，大幅提升了工作效率。百度智能云还助力国网山东电力搭建输电通道可视化，轻松实现户外各种复杂场景下的安全巡检，烟火识别准确率由 70% 提升到了 90%，同时实现秒级报警。

4. 蔬菜设施智脑：推进乡村振兴及新型城镇化建设

在"中国蔬菜之乡"山东寿光，百度智能云与当地政府以及合作伙伴联合打造了"蔬菜设施智脑"。在 AI 技术的加持下，寿光的蔬菜种植产量提升了 10%，商品果率提升了 15%~20%，水、肥、药用量降低了 15%，蔬菜生产种植真正实现了降本增效。农业大田里，老乡只需要通过手机 App 便可以监控大棚内蔬菜的生长和环境情况，坐在家里就能成为"农业专家"。用人工智能技术帮助蔬菜种植从"经验种植"向"智能种植"转变。

5. 智慧物流：让城市动脉畅通无阻

百度地图为物流行业输出物流地图、智能调度系统等智能物流

解决方案，帮助合作伙伴降本增效。双汇物流在全国推广应用百度地图智能调度系统后，提升调度人员整体操作效率75%以上，综合节约运输成本超5%。除此之外，通过将车辆违章数据智能化分析的结果与智能调度系统进行打通，实现了在计划层面对路线选择的主动干预，不仅有效规避了事故与违章的高发路段，更实现了对司机行车安全的关怀。

6. 数字体育：提升体育科技研发水平及观众体验

百度智能云在观众观看比赛体验、运动员辅助训练等多场景推出成熟的数字体育解决方案，并联合央视、国家级运动队共同打造出标杆案例，展现规模化复制能力。在北京冬奥会滑雪女子大跳台决赛中，谷爱凌最后一跳以向左偏轴转体1 620º的动作完美逆转，获得本场奥运会个人首金。然而高空滑雪作为一项"空中飞人"运动，观众在观赛体验上却面临一系列困惑：滑雪运动的评判标准究竟是怎样的？裁判如何看清冠亚军的差别？在央视总台播出的《奥秘无穷》节目中，百度智能云通过"3D+AI"技术打造出"同场竞技"系统，将单人比赛项目变成"多人比赛"，实现了冠、亚军比赛画面的三维恢复和虚拟叠加，方便观众通过一个赛道看到不同选手的实时动作。同时，通过技术手段对运动员动作进行量化分析，将滑行速度、腾空高度、落地远度、旋转角度等一系列运动数据与原始画面叠加起来，观众可以多角度看清选手之间的技术差异，轻松看懂冠亚军之争。

7. 飞桨助力全球首个冰激凌行业"灯塔工厂"诞生

上海哲元科技基于飞桨 EasyDL 人工智能开发平台训练出食品生产流水线数量清点及外观检测模型，是为一家全球知名冰激凌品牌定制的检测模型，能够做到从蛋卷皮外观、巧克力喷涂到灌料、撒料、压盖、包装的全流程智能化检测，实现了"快、全、省、安、优"——从人工 1 秒检测 1 个产品，到机器 1 秒检测近百个产品；从只能识别 1 种缺陷，到可识别全流程几十种缺陷，实现了机器 24 小时全检，改变原有人工质检模式，有效保障了食品的安全生产，同时保证了检测质量与效率。2021 年 9 月，在上海哲元提供的智能化质检系统加持下，该冰激凌品牌位于江苏太仓的工厂被认证为世界级"灯塔工厂"，更是全球冰激凌行业的第一家"灯塔工厂"。

8.飞桨：虚拟传感器模型，为中国交通机电安全护航

中车研究院选择国产深度学习框架飞桨，利用飞桨构造出虚拟传感器模型。从模型搭建、训练到实际部署，中车研究院仅花了几个月的时间，而传统的方法则需要 2~3 年。通过实验室测试、铁路环线验证发现，采用虚拟传感所得数据与加装传感器数据同等有效，并且在中车研究院的算法持续优化下，故障检测准确率整体提升了 10%。目前，中车研究院利用百度飞桨开发的虚拟传感器模型，已经加载于中车研究院自研的积木式设备物联与计算平台中。未来，高铁、动车、地铁，甚至是风力发电机、电动大巴汽车里都会有它的身影。

二、腾讯产业互联网：以 C2B 优势和科技创新助力数实融合[①]

2018 年，腾讯在自己 20 周岁的时候宣布"扎根消费互联网，拥抱产业互联网"的战略。马化腾在 2018 年《给合作伙伴的一封信》中明确表示，"要让个人用户获得更好的产品与服务，我们必须让互联网与各行各业深度融合，把数字创新下沉到生产制造的核

---

① 本部分由腾讯公司协助供稿。

心地带，将数字化推进到供应链的每一个环节。没有产业互联网支撑的消费互联网，只会是一个空中楼阁"。为此，腾讯成立了云与智慧产业事业群（简称 CSIG），全力推动产业互联网战略。

腾讯的产业互联网战略以腾讯云为基座，融合安全、AI、大数据、IoT（物联网）、多媒体等领先技术，与 9 000 多家合作伙伴打造了超过 400 个行业解决方案，服务出行、工业、制造、零售、金融、医疗、教育等各行各业数字化转型。腾讯云持续发力自主研发芯片、操作系统、服务器、数据库、音视频、安全等，构筑自研产品矩阵，服务客户已经达数百万；腾讯会议用户数突破 3 亿；企业微信上的真实企业与组织数超 1 000 万，活跃用户数超 1.8 亿，连接微信活跃用户数超过 5 亿。

（一）腾讯的产业互联网产品布局

增强连接和可靠度量，激活产业创新价值，是腾讯助力数字经济的基本思路，也是腾讯开发产业互联网产品的两个基本支点。首先，数字经济让不同领域重新连接、组合，跨领域融合成为产业价值创新的方向。数据要素化为社会经济系统中的所有单元提供了互联的可能性，这种广为存在、多样化的连接，使得原有的产业格局发生重构。腾讯是因连接而生的企业，因此也最善于开发连接型的产品，加速数字技术与实体经济的融合、不同产业之间的融合发展。其次，数据和连接价值的体现，离不开高精度的可靠度量。云计算、AI、大数据等技术，为产业生态带来更大范围、更高精度、更可靠的度量。腾讯致力于不断创新数字技术，并基于此开发各种度量方案，以此实现对产业互联网生态的优化和转型升级。产业互联网所带来的数字化度量是全面的度量，不只是生产资料、不同的生产服务环节，还包括产业生态中的每一个被连接者、每一个连接，都变得可观测、可追踪、可度量、可分析。

腾讯认为，需求是推动数字经济创新发展的第一推动力。在各种各样的连接中，生产端与消费者端的直达连接（也就是C2B），是产业互联网相较于工业时代所带来的最大变化。腾讯在消费端的产品优势，同样可以助力于生产端。

用户直达层面，通过QQ、微信、小程序、公众号、微信支付等工具，把用户触达、洞察、分析的能力，开放给B端用户。消费端的数据会转化为真实需求，直接反馈到生产端。

产品层面，C2B给实体产业带来一种以用户价值为出发点的产品设计方式。C2B的连接带来"以用户为依归"的价值观，助力B端更深入挖掘用户价值、关注用户体验、完善用户服务。

技术层面，面向产业互联网，腾讯将自己积累超过20年的技术开放出来，以腾讯云为基座整合了AI、大数据、安全、IoT等关键技术能力，形成数字化工具箱。企业和开发者可以灵活地使用这些技术，运用到具体的业务场景中。

腾讯会议是腾讯C2B能力与优势的集中体现之一。诞生于产业互联网时代的腾讯会议，于2019年12月底上线之后迅速成为一款大众熟悉的企业级通信产品。目前腾讯会议的用户数已经突破2亿，覆盖全球超过220个国家和地区，形成了一整套云视频会议解决方案。基于开放平台的API/SDK与应用入驻能力，腾讯会议企业版已覆盖千行百业，包括支持广交会线上开展、为清华大学等超过300所高校提供数字化协同等。

在用户连接方面，腾讯会议实现了与微信等社交平台打通，一键即可转发或者加入会议，便捷度超过电话拨号。腾讯会议企业版打通了企业通讯录，在会议邀约时可以更精准地触达企业员工。2021年，腾讯会议、企业微信、腾讯文档三大产品正式融合打通，进一步提升了连接效率。企业版还提供了自定义布局、同声传译、会议投票等能力，通过更丰富的协作和会管会控能力，提升会议效率。

在产品打磨方面，腾讯会议从一开始就明确了三个原则：简单易用、互联互通、坚守边界。因为痛点清晰、系统简洁，腾讯会议的产品主界面上甚至只能看到四个主要按键。与此同时，腾讯也明确"连接"是其核心优势，做好相关软件产品服务，不做硬件但可以适配各种硬件系统。

在技术探索方面，通过全球领先的音视频和 AI 技术把降噪和延时做到极致，提升通话质量。腾讯云音视频首次利用 WebRTC 技术打造超低延时直播，降低延时 90% 以上，实现了 80 毫秒超低延时。借助腾讯云 AI 自动降噪，腾讯会议可以一次性针对键盘、触屏、风扇等 300 多种噪声实现降噪；基于个性化语音增强技术，腾讯会议还能够在环境噪声消除的基础上，进一步消除周围人声的干扰，凸显主讲人的声音信号，解决会议室复杂场景下远场多人音频通话、多人讲话实时追踪等技术难题，让远程交流如面对面交谈般实时且清晰。

C2B 不只是消费者与企业生产体系的"连接"，而是以"融合"实现社会生产链条重塑，激活产业新价值。在腾讯的产业互联网蓝图中，用户的价值不再局限于商品的消费，在实时连接和大数据分析支撑下，研发、设计、生产、供应、服务等环节都可以从用户视角来审视。比如，腾讯助力国家推动医保电子凭证、电子健康卡的建设，助力医疗系统的数字化转型，实现科普、挂号、问诊、支付、疾病管理等个人健康服务全流程管控。同时，基于这些实时数据，也可助力管理部门科学决策，结合大数据分析来加强医保控费。

随着中国数字经济发展进入产业互联网阶段，腾讯秉承技术和产品创新理念，在基础软硬件、前沿技术等方面也做了大量的布局。

1. 加快基础软硬件技术创新，助力国家破解"卡脖子"难题

腾讯在互联网工程技术、信息安全、媒体技术等互联网信息的应用技术领域有一定领先性，在此基础上，腾讯努力在基础软硬件等关键核心技术研发上发力，在服务器、操作系统、数据库等底层能力上已经基本实现全自研。

自主软件方面，操作系统一直是腾讯研发投入的重点领域，已经研发了国产操作系统 TencentOS 超十年。2021 年，腾讯对外发布行业首家全域治理的分布式云操作系统"遨驰"，单集群支持 10 万级服务器、百万级容器规模，管理的 CPU 核数超过 1 亿。

数据库方面，腾讯云分布式数据库可以支持 10P 存储空间，单机 QPS（每秒查询率）最大可达到每秒 1 亿，已经与百余家行业头部合作伙伴完成了产品兼容互认证。目前客户数超 50 万，大量企业已采用国产化腾讯云数据库。

音视频技术方面，腾讯自主研发的编解码技术全球领先，已拥有超 100 项新一代国际编解码专利，在 2021MSU 世界视频编解码大赛的多个主流赛道上夺得第一。

安全技术方面，腾讯安全依托 20 多年的实战攻防经验和"原厂原装"的云安全体系，持续加大技术投入，牵头 40 多项国际、国家、行业标准研发与制定，拥有超过 2 200 项专利授权，为数字政务、金融、零售、地产、医疗、能源等行业客户开展数字化业务提供安全保障。2022 年初深圳疫情期间，腾讯安全还开展了"远程办公护航计划""数字菜篮子"等专项工作，为物流冷链、企业远程复工等社会民生工作提供安全支撑。

此外，腾讯专有云 TCE 获得国内首批数字化可信服务平台认证。腾讯自研的第四代数智融合计算平台"腾讯—天工"采用自研隐私计算技术，从机器学习到大数据分析为各个场景提供全方位保护，可以支持千亿级规模的海量数据训练。在数据安全方面，腾讯

能提供 3 072bit（比特）业界最高强度加密和 TEE 硬件双保险，最大限度确保数据安全。

自主硬件方面，2020 年腾讯成立了硬件实验室——星星海实验室，面向产业互联网加速技术自研，已经发布了包括星星海服务器在内的多款自研硬件产品。和传统服务器相比，腾讯云星星海统一的整机方案可以支持不同的 CPU 主机。根据测试，腾讯云星星海可以实现云服务实例综合性能提升 35% 以上，其中视频处理速度提升 40%，图形转码得分提升 35%，Web 服务页面 QPS 提升高达 152%。2021 年 3 月，基于星星海灵动水系 AC211 服务器打造的 SA3 发布，在 AI 场景下，实测性能提升 220% 以上。2021 年 4 月，基于星星海灵动水系 XC221 服务器打造的 S6/M6/C6，可以为游戏、网关场景带来最大高达 5 倍的性能增幅。目前，腾讯云在全网运行的服务器已超 100 万台，是中国首家、全球第五家运营服务器超过百万台的公司。而基于星星海打造的腾讯云 100G 云服务器，是国内首个规模应用 100G 超大网络的云服务器产品系列，进一步提升了云场景适配度。腾讯还成立了专注芯片研发的蓬莱实验室，旨在实现芯片端到端设计、验证全覆盖。2021 年，新推出三款自研芯片，包括 AI 推理芯片"紫霄"，用于视频处理的"沧海"以及面向高性能网络的"玄灵"。

2. 奋力挺进基础前沿科学，潜心探索技术"深水区"

2019 年以来，在人工智能、机器人等前沿科学"深水区"，腾讯以"计利当计天下利"的责任感，举自身之力先后建立人工智能、机器人、5G 和多媒体技术等前沿科技实验室。腾讯建设实验室一方面强调不得追求短期收益，确保结构、人员及资源配置稳定，且不进行常规绩效考核，以保证科研人员能戒除浮躁，踏踏实实做好"面向星辰大海"的人；另一方面，尊重基础前沿及关键技术研发规律，团队做到涵盖多个交叉学科的"多兵种配置"，并加强与国内外高校和科研机构的合作。

人工智能领域，AI Lab 已在 AAAI 等国际人工智能会议上发表超 600 篇文章。在 AI+ 医疗领域，腾讯通过发布首个 AI 驱动的药物发现平台"云深"，帮助药企和研究机构提高药物研发的效率，降低成本；在 AI+ 内容领域，腾讯 AI Lab 持续将 AI 技术与翻译、搜索、虚拟人等场景融合，2018 年推出交互翻译产品 TranSmart、推出异构向量检索系统 VeNN 及异构计算框架 HCF、发布 AI 驱动的多模态 3D 虚拟人"艾灵""小志"等。

机器人领域，2018 年成立 RobertX 实验室，致力于机器人机电一体化、精确控制、视触觉感知、智能决策等前沿技术研究。已实现了"机器狗 Leopard"从软件到硬件的完全自主研发，目前集中攻关运动能力（如步态行走、轮式滑行、双腿直立），下一步将积极探索在巡逻、安保、救援等多个场景的应用可能。2020 年 11 月，四足移动机器人 Jamoca 和自平衡轮式移动机器人首次对外亮相。其中，Jamoca 是国内首个能完成走梅花桩复杂挑战的四足机器人。

5G 技术创新领域，2017 年底腾讯开始布局 5G 技术和应用研究，并率先提出"应用驱动网络演进"理念。在 3GPP 5G 架构组成功主导 5G-AIS 云游戏标准立项，成为全球互联网公司首个 5G 架构报告人单位，在 eSBA、eV2X 等重点技术领域位居全球领先地位，累计提交 400 多篇 5G 国际标准提案，居全球公司前五位。同时，腾讯 5G 创新中心成为互联网领域首家入选工信部 5G 应用方阵企业。2021 年 11 月，腾讯 5G 远程实时操控解决方案实现了在武汉操控 1 500 公里外鄂尔多斯矿区的卡车，延时低至 100 毫秒。

3. 通过开源、工具平台、人才培养等手段扩大自身科技创新的溢出效应

作为一家有着浓厚工程师文化氛围的公司，腾讯自 2010 年开始在公司范围内鼓励和推动开源的代码文化，并在 2012 年开始对外发布开源项目，与广大开发者一起创造正向价值。"开源协同"也成为腾讯技术发展的核心战略。在全球最大的代码托管平台 Github 上，腾讯共贡献了超过 140 个项目，贡献者人数超过 3 000 名，获得的全球 Star 数超过 40 万。并且，腾讯蝉联了 JDK15/16/17 中国企业贡献度的排名第一，也是唯一连续五年进入全球企业 KVM 开源贡献榜的中国企业。

同时，腾讯打造了包括敏捷研发协作平台 TAPD、代码管理平台工蜂、智能化持续集成平台腾讯 CI（蓝盾）等多个提升研发效能工具在内的企业级敏捷研发体系。2017 年 TAPD 正式对外开放，助力腾讯以外的企业提升研发效能。2021 年，TAPD 发布《小微企业扶持计划》，助力几十万家小微企业进行敏捷转型。

此外，腾讯还开展了犀牛鸟开源人才培养计划，通过高校合作培育开源人才、普及开源文化，助力开源人才生态的发展，目前已经吸引了来自 420 所国内外高校的超过 3 000 名学生参与。

"数实融合"要"兴实业、做实事、靠实干"。在一个个的项目、一次次的交付过程中，腾讯深刻感受到，产业互联网是需要产业界与互联网行业携手攻克的山峰。腾讯持续向合作伙伴开放产业资金与孵化资源、技术基础设施、中台研发资源、C 端场景资源、共建项目，助力生态合作伙伴找到成长"加速度"，共同打造行业解决方案、服务行业客户。例如在企业服务方面，腾讯与高灯科技联合开发"腾讯云智能票财税 SaaS 解决方案"，基于智能票据识别、多票识别、自动验真、销项开票、电子会计档案等核心技术打造全场景的企业数字化财税服务，服务超级猩猩、天健集团、卡尔

丹顿、麦克维尔等超过 1 000 家客户。

（二）发挥技术优势和 C2B 的连接优势，助力"数实融合"的典型案例

在推进产业互联网的过程中，腾讯坚持产业互联网核心是产业，数字技术是处理产业问题的工具。过去三年，腾讯以连接和度量为抓手，以 C2B 为关键优势，坚持研发和落地同步进行，打造了一批中国产业互联网的示范工程。

1. 助力工业互联网建设，以数字化打造产业新模式，实现提质增效

工业是腾讯产业互联网发挥价值的重要领域。在工信部 2020 年评选的十五家"双跨"工业互联网平台当中，腾讯参与建设的就有四家，包括富士康旗下的工业富联、三一重工旗下的根云工业互联网平台、重庆的忽米网，以及腾讯的 WeMake 工业互联网平台。

例如，玲珑轮胎基于与腾讯云的合作，借助腾讯产业互联网的 C2B 能力探索全新营销模式。传统轮胎行业分销模式难以真正触达终端用户，商家、门店、渠道、消费者互相之间是割裂的，通过与腾讯产业互联网打造智慧营销云平台，玲珑轮胎打通了产业链上的数据孤岛，形成统一的用户画像，并通过自动化营销工具，根据客户行为精准触达客户需求，基于渠道和门店销售数据和库存优化排产计划。2020 年疫情期间，玲珑轮胎销售逆势增长了 50%，而同期中国轮胎市场处于负增长状态。

同时，腾讯提供数字化精准度量方案，提升企业数字化效能。

富驰高科是一家金属注射成型零部件生产公司，生产的小型精密零部件应用于全球领先的手机厂商中。腾讯云结合先进的光度立体、迁移学习等算法形成 AI 质检方案，帮助富驰高科将人工 1 分

钟完成的质检压缩到几秒，缺陷检出率达到99.9%，让不懂AI的工人也能操作，每年可节约数千万元的质检成本。2021年7月，腾讯与宁德时代达成战略合作，双方重点对新能源质检领域一系列世界级难题进行AI技术攻关，助力宁德时代提升研发效率，加快电动电池技术能力储备，提高人工智能前沿技术研发水平，加速新能源产业智能化转型升级。

2. 在零售领域，C2B用户直达助力搭建全域增长新体系

例如水果零售行业的领军企业百果园，在与腾讯智慧零售的合作中借助小程序、微信、企业微信搭建起了近500万的私域社群用户，以门店为引流点、以社群为私域运营阵地搭建用户服务网络，打通社群、小程序商城、线下门店，让线上线下体验一体化，为用户提供精细化服务，提升销量。疫情之下，百果园逆势增长，一体化会员也已经突破7 000万。太古可口可乐基于微信生态打造了直连200万小店的"服务＋生意"平台，并借助腾讯优码等溯源工具打通门店核销，进一步激活线下售点，推动小程序订单量持续提升。截至2021年底，在腾讯智慧零售的合作伙伴中，有4个品牌的小程序GMV（商品交易总额）达到百亿元量级，超10亿元的达到33家，破亿元的有111家。

3. 推动农业领域数字化转型，用数字技术助力乡村振兴

在壹号食品的养殖基地广东官湖村，村民通过数字化养猪的方式实现脱贫致富。借助企业微信，壹号食品打通养殖基地各个环节的数据，包括水帘降温系统、生猪电子档案等，搭建标准化养殖体系并以"公司＋基地＋农户"的模式，让饲养员用一部手机就可以养好猪，例如哪头猪该打疫苗、该配种、超过了预产期等信息，都会实时提醒。精细化的养殖之下，窝均产崽数提高了8%~10%，

村民收入也大幅提升。此外，腾讯还整合了产品溯源、区块链、品牌保护及营销风控等方面的核心技术和能力，推出一站式数字化服务平台——安心平台。在农产品溯源、农产品品牌建设方面取得了很好的实践价值。腾讯将在三年内助力100个优秀地标农产品品牌建立数字化新动能，成长为家喻户晓的优秀品牌。该平台已在甘肃、山东、海南等农业资源丰富的省份落地。

4. 以连接提升交通出行体验，助力基础设施智慧化升级

在公共交通领域，腾讯与广州地铁集团共同打造并发布了新一代轨道交通操作系统"穗腾OS2.0"，这是业内首创的基于工业互联网与物联网的新一代轨道交通操作系统。系统重点打造了物联平台、策略引擎平台、大数据平台、算法平台和开放平台五大核心平台，一方面，通过高效连接起各轨道交通设备和系统，实现一体化的智慧调度管理；另一方面，也可以支撑各类智慧应用的快速敏捷的开发与迭代，为轨道交通产业"建设、管理、运营、服务"全生命周期的数字化升级提供一体化的底座支撑。在客流疏导和出行效率提升方面，穗腾OS 2.0通过实时感知站台、列车各区域的客流密度，可以分析站台与列车客流的分布情况，进而自动触发手机App、车站广播、电子导引屏、电扶梯等关键服务设备，实现场景化的联动控制，引导乘客有序分散乘车；在车站高效管理、运维和安防等方面，由于设备的联调联控，可以实现一键开关站、视频巡更巡检、车站应急预案一键启动及全过程跟踪等场景化模式控制，必要时还可以一键报警，为监测、运维、预警等提供更高效的决策辅助，降低运营管理成本。目前，穗腾OS 2.0已接入了20多个专业系统、2万多个设备，并且已经用于速度达到160公里/时的广州地铁18号线上，为"大湾区最快地铁"高效、安全运营提供了智慧大脑。

5.泛在连接激活健康管理，数字科技激发医疗创新

在医疗领域，腾讯健康以 C2B 和数字技术为抓手，助力医疗健康的智慧化。一方面，借助"腾讯健康"小程序、电子健康卡、医保电子凭证、腾讯医典，连接个人与公立医院、疫苗接种等公共卫生服务，助力打通资讯、挂号、问诊、购药、支付等健康服务环节，实现"权威科普一点查，就医购药一码付，病历档案一卡管"，为个人用户提供线上线下一体化的服务平台；另一方面，面向行业，腾讯健康以人工智能、大数据、云计算等技术能力，助力医疗机构、医联体的数字化升级，助力城市级居民健康信息平台建设、公共卫生管理与预警、智慧医保管理与决策，通过数字化解决方案，助力供给侧创新。

例如，深圳市疾病预防控制中心和腾讯共同打造"深圳市现场流行病学调查处置系统"。该系统嵌入互联网智能电话，让流调访谈人员在腾讯企点客服机器人的帮助下解放双手，实现边访谈边记录。同时，为了使市民安心接听流调电话，系统呼出的电话统一标识为"深圳疾控中心"来电，以短信形式提醒市民安心接听电话，提升对流调工作的配合度。腾讯把语音识别、自然语言处理等人工智能技术应用在流调访谈中，访谈内容自动生成文本，还能智能识别提取核心信息，自动填写流调表单。比如，当被流调人说出自己乘坐过深圳地铁 5 号线时，系统会自动显示 5 号线全部站点，流调人员只需要勾选相应站点，该信息就会自动填入表单。

6.技术创新推动行业转型，助力教育公平化、高质量发展

腾讯整合云计算、存储、安全、物联、音视频和 AI 等技术能力，搭建以音视频、教育号和知识图谱为核心的教育云底座，助力打破应用孤岛和重复建设等问题，激活教育变革的内生力量。比如，在深圳罗湖区，腾讯联合区教育局共同打造罗湖智慧教育云平

台，实现入口统一、数据整合和应用服务多样化。

此外，腾讯也将在各领域的产业实践，沉淀为体系化的知识内容，提升人才培养适配性和效率。比如，在线终身教育平台腾讯课堂将分散的教育机构与分散的用户需求连接起来，助力实现技能教育公平普惠。目前，腾讯课堂有超过40万门课，在架课程中有80%和就业岗位密切相关，40%是当年新增课程，紧扣各行业发展需求，帮助学员提升就业能力和竞争力。河南鹿邑县"90后"姑娘王某从小患有"脆骨病"，经历过将近百次骨折，从来没有进过学校，她想要学习手艺补贴家用，但苦于没有途径。2020年，王某通过腾讯课堂公益行动"潮汐计划"相关课程开始学习编织技能。通过与远程老师课程的上百次连接后，王某终于编织出了惟妙惟肖的作品，并带领村里的留守妈妈共同创业，她们编织的花束还登上了2022年北京冬奥会颁奖台。

7. 助力社会治理决策科学化、精细化，公共服务高效化，推动数字政务各领域深度协同发展

腾讯云通过打造数字政务技术底座，助力数字政府、人社、税务、市场监管、水利水务、农业农村等行业进行数字化转型。同时，根据民生、营商、政务等相关业务场景，通过微信、企业微信、政务微信三大应用，针对民众、企业、政府公务人员三大群体提供相应服务，从便利民生事项办理、优化营商环境、提升政府行政效率等多方面助力"数字政府"建设。

例如，腾讯云助力打造全国政务服务总枢纽小程序——国家政务服务平台小程序，作为全国政务服务统一入口平台，建立了健全的政务数据共享协调机制，推动电子证照扩大应用领域和全国互通互认，实现更多政务服务事项网上办、掌上办、一次办，为企业和群众经常办理的事项基本实现"跨省通办"打下重要基础。截至目

前，国家政务服务平台实名用户 4.1 亿，总访问量超 296 亿次。

8. 助力打造自主可控、稳定安全的金融云平台，打造金融新基建、数字新连接、场景新服务

在金融领域，腾讯云致力于建设自主可控、稳定安全的金融云平台，打造金融新基建、数字新连接、场景新服务。腾讯云已经服务了涵盖银行、资管、保险、泛金融等所有细分领域，超万家金融行业客户。

比如，腾讯云助力建设银行打造了多元融合、服务丰富、生态开放的"建行云"，成为行业最大规模的应用创新云专区。腾讯云也帮助中国银联和深证通，打造了行业云平台，构建全栈金融科技能力，支撑银行业和资本行业的云化和金融科技输出，降低行业创新门槛。此外，腾讯云还分别与头部农商行广州农商和上海农商合作，输出从云平台到上层业务的"全家桶"方案，助力业务的全面数字化。在数字新连接方面，腾讯云利用领先的数字化技术，助力金融行业实现高效低成本的客户触达与运营，提升金融机构获客、活客与留客能力。针对具体服务场景，腾讯云开放 AI、音视频、低代码等技术能力，助力金融机构打造虚拟营业厅等创新业务模式。

9. 助力公益可持续发展，创新数字公益模式

"2021 感动中国年度人物"、清华大学博士江某，半岁时因为急性肺炎误用药物，导致左耳损失大于 105 分贝，而右耳的听力则完全丧失，临床上被诊断为极重度的神经性耳聋。2018 年，江某植入了人工耳蜗，告别了 26 年的无声世界，但人工耳蜗只是解决了"听到"问题，由于听觉中枢空窗期太长，需要坚持听觉言语康复训练来解决"听懂"的问题。2021 年，江某试用集成腾讯天籁

音频 AI 技术和腾讯会议康复功能的新耳蜗，通过腾讯会议接受远程的听觉康复训练，这帮助她提升单音节识别率 66%，听力康复效果得到了有效提升。

腾讯还将 AI 和腾讯云相关能力广泛应用于公益服务中。例如，利用腾讯优图实验室的视觉 AI 技术用于寻找走失人群，并突破"跨年龄人脸识别"，帮助找回了多名被拐超过 10 年的儿童，让更多家庭团聚。通过公益挑战赛等方式，开放积累多年的云端 AI 资源，帮助公益团队利用腾讯云图像识别技术，打造中华白海豚个体识别与公民科学工具，极大地提升了白海豚个体识别的运算速度，增强了人们的物种保育理念，该项目还入选了 COP15（《生物多样性公约》缔约方大会第十五次会议）非政府组织论坛"全球生物多样性 100+ 案例"。

腾讯公司高级执行副总裁、云与智慧产业事业群 CEO 汤道生多次提到，产业数字化是循序渐进的过程，没有一招制胜，对实体产业越了解越敬畏，专业知识精深，流程管理精细，每一次创新背后都要付出巨大的努力。在这个过程中，立足用户价值和社会价值，坚持开放生态共生共赢，助力实体产业降本增效，推进数实融合，将是最佳路径。

从消费互联网到产业互联网也是从连接到激活的演进。产业互联网正在通过激活生产、激活组织、激活用户，助力各行各业实现降本增效和创新发展。腾讯也将以 C2B 为关键优势，以"数字化助手"为定位，携手生态伙伴，用足够的信心、耐心和全部能力，投入"数字中国"的建设；通过助力激发数字经济活力，发挥数字技术对经济发展的倍增作用；通过助力实体产业成长出更多的世界冠军，助力中国产业在工业文明向数字文明跃迁的轨道上争得先机。

三、京东：以数智化社会供应链为载体，助力实体经济数字化转型[①]

（一）京东的数字经济布局：用数字技术重塑实体供应链

数字经济的一个重要组成就是数字市场和数字供应链，京东从诞生之日起，就是瞄准这一领域的高科技企业。

自成立以来，京东倾注资源大力进行基础设施建设，推动科技创新与线下零售、产业带等实体经济深度融合，以"实"助实，提升社会效率，依靠科技创新重塑实体经济供应链，赋能实体经济的数字化转型发展。时至今日，京东不仅拥有最先进的庞大物流体系，同时还拥有上万家门店，并服务了鞋服、居家、美妆、运动等数十个产业链的数字化转型。

1. 京东的数字经济理念：建设坚实的数智化社会供应链基础设施

从创业第一天起，京东就立志为中国的高质量发展做贡献，并始终坚守自己的商业价值观，为时代进步做最苦、最累，但最有价值的事。京东创建的电商平台，以正品行货、合规经营作为立身之本，迅速得到了消费者和生产者的认可。

在推动电商平台建设的过程中，京东意识到数字经济需要全新的数字基础设施，尤其是物流基础设施。所以，京东不断布局数智化供应链基础设施。截至 2022 年 3 月 31 日，京东物流在全国运营约 1 400 个仓库，含云仓生态平台的管理面积在内，京东物流的仓储网络管理总面积超 2 500 万平方米。京东物流在全国 33 个城市运营了 43 座"亚洲一号"，不仅大大提升了偏远地区的配送时效，

---

① 本部分由京东消费及产业发展研究院协助供稿。

配送时间也从以前的一两周缩短到如今的一两天，同时还有力地带动了当地产业发展和就业。2021年末，京东物流的一线员工数量超过30万人，超过60%实现了在本乡本土的稳定就业。

京东作为一家新型实体企业，是数字经济与实体经济深度融合的产物，通过全渠道的服务，为原本在线下实现的消费，提供在线购买的便利，促进线下渠道与线上渠道之间的互动与转化，并带动线上消费持续高增长。所以在大力发展电商平台的同时，京东也布局了遍布全国的1.5万家京东家电专卖店。线上与线下网络的融合，使京东可以为家电企业提供更加完整高效的供应链服务，拓展了市场空间。这种模式也使京东电子产品及家用电器商品收入在2021年增长了22.9%。

基于数智化的物流基础设施，京东工业努力解决工业企业遇到的订单渠道分散、物资供应不及时、库存管理成本高等一系列痛点，创新性地打造了企配中心、京工柜、智能移动仓等新一代基础设施，目前已在全国范围内部署超过200个。此外，京东已相继在英国、德国、荷兰、中东、澳大利亚等地陆续开仓运营了80个保税仓及海外仓，为中国制造走向全球奠定了物流设施基础。

2. 努力为实体企业打造数智化供应链，提升实体企业竞争力

目前，京东拥有超千万SKU（库存单位）的自营商品，布局了京东家电专卖店、京东电脑数码专卖店、七鲜超市、京东便利店、京东京车会、京东大药房等数以万计的线下门店；京东的供应链还连接着百万级的社区超市、菜店、药店、汽修店、鲜花店……

2007年京东成为资本市场青睐的对象，但是京东并没有随波逐流抢夺互联网流量，而是沉下心来自建物流，打造当时并不被外界看好的数智化供应链基础设施。2020年，京东首次对外阐释了面向未来十年的新一代基础设施——京东数智化社会供应链，用数

字技术连接和优化社会生产、流通、服务各个环节，提高社会整体效率。目前，京东的数字供应链基础设施服务 5.697 亿个体、超 800 万企业客户，京东物流服务触达超 60 万个行政村，全国 93% 的区县、84% 的乡镇实现了"当日达"或"次日达"。

作为一家"以数字供应链为基础的技术与服务企业"，京东的数智化社会供应链有两大独特优势：一是京东独特的一体化供应链模式，保证了最优的效率与弹性；二是京东具备行业内链条最全、流程最完整、价值最大的数智化供应链。这两点让京东能不断向零售上游迈进，数字技术服务深入产品的设计、研发和制造中，与实体企业产生强大的协同效应，为其注入数字化转型的新动能。

京东认为，数字化零售商业模式不是简单的买货卖货，而是通过大量的基础设施投入和数字技术创新，帮助合作伙伴快速实现数字化转型，从而提升运营效率、加快资金周转。

2022 年第一季度，京东在超 1 000 万自营 SKU 商品的基础上，库存周转天数进一步降至 30.2 天，在过去三年间快了 8 天，继续保持运营效率全球领先；应付账款周转天数缩短至 45 天，在过去的三年间缩短约 15 天。

3. 基于数智化社会供应链，推动实体经济的数字运营模式创新

京东始终坚信，只有整个行业健康发展，品牌厂商有足够多的利润，有创新和新产品，消费者才有持续的购买意愿，整个行业生态才能健康持续发展。京东希望通过数智化社会供应链服务，实现供需更精准、更高效、更智能的匹配。2022 年第一季度，京东线上第三方商家成交活跃，超过 1.1 万个线上第三方商家店铺的日均成交额较 2021 年同期增长超过 10 倍；面向优质个体工商户推出的"京东小店"每月新增数量环比增长 5~6 倍，商家生态发展迅速。

商家的增长带来了更加丰富的商品品类，满足了更加多元化的需求。2021年，京东新品发布规模同比增长超过150%，25 000多个品牌的新品成交额实现翻番。有了数字平台，京东可以帮助企业创新实现C2M（顾客对工厂）反向定制商品，让消费者获得最适合自己的产品和服务。目前，京东零售已为超过2 000家制造企业建立了C2M反向供应链。未来三年，京东的目标是为超过1万家制造企业打造C2M反向供应链。

健康的数字市场一定是实体零售与电商平台融合发展的市场，但是我国目前的实体零售模式还较落后，亟须数字化转型。京东积极探索布局数字经济与实体经济深度融合的全渠道服务，布局新型实体零售，形成线下渠道与线上渠道之间的互动与转化。2021年，京东的全渠道GMV同比增长接近80%，布局了京东MALL（商城）、京东电器超级体验店、京东家电专卖店、京东电脑数码专卖店、京东大药房、七鲜超市等数万家线下门店。其中京东七鲜2021年第四季度就在全国10个城市新开业了12家门店，京东家电专卖店已经布局超过1.5万家门店，满足了大量乡镇消费者对高品质家电商品和服务的需求。京东通过开放自身的数智化供应链、数字化运营和整合营销能力，可以极大地带动商家特别是线下门店的增长，同时也能为汽车、能源、机械、家电等众多实体产业数字化转型升级做消费驱动、供应链支撑的"数字大脑"，形成产业数字闭环。

（二）京东促进实体经济数字化转型的实践案例

作为同时拥有数字技术和能力，具备实体企业基因和属性的新型实体企业，京东开放的生态和数智化供应链为合作伙伴带来了创新的空间、经营的效率和增长的质量，在中国数字经济建设过程中具备独特的价值。

1. 用数字技术助力乡村振兴

案例1　提升农产品供应链效率，打造乡村振兴产品矩阵

从2016年河北武邑县的跑步鸡开始，京东就介入养殖、加工、品牌营销、物流、技术追溯等各环节，打造出游水鸭、飞翔鸽、游水鱼、跑山猪等标准化的农特产品供应链，形成品牌化的京东乡村振兴产品矩阵，陆续在江苏泗洪、新疆和田、辽宁宽甸等全国更多地区复制推广开来，用数字产业链促进当地农民增收致富。2021年，通过陕西武功县的京东产地智能供应链中心，带动周边30万猕猴桃种植果农致富增收；通过西藏拉萨的大型智能物流仓，藏区农牧民购买大家电的配送时间从一两周缩短到一两天。

2020年10月，京东提出支持乡村振兴的"奔富计划"——以京东数智化社会供应链为基础，从打造数字农业供应链、建设数字乡村入手，建立高品质农产品循环，从供需两端提供完整的乡村振兴解决方案，截至2021年底，该方案已覆盖农村3 200亿元产值。

在西藏波密县川藏线318国道旁，帕隆藏布江奔腾而下，江边就是波密高原藏天麻公司百亩种植基地。基地正搭建智能环境监测系统、农作物生长视频监测系统等，依托"京东农场"的智慧物联网体系，提升现代农业管理水平，并打通天麻的销售渠道。为波密这家天麻农场提供从技术到供应链的支持，是京东"奔富计划"的一部分。

京东努力将物流基础设施网络和供应链能力向偏远地区延伸，极大地释放了这些地区的产业发展活力和居民消费潜力。在林芝"一区六县"，京东家电专卖店实现全部覆盖，直接将"万人县城"的网购速度提升为2~3天，门店有货1天即达。截至2021年3月31日，京东物流服务已触达全国超55万个行政村。

案例2　建设高品质农产品供应链,用数字红利促进农民增收

京东通过持续向农村下沉,让农民可以得到数字基础设施和技术服务,从而实现农业生产和需求的直接对接,提高了农业生产的数字价值。借助于京东的全链条助力,江苏宿迁霸王蟹、贵州修文猕猴桃、福建宁德大黄鱼、宁夏盐池滩羊等一大批优质农产品打开了全国市场,高品质、高信用的农产品得到了高价格的市场回报,从而形成"质量越高—消费者越满意—农户收益越高—改善生产—提供更多高质量农产品"的正向循环。

在生产端,京东于2018年启动京东农场项目,与种植方共建数字化生产基地,培育高品质农产品;在消费端,提高优质农产品的附加值和品牌影响力,建立优质优价的正向激励机制。数据显示,在烟台、大连、丹东、阿克苏等畅销农产品产地,县域农村地区的消费连年高倍数增长,农村地区网购的成交额增速高于所在城市整体的增速数倍,成为消费增量的重要动力。

京东销售情况显示,大连海参、赣南脐橙、四川粑粑柑、烟台苹果、库尔勒香梨等成为2021年全国成交额最高的产地农产品。在农产品热销的几大产地,烟台、大连近三年农村地区线上成交额年均增长都超过了10倍,丹东、阿克苏近三年农村地区线上成交额年均增长超过150%。

2.发挥数智化供应链优势,助力传统产业打造"数字大脑"

京东发挥自身数智化供应链与技术服务能力,面向汽车、能源、机械、家电等众多实体产业数字化转型需求,打造"数字大脑"帮助合作伙伴提质、降本、增效。

案例3　北汽集团：共建工业品采购数字供应链

2021年，京东集团与北汽集团正式签署合作备忘录，全面深化双方在数字化领域的战略合作。双方将围绕数字基础设施、智能制造、工业品采购、无人智能物流车、数字化营销及用户运营、汽车后服务平台、智能供应链、数字化经营平台等全链条展开合作。汽车将成为智能物联时代的超级终端，以数字化手段创新商业模式、提升运营管理能力是北汽数字化转型战略的重要目标。北汽集团管理层表示，开启数字化转型已经不是一道选择题，而是一道赢得未来的必答题。

在工业品采购领域，双方将基于京东的数字化能力，推动供应链"四要素"——商品、采购、履约、运营的数字化转型。根据规划，北汽将携手京东工业品共建工业品采购管理平台，推动北汽集团多场景、全链条工业品采购的管理可视化。从金属加工工具到低压控制系统，从员工劳保用品到车间存储搬运……各类型生产经营场景所需的物品均可通过统一入口完成寻源、下单、审批、执行、交付、结算，实现一站式的线上采购和数字化管理，推动采购从"成本中心"升级为"管理中心"。

京东与北汽的战略合作，是互联网企业与汽车企业联合进行数字创新的有益尝试，是京东以数智化社会供应链能力支持实体经济实现数字化转型的重要实践。未来双方将持续推动数字化管理转型、运营转型、产业链生态数字转型，建立覆盖研、产、供、销、服整个汽车产业链的数字化生态圈，打造数字制造的典范。

案例4　中联重科：打造泵送机械AI专家诊断系统

作为连接北京与雄安的交通大动脉，随着京雄高速河北段于2021年5月底率先建成通车，北京段的施工也进入了攻坚阶段。为了保障施工现场泵车设备的正常运行，中联重科和京东云联合打造了国内首款泵送机械 AI 专家诊断系统。在 AI 专家诊断系统的帮助下，从发现故障、寻找解决方案到排除故障所需时间大大偏短，效率得到了大幅度提升。

该 AI 专家诊断系统依托京东智能客服团队成熟的技术能力，以人工智能技术为驱动实现工业诊断的自动化与智能化，在提升设备故障诊断效率的同时，有效保障了客户施工的连续性，每年可帮助售后团队节省故障排查时间 4 200 小时，单次设备维修时间缩短了 20% 以上，为单产品线创造间接经济效益超过 230 万元。

3. 用规范化、规模化数字市场助力中小企业创新发展

在京东打造的供应链生态中，最为活跃的就是中小微企业，助力中小微企业的健康发展，自然也就成了京东必须完成的任务。多年来京东坚持从全链条视角切入，与中小微企业站在一起，用数智化社会供应链赋能中小微企业数字化转型。

案例5　挚达科技：用供应链数据能力实现补链强链

京东通过自身供应链与中小企业产生深度协同，帮助它们打破供应链"孤岛"、补齐短板，增强抗风险能力。通过产业生态圈建设，将中小企业纳入京东服务商体系，助其拓展市场、提升技术服务能力，从而达到"强链"的效果。

2020 年，工信部中小企业发展促进中心联合京东发布了全国性中小企业服务行动——"满天星计划"，在全国各地启动"一城一策"式的专项服务，截至 2021 年底，已覆盖全国 28 个城市，惠及 120 万家中小企业。其中，京东服务的省级专精特新中小企业超过 2.7 万家、专精特新"小巨人"超过 3 200 家，占全国近 70%。2022

年1月,京东联合北京市中小企业公共服务平台,共同启动面向北京"专精特新"中小企业的"2022专精特新暖心服务计划",在金融服务、商品服务、商事服务、销路拓展等多个领域,帮助"专精特新"中小企业"减压减负",强化竞争力,打造发展新动能。

"小巨人"挚达科技是国内最早一批布局新能源汽车充电设备的企业,拥有强大的技术能力,但欠缺终端消费者市场的运营经验,也缺乏与之匹配的精准客户渠道。2021年6月,挚达科技通过与京东合作,成功找到了撬动终端消费者市场的"密码"。

在同挚达科技的合作中,京东覆盖线上线下的全渠道,成功帮助挚达科技快速建立覆盖全国的渠道体系,实现了向全地域、全客群的渗透。同时,京东的高质量用户也与挚达科技的目标客群高度匹配,为挚达科技在终端消费者市场快速"破冰"、强化品牌影响力提供了有力支撑。2021年8月,挚达科技在京东的营业额环比增长近10倍。

案例6　京喜工厂：产销全链路助力传统工厂转型升级

为了满足新兴市场的消费需求,2022年1月,京东旗下生活消费商城京喜在"京喜年货节"期间,重磅推出"京喜工厂"项目。京喜工厂以"直发更省钱"为理念,依托京喜商流、物流一体化供应链能力,连接全国300余个产业带的头、腰部工厂,不仅通过到店、到家、预售自提等多场景、多模式,为消费者带来物超所值的工厂好货与服务,还通过选品定款、出品定标、生产定量、销售扩容等全链路数字体系建设,助力产业带的工厂实现数字化转型升级。

以京喜与纽斯葆广赛工厂合作的运动营养食品为例,京喜为工厂提供数智化运营、研发设计等支持,助力工厂精准定位区域市场,并以低成本高性价比研发出受消费者青睐的两款轻养生商品:

京喜联名多种维生素牛磺酸耐力片和京喜独家定制益生菌玫瑰果味饮品，这两款产品以高品质触达消费者，获得了巨大的成功。

京喜工厂立足于连接供应链上下游，坚持为消费者带来高性价比的源头好物，助力成熟品牌企业持续推进产品创新，帮助新锐品牌拓展销售市场，大量工厂积极参与，有力地促进了中国经济建设高质量内循环体系。

案例7　凌尚贸易：用产业带"C.E.O"计划加速转型

2020年末，京东自有品牌推出产业带"C.E.O"计划，全力推动产业带上的中小企业加速实现转型升级、降本增效，2021年该计划已助力61件制造型商品销售额破千万元。

"消费者需要什么，我们就生产什么，我们在京东京造的服装库存方面控制得非常好。"2021年4月宁波凌尚贸易有限公司（以下简称"凌尚"），与京东自有品牌京东京造合作的"第三代水柔棉T恤"上线，截至当年6月底，这款单品月均销售额增长了100%。

事实上，宁波服装产业带、千年瓷都景德镇产业带等传统产业带都面临着类似的困境。从卖方市场到买方市场，对市场变化和消费者需求不敏感、生产效率低，成为这些传统企业发展的瓶颈。京东京造协助凌尚建立起"小单快反"的柔性供应链，用数字化平台帮助工厂随时根据前端订货情况制定更为灵活的销售策略，避免无效库存，降低销售成本。

再如，2018年河北承德宽城板栗与京东京造合作，通过"京东京造＋产业带工厂＋合作社"的合作模式，来自艾峪口村的渠道定制产品，打上"京东京造"的品牌标签迅速销往全国各地，板栗仁的销量每年平均增速达134%。2020年京东京造与云南普洱产区合作打造了一款挂耳咖啡，在"618"期间每周都有50%以上的增速；2021年，京东京造与三宁茶业合作，以"农户+合作社+滇红茶+京东京造"的模式推出鸿运四方礼盒，当天销出6 000多单。

案例8 联源陶瓷：用数字市场助力高水平经济内循环

"我们联源与京东自有品牌合作推出了90多款产品，其中数十款成为爆品。"得益于与京东自有品牌的合作，2020年潮州市联源陶瓷制作有限公司（以下简称"联源"）在国内市场的销售额较2019年增长了50%，达到历年最佳，内销比重也由此前的25%提升到了50%。

2020年疫情导致海外市场订单锐减，以联源为代表的潮州瓷器生产企业纷纷与京东自有品牌进一步加深合作，在内销市场发力主品牌的同时，借助京东自有品牌的力量，通过"第二品牌"联合开发适合国内市场的细分产品，获取更多内销市场增量。京东通过对消费趋势的深刻洞察和及时反馈，帮助这些企业产品创新方向更准确，从而实现爆款频出。

中小微企业数字化转型的难点就是建立全国一体化数字基础设施的成本过高，而京东所坚持投入的就是以交易市场和物流为代表的数字经济基础设施。有了这些基础设施，中小微企业就可以不断创新"以用户为中心"的C2M产业链模式，并推出更多能够满足"用户所想"的产品和服务，实现企业的数字化转型升级。

四、阿里云在数字经济领域的思考与实践[①]

2022年，阿里云成立13年，与阿里云携手同行10年以上的

---

① 本部分由阿里云协助供稿。

客户有9 626家。在与千行百业数字创新者同行的路上，阿里云打磨了一些技术能力，找到了一些实践路径，总结了一套转型方法论。

（一）阿里云对企业数字化转型的探索

1.阿里云的企业数字化转型方法论

阿里云认为未来数字经济有六大融合趋势：多源数据融合、全栈技术融合、复杂场景融合、全链生态融合、数字产业融合、生产消费融合。六大融合之下，企业的数字化转型有以下四个方向。

一是产品服务更加普惠。让人类社会在数字化、智能化的模式下运行，解决传统的交通、环境等问题。

二是协同产业链。用数字技术打通供应侧和消费侧，消除产业和产业之间的壁垒，实现产业链高效运转。

三是企业全流程数据智能化。通过构建统一的数据中台体系、业务中台体系，为企业注入数字活力。

四是绿色可持续发展。企业要利用数据实现能源消耗的可见、可控、可管，让社会可持续发展变成可能。

具体而言，阿里云认为企业的数字化转型要坚持三个核心理念。首先，没有最先进的技术，只有最合适的技术。采用最符合企业当下发展阶段的技术，比采用最前沿的技术更容易达到预期效果。其次，数字化一定是由离业务最近的人来实现。阿里云的客户都在云平台上自己搭建系统，要让人人都有数字化创新的能力，能够把自己的工作数字化。最后，数字化最难的是"善于思考"，不是"善于决策"。数字化转型能否成功，取决于是否有理念、有方法、有合适的技术工具。

基于过去服务企业数字化转型的经验，阿里云总结提出了"企业数字化三步走"的实践路径：先医后药、先软后硬、先点后面。

一是先医后药。企业管理者经常听到IT服务商说"我们可以先试一试"。"先试试"的结果就是一定没结果。背后的原因是，从董事长、CEO到中层、基层，大家对数字化转型的理解都不同，如果没有统一的蓝图、统一的认知，则很难把数字化真正落地。大部分成功的数字化转型案例，首先做的是借助有成功实践的"外脑"做数字化转型的咨询设计，评估企业现状、调研问题点、梳理业务流程、分析场景，再对症下药，制定出切实可行的转型目标、蓝图、架构设计、技术路线、组织文化。

二是先软后硬。过去大量企业习惯硬件投资先行的发展模式，但硬件投资一经确定后就很难动态适配和柔性调节。2020年四川智慧高速公路的建设，采用的是先软后硬的方案。项目首先融合已有的交通卡口视频数据与高德数据，利用AI技术实现高峰期分流调度，大大缓解了拥堵问题。同时，通过感知设备监测路面状况，主动发现道路上的事故和异常，事故率和二次事故率降低了15%。然后，根据具体需求重新定义硬件需求，在部分路段增加和智能算法适配的硬件设备，进一步提升安全性。先软后硬，让数据、算法和硬件的价值都进一步释放。

三是先点后面。数字化转型切忌孤注一掷地全线出击。先找到具体的场景作为破局点，由点及面、小步快跑，才是最佳方法。数字化转型做得好的企业往往有一个非常轻巧的切入点，比如浙江省政府的数字化转型成效显著，开始就是一句话"最多跑一次"。阿里云和攀钢的合作是从"冷轧板的表面检测"切入的，然后才进入炼钢核心的工艺优化，利用智能化的参数调优模型为企业带来一年1 700万元的直接收益。

2. 如何在数字化转型中找到关键场景，击破关键痛点

数字化转型是一个大命题，涉及企业方方面面，归纳来看，以

下三个场景最为关键。

一是以消费者运营为核心。沉淀数据、构建数据中台，可以帮助企业打造基于客户的精细化运营。例如，阿里云给光明乳业做整体蓝图咨询后，在门店、供应链领域做了一些解决方案，让消费端的多个渠道连通，通过线上、门店、配送员等数据打通，光明乳业用户量同比增长38%，其线上订购平台"随心订"的SKU数量增加了1万多个。

二是实现制造端智能化升级。制造领域有五个关键要素：人、机、料、法、环。阿里云在制造端把"人"的经验变成数据模型，沉淀下来、重复利用、不断调整，把老工人、老专家的工艺变成算法和系统的机理。逐渐实现"供研产销"四个领域的智能化，形成工业大脑。

三是供需协同的全链路数字化。包括工厂数字化、产品智能化、产业链数字化的三个集成。首先是纵向集成。2020年，阿里云在一汽将红旗"繁荣工厂"利用数字化技术进行系统重构，实现了跨产线、跨车间的调度能力。其次是横向集成。从供应链到物流、MES、销售的横向价值链整合，打通从获取客户需求到完成产品生产和交付的在线和协同。最后是产品的智能化集成。天猫精灵通过与3C公司在AIoT（智联网）方面的合作，将3C产品的芯片叠加了达摩院语音识别的能力，实现了室内智能家居与天猫精灵的连接。

3. 阿里云数字技术的四大引擎

一是IT基础设施云化。很多人认为"云"最重要的价值是混合云降本。其实，混合云是"路径"而不是目的，企业应该首先考虑的是基于云的企业级安全体系的重构。很多企业决策者认为，云好像就代表不安全，恰恰相反，道理类似于今天不会有人把大笔现金放在家里。无论是部署混合云、专有云，还是部署公共云，首先都要借"上云"的契机，把企业的安全体系认真做一次梳理。2020年，一家位列世界五百强的国企的董事长与阿里云做了一个约定：让阿里云攻击72小时，目的是扫描整个自建IT的安全性。结果只用了24小时，所有软硬件防火墙全部破防。

企业建混合云的整体策略应该是——公共技术"云上用"，应用技术"业务定"，核心技术"自主研"：涉及IT基础资源的技术应该"拿来主义"地使用云计算；涉及企业自身业务发展的应用，可由企业联合生态伙伴来共同搭建，在贴近场景的地方创新；涉及自身独特价值的核心技术，应该集中优势资源，重点打造竞争壁垒。

二是整体架构数据化。基于互联网技术、云原生技术，实现一切业务的数据化和一切数据业务化。"一切业务数据化"是为了活在当下；"一切数据业务化"是为了发展未来。数据化架构的核心是阿里在业内首创的中台理念，中台既是一组确保数据资产的工具集，也是一套方法论，还是一种组织模式。每个企业都应该搭建中台，但中台要与企业自身的业务特点、数字化水平、资金状况和技术人才现状、产业特性相匹配。

三是应用场景数据智能化。阿里云与国家电网共同合作部署国网总部和省公司的统一云架构，2021年10月上云的应用有217个，数据中台上的表单有110万张。电力巡检员查看各个线路的故障后会打电话回来问询处理方法，因为线路、数据、应用操作太复杂，故障维修的流程就变得很长。但基于AI知识图谱，调度员能够快速找到类似问题的解决方案，大幅减少等待时间，甚至很多时候AI会自动把一些问题回答了。仅此一项，国网一年就能节省约2 000万元。今天，我们不得不承认，应用场景的智能化对企业的价值主要体现在降本提效上；未来，应用场景的智能化是要找到新商业模式，让智能技术成为企业增长的第二曲线。

四是组织的协同办公和敏捷创新。组织是否高效，取决于两个能力：一是全员是否实时在线，是否具备跨部门、跨地域、跨供应商、跨合作伙伴、跨客户的连接能力，协同办公；二是组织是否具备快速开发的能力，实现流程管理和业务创新的敏捷开发。钉钉作为低代码应用开发平台，让非技术人员也能开发业务应用，让企业拥有数字化转型的主动权。今天，1 900万家企业借助钉钉开发了150万个应用。未来企业一定需要基于移动场景的协同办公，基于业务需求的敏捷应用开发。旧地图上找不到新大陆，谁先掌握数字化时代的新工具，谁就能率先重新定义组织。

4.数字创新，阿里云积极参与超级数字工程

越来越多的企业开始构建自己的数字化系统，系统的复杂性也越来越高，对技术的要求也在呈指数级上升。成百上千个系统交织交汇的"超级数字工程"，已经是很多企业数字化的常态。其涉及公司内的生产、运营、销售等领域，也涉及国计民生的各个领域。数字化转型已经从过去一个企业、一个系统的单点建设，向一个城市的"全要素"数字创新的深水区挺进，牵一发而动全身。

从城市大脑、12306等超大规模业务平台的建设，到炼钢、水泥、汽车制造等行业解决方案的打磨，阿里云从过去的技术服务中沉淀出方法论，尝试把一些共性的服务抽象化，以平台化的方式，辅助国企全要素"超级数字工程"的实现。"超级数字工程"不是简单地安装操作系统，而是指把上亿行代码有效耦合、重构业务逻辑、搭建行之有效的系统、适配硬件。神舟十三号本质上就是一个"超级数字工程"，政府、金融等大型政企的全要素数字化也是如此，其核心是构筑自主研发的技术工程化能力。所以，数字创新不是单个公司的业务，不是单个云服务商的项目，而是我们这群人肩

负的时代责任。

（二）阿里云企业数字化转型的典型案例

1. 中建三局，在数字世界盖一座摩天大厦

中国建筑第三工程局有限公司（简称"中建三局"），先后承建、参建了全国50余座300米以上高楼，年营业收入约3 000亿元。中建三局一公司基于阿里云的云平台，中间是三个中台：业务中台、数据中台、物联网平台，在云和中台之上构建各种各样的业务应用。

阿里云首先以数据打通为切口，在内部，帮助中建三局打通了从集团到公司，再到项目的系统，减少数据重复填报；在外部，实现了中建三局和上级住建部委系统的互联互通，让数据多跑路，让员工少跑路。员工只需在工地现场拍一张照片，数据就能自动流转在各级系统，实现数据在线化。进而，阿里云与中建三局共同设计了"云—网—端"的应用架构。首先，应用归集到一个端。为管理层、员工等的各类场景提供既统一又千人千面的应用服务端。其次，能力集中到一朵云。将企业的数字化能力与各类资源沉淀到云上、各类智慧场景连接到云上，数智平台是面向各级组织和产业开放的能力中枢。最后，产业汇聚到一张网。将企业的核心数字化能力、资源整合能力、数据能力向产业输出，打造全新服务生态，推动产业从劳动密集型向数据和技术密集型转变。

基于阿里云数据仓库架构，数据中台实现了中建三局一公司的主数据治理，从而支撑上层业务应用，实现数据的分析挖掘和可视化呈现。此外，物联网平台采集的数据也可以经由数据中台统一标准，进行清洗和打标，让汇入数据中台的数据标准化。在业务中台层面，阿里云前期实现了用户中心与合同中心的落地，后期将逐步增加新的业务能力中心。

当数据积累到一定规模，就能实现智能化的知识共享，结合企业的知识和历史数据，将企业的组织、材料、设备、工期等数据进行结构化，形成标准化的模块，让企业具备动态学习和积累的能力。同时，知识共享能够促进基层业务数据的积累和迭代，提升企业整体数字化治理和应用的能力。数智建造平台通过技术赋予了进化的能力，创造了人员、工具、工艺等生产要素的变革，借助数字技术的重构，创新了行业的施工模式，贯穿整个全产业链的生态，实现生产力的解放和发展。

2. 上汽集团，传统 IT 全面上云势在必行

上海汽车集团股份有限公司（简称"上汽集团"）是国内产销规模最大的汽车集团。上汽集团作为老牌汽车制造企业，正在加速转型，从传统的制造型企业向为消费者提供移动出行服务与产品的综合供应商发展。在这个过程中，传统 IT 系统不足以支撑未来汽车产业的需要，为此上汽集团与阿里云合作打造面向数字时代的新系统。

阿里云弹性高性能计算，赋能汽车仿真测试。上汽集团乘用车仿真测试需要模拟在各种复杂物理环境下，完成工业级的仿真工作，需要大量高性能计算和高性能存储资源，以快速创建和访问仿真模型和数据，实现较高程度的自动化仿真流程。阿里云弹性高性能计算（E-HPC）能帮助客户自动增加计算节点和自动减少集群，并根据整个高性能集群的负载，动态调整集群的扩容和缩容。通过阿里云，上汽集团每年运维管理成本可以减少 60%，时间成本减少 90% 以上。

出行服务数据处理和风控安全，助力智慧出行。享道出行是上汽集团旗下的移动出行平台，提供多元化的一站式出行服务。要实现多元化智慧出行，背后是海量的平台数据，提升数据处理的效率

和保障数据安全尤为重要。阿里云提供的自研数据平台技术，通过数据缓存加速功能和公共云大带宽网络资源的支持，提供高吞吐的稳定数据处理能力。同时基于阿里云大数据平台的智能实时计算模型，为共享出行提供全链路的业务风险防控能力。通过与阿里云的合作，依托双方技术和生态的联合赋能，享道出行持续提升用户体验，优化出行产品，推动品质出行服务，并覆盖更丰富的出行场景。

3. 鲁商集团，数字化转型从数据中台"下手"

山东省商业集团有限公司（简称"鲁商集团"）是山东省最大的商业集团，2020年实现营业收入逾420亿元。2019年，鲁商集团携手阿里云，开始打造区域型商超行业"新零售"样本。

鲁商集团数字化转型战略分为三个阶段：第一阶段，搭建数据中台，实现主要板块的数据互通共享，经营报表实时呈现，购物中心、超市数字化；第二阶段，利用数据中台，赋能数据管理与决策；第三阶段，继续沉淀鲁商集团的数字化核心能力，实现线上线下商品互通，形成集团的能力中心，支撑业务发展。

搭建数据中台，数据实时可视，优化经营决策。鲁商集团各业务板块都有自己的信息系统及ERP系统，20多年发展沉淀的数据资产被分散在各个系统中互不相通，难以充分发掘数据价值。鲁商集团与阿里云达成战略合作后，第一步就是有针对性地梳理集团数据，建设数据中台，形成新的数据引擎，支撑经营数据实时获取、查询和分析。数据中台上线后，经营数据的实时可查询有力地支撑了零售商超业务的发展。集团各个业务板块关键数据可视化，让集团领导可以随时了解各业务的运行情况。

超市销售智能预测和补货系统，提升库存周转率。对鲁商集团140多家连锁门店的运营来说，补货、库存、流转等指标是精细化运营的关键。基于数据中台，阿里云协助鲁商集团上线了超市销售智能预测和智能补货系统，通过对超市销售的历史数据和库存数据开发智能算法模型，提升库存周转率并降低缺货率。

数字化门店改造，探索新零售。鲁商集团旗下银座百货、购物中心门店众多，但运营模式较传统，管理者无法知晓每个门店的客流动线及购物喜好，无法及时了解消费者是不是会员，也基本没有线上有针对性的营销。阿里云协助鲁商集团旗下银座百货开展数字化门店改造，实时统计百货商场、购物中心门店内的客流热度，可关联到具体楼层和商户并与销售数据结合，针对性地开展会员营销工作，辅助运营调整，优化招商，调整租金和店铺位置。

4. 人民日报社，技术驱动智慧媒体转型升级

人民日报社是中央直属事业单位，有23个内设机构、1个所属事业单位（新媒体中心）、72个派出机构。2016年，人民日报社与阿里云达成合作，利用互联网和云计算技术，面向全球海量用户，构建媒体传播新阵地。2020年全国"两会"前夕，人民日报社技术部与阿里云视频云共同研发的"人民日报社AI智能编辑部"成功发布，通过人工智能技术，赋能全媒体新闻采编及生产流程。

人民日报客户端全面上云。人民日报客户端拥有1.1亿下载量，是移动互联网上的主流新闻门户。人民日报客户端的全面上云主要做了四件事：一是实现架构进一步优化，利用水平扩展、弹性伸缩等云计算能力，更好地满足用户量快速增长的需求；二是利用阿里云CDN（内容分发网络）、无线加速CAS（中央认证服务）、视频云、移动数据分析等技术，从产品性能、客户体验、安全性等方面，为人民日报客户端提供保障；三是阿里云大数据平台，构建移动数据平台进行数据分析，提升数据处理能力；四是基于阿里云专业化运维能力，让客户端获得更加可靠的业务连续性保障。

AI编辑部，实现新闻生产全流程智能化。2019年，人民日报智慧媒体研究院、传播内容认知国家重点实验室相继成立，以人工智能技术为研究核心，向媒体业务的智能化转型发展。阿里云视频云AI编辑部，通过人工智能技术赋能媒体智能化生产全流程，支持分层解耦与其他业务流程进行配合。AI智能编辑部的主要功能包括：云上精编、智能海报、一键特写，高效处理素材；多模搜索，精准查找；智能审核，严格把关。

融合阿里云在人工智能、云计算、大数据方面的技术，"人民日报社AI智能编辑部"顺应了重大报道移动化、视频化、智能化的发展趋势，用AI赋能报社全媒体生产，进一步提升了新闻生产力。

后　记

　　近年来，互联网、大数据、云计算、人工智能、区块链等技术日新月异，不断为人类社会提供新的劳动工具和劳动方法，不断拓展人类社会经济系统的存在空间。人类社会从单一的物质的实体世界，逐渐走向了实体与数字两个维度融合发展的全新时代。在数字时代中，社会经济系统的基础规则在发生改变，人类亟须对这一融合系统的规律进行观察、总结，并进而创新出具有中国特色、世界领先的新经济理论体系，也就是数字经济理论体系。虽然经典经济学的一些基本原理依然适用于实体数字系统，但因为人类社会系统底层特征的改变，这些基本原理也需要补充和发展。寻找"实体＋数字"社会经济系统的内在规律，也就成为数字经济理论体系的发展方向。

　　从一般意义上来看，西方经济理论是与西方千百年来形成的哲学思想一致的，都充分体现了还原论对世界本源的认知途径。这种分解式的思维模式与工业时代所需要的大规模机械化生产有着天然的契合，因此按照这种思维模式所总结出的经济、管理、治理理论，也都有着工业分工的痕迹，是对当时生产关系的观察、总结和推理。随着数字生产力的普及，人类对世界的认知方式又开始从局部走向整体，我们可以借助数字技术观察到系统中每个细微部分之间的数据联系，而这种联系在工业时代因其微不足道而往往被忽略。这些联系一旦被发现，就可以在数字系统中不断被增强，从而变得不可被忽略，甚至成为主宰系统的新要素。所以，数字技术让人类社会开始进入系统论主宰的时代，系统思维成了建设数字经济的主要思维方式。不难发现，中国传承千年的哲学思想就是以系统论为主的，无论是老子、庄子还是孔子、孟子，都在天地人的系统中寻找世界的自然规律。近现代以来，从毛泽东思想到邓小平理论，再到"三个代表"重要思想、科学发展观，以及习近平总书记提出的新时代中国特色社会主义思想，都充分体现了系统思维模式，因此也都是指引数字经济发展的重要理论。正是这种思维模式的一致性，中国在构建数字经济理论体系、探索数字经济发展路径上会有一定的优势。中国政府准确把握了数字经济的思维模式和发展方向，在理论和实践上都已经做了具有前瞻性和卓有成效的工作。

2000年习近平总书记在福建工作期间就提出了建设"数字福建"，2003年在浙江工作期间又提出建设"数字浙江"。2016年在十八届中央政治局第三十六次集体学习时强调要做大做强数字经济、拓展经济发展新空间；同年在二十国集团领导人杭州峰会上首次提出发展数字经济的倡议，得到各国领导人和企业家的普遍认同；2017年在十九届中央政治局第二次集体学习时强调要加快建设数字中国，构建以数据为关键要素的数字经济，推动实体经济和数字经济融合发展；2018年在中央经济工作会议上强调要加快5G、人工智能、工业互联网等新型基础设施建设；2021年习近平总书记在致世界互联网大会乌镇峰会的贺信中指出，要激发数字经济活力，增强数字政府效能，优化数字社会环境，构建数字合作格局，筑牢数字安全屏障，让数字文明造福各国人民。党的十八届五中全会提出，实施网络强国战略和国家大数据战略，拓展网络经济空间，促进互联网和经济社会融合发展，支持基于互联网的各类创新。党的十九大提出，推动互联网、大数据、人工智能和实体经济深度融合，建设数字中国、智慧社会。党的十九届五中全会提出，发展数字经济，推进数字产业化和产业数字化，推动数字经济和实体经济深度融合，打造具有国际竞争力的数字产业集群。中国出台了《网络强国战略实施纲要》《数字经济发展战略纲要》，从国家层面部署推动数字经济发展。这些战略布局和实践，充分体现了中国的系统哲学体系与数字经济发展的高度一致性，也揭示了数字经济在中国社会经济系统中会得到大发展的必然性。

习近平总书记在《不断做强做优做大我国数字经济》一文中进一步强调，"综合判断，发展数字经济意义重大，是把握新一轮科技革命和产业变革新机遇的战略选择。一是数字经济健康发展，有利于推动构建新发展格局。构建新发展格局的重要任务是增强经济发展动能、畅通经济循环。数字技术、数字经济可以推动各类资源要素快捷流动、各类市场主体加速融合，帮助市场主体重构组织模式，实现跨界发展，打破时空限制，延伸产业链条，畅通国内外经济循环。二是数字经济健康发展，有利于推动建设现代化经济体系。数据作为新型生产要素，对传统生产方式变革具有重大影响。数字经济具有高创新性、强渗透性、广覆盖性，不仅是新的经济增长点，而且是改造提升传统产业的支点，可以成为构建现代化经济体系的重要引擎。三是数字经济健康发展，有利于推动构筑国家竞争新优势。当今时代，数字技术、数字经济是世界科技革命和产业变革的先机，是新一轮国际竞争重点领域，我们一定要抓住先机、抢占未来发展制高点"。

《数字经济：内涵与路径》这本书的最初构想就是在中国近些年在数字经济领域的伟大实践的基础上，总结提炼中国数字经济发展的一般规律，分析解决遇到的一些问题，讨论提出一些可能的发展方向。三位作者虽然分别来自政、研、产三个领域，但都具有统一的数字思维模式和对中国数字经济发展的共同认知，并由此形成了本书的逻辑架构和理论体系。本书的很多总结和表述都来自笔者多年来的实践工作，这些观点在当时特定的环境中有一定的正确性，但也难免会失之偏颇，敬请读者谅解。

2022年4月25日，习近平总书记在中国人民大学考察时强调，"加快构建中国特色哲学社会科学，归根结底是建构中国自主的知识体系"。数字经济已经成为建构中国自主知识体系的重要领域，只要我们坚持以中国为观照、以时代为观照，立足中国实际，解决中国问题，努力把中华优秀传统文化思想与数字技术相结合，在中国海量数据和丰富应用场景优势基础上，不断推进数字经济领域的知识创新、理论创新、方法创新，具有中国特色的数字经济理论就一定可以屹立于世界学术之林。

本书的部分案例由百度集团、腾讯公司、京东消费及产业发展研究院、阿里云提供，正是这些数字经济先行者的努力探索，为中国数字经济的发展奠定了坚实的基础，他们在数字产业化、产业数字化领域的很多实践也是本书理论总结的基础，在此对他们的智慧贡献表示感谢！

参考文献

［1］ 吴国林.量子计算及其哲学意义［J］.人民论坛·学术前沿，2021（07）：21-37.

［2］ 赛迪顾问.量子计算技术创新与趋势展望［J］.软件与集成电路，2021（9）：64-70.

［3］ 章岩扉.量子计算机的原理、发展及应用［J］.内燃机与配件，2018（7）：224-225.

［4］ 叶明勇，张永生，郭光灿.量子纠缠和量子操作［J］.中国科学：G辑，2007，37（6）：716-722.

［5］ 叶珍珍，范琼，汤书昆.欧美量子科技政策及其背后相关科学家分析［J］.世界科技研究与发展，2021，43（01）：77-88.

［6］ 王立娜，唐川，田倩飞，等.全球量子计算发展态势分析［J］.世界科技研究与发展，2019，41（06）：569-584.

［7］ 参考消息.日本公布量子技术国家战略草案［EB/OL］.(2022-04-08）.https://baijiahao.baidu.com/s?id=1729541613105966319&wfr=spider&for=pc.

［8］ 郭国平.量子计算政策发展与应用研究综述［J］.人民论坛·学术前沿，2021（07）：57-63.

[9] 芯智讯.达摩院公布量子计算重大进展，新型量子比特挑战传统比特[EB/OL].（2022-03-25）.https://xueqiu.com/2156146731/215194638.

[10] 光子盒.硅量子计算的重大突破，同时三篇论文实现2Q门保真度99%以上[EB/OL].（2022-01-24）.https://baijiahao.baidu.com/s?id=1722817237254278089&wfr=spider&for=pc.

[11] 周武源，张雅群，许丹海，等.全球量子计算专利态势分析[J].中国发明与专利，2021，18（07）：35-43.

[12] 中国科学报.57个量子比特！科学家造就迄今最大时间晶体[EB/OL].（2022-03-05）.https://m.thepaper.cn/baijiahao_16962276.

[13] 新华网.最快！我国量子计算机实现算力全球领先[EB/OL].（2020-12-04）.http://www.xinhuanet.com/2020-12/04/c_1126818952.htm.

[14] 瞭望智库."第二次量子革命"，会带给我们什么未来？[EB/OL].（2021-12-22）.https://www.huxiu.com/article/483942.html.

[15] 环球网.它只用了200秒就完成了超算6亿年的计算量[EB/OL].（2021-03-04）.https://baijiahao.baidu.com/s?id=1693259727008825134&wfr=spider&for=pc.

[16] Arthur Herman, Idalia Friedson.Quantum Computing：How to Address the National Security Risk[R/OL].https://s3.amazonaws.com/media.hudson.org/files/publications/Quantum18FINAL4.pdf.

[17] 中国信通院.量子通信技术应用与发展[EB/OL].（2015-08-10）.http://www.caict.ac.cn/kxyj/caictgd/201804/t20180428_159157.htm.

[18] 量子客.欧盟所有27个成员国承诺，共同建设欧盟的量子通信基础设施[EB/OL].（2021-07-29）.https://www.qtumist.com/

post/18222.

［19］ 光明日报.我国构建全球首个星地量子通信［EB/OL］.（2021-01-08）.http://www.gov.cn/xinwen/2021-01-08/content_5577894.htm.

［20］ 许华醒.量子通信网络发展概述［J］.中国电子科学研究院学报，2014，9（03）：259-271.

［21］ 港股解码.量子黑科技上升为国家战略，量子通信概念股强势大涨［EB/OL］.（2020-10-19）.https://www.jiemian.com/article/5134059.html.

［22］ 脑极体.伟大前程与技术难关：量子机器学习该如何走进现实？［EB/OL］.（2020-06-10）.http://xysti.cn/index.php?c=article&cateid=A0002&id=4805.

［23］ CSDN.机器学习框架_谷歌开源 TensorFlow Quantum，用于训练量子模型的机器学习框架［EB/OL］.（2020-12-08）.https://blog.csdn.net/weixin_39853590/article/details/111346278.

［24］ 刘伟洋，于海峰，薛光明，等.超导量子比特与量子计算［J］.物理教学，2013，35（07）：2-5.

［25］ 中国电子学会，众诚智库咨询顾问（北京）有限公司，伏羲九针智能科技（北京）有限公司.2021全球脑科学发展报告［R］.2021.

［26］ 国务院关于印发"十三五"国家科技创新规划的通知［Z］.2016-08-08.

［27］ 蒲慕明.脑科学研究的三大发展方向［J］.中国科学院院刊，2019，34（7）：807-813.

［28］ Markram H，Meier K，et al. The Human Brain Project：A Report to the European Commission［R］.Technical Report，2012.

［29］ 余山.从脑网络到人工智能——类脑计算的机遇与挑战［J］.科

技导报，2016，34（7）：75-77.

[30] 莫宏伟，丛垚.类脑计算研究进展[J].导航定位与授时，2021，8（4）：53-67.

[31] 陈怡然，李海，陈逸中，等.神经形态计算发展现状与展望[J].人工智能，2018（2）：46-58.

[32] 王巍.美欧积极发展新兴类脑微处理器[J].中国集成电路，2014，23（11）：87-90.

[33] 王东辉，吴菲菲，王圣明，等.人类脑科学研究计划的进展[J].中国医学创新，2019（7）：168-172.

[34] 张旭，刘力，郭爱克."脑功能联结图谱与类脑智能研究"先导专项研究进展和展望[J].中国科学院院刊，2016，31（7）：737-746.

[35] 毛磊，姚保寅，黄旭辉，等.类脑计算芯片技术发展及军事应用浅析[J].军事文摘，2021（7）：57-61.

[36] 施路平，裴京，赵蓉.面向人工通用智能的类脑计算[J].人工智能，2020（1）：6-15.

[37] 张鑫.类脑计算：未来技术和产业"锻长板"突破口[J].新经济导刊，2021（3）：18-21.

[38] Zhang, Y., Qu, P., Ji, Y. et al. A system hierarchy for brain-inspired computing[J]. Nature, 2020（586）：378-384.

[39] 陈子龙，程传同，董毅博，等.忆阻器类脑芯片与人工智能[J].微纳电子与智能制造，2019（4）：58-70.

[40] Yao P., Wu H., Gao B., et al. Fully hardware-implemented memristor convolutional neural network[J]. Nature, 2020.

[41] 边缘计算产业联盟.边缘计算产业联盟白皮书[R].2016.

[42] 雷波.整合多方资源 算力网络有望实现计算资源利用率最优[J].通信世界，2020（8）：39-40.

[43] C114通信网.中国移动研究院发布国内首个《算力感知网络技术白皮书》[EB/OL].(2019-12-10)[2022-04-12].http://www.c114.com.cn/news/118/a1111108.html.

[44] 中国联通网络技术研究院.中国联通算力网络白皮书[R].2019.

[45] 中国联合网络通信有限公司.中国联通算力网络实践案例(2021)[R].2021.

[46] 中国移动通信集团有限公司.中国移动算力网络白皮书[R].2021.

[47] 唐雄燕,张帅,曹畅.夯实云网融合,迈向算网一体[J].中兴通讯技术,2021,27(3):42-46.

[48] 王禹蓉.中国联通—华为算力网络联合创新实验室广东示范基地正式成立[EB/OL].(2021-09-29)[2022-04-12].http://www.cww.net.cn/article?id=492078.

[49] 高瑞东,刘星辰.拜登刺激法案提升美国增长预期[J].中国改革,2021(5):57-65.

[50] 王晓菲.《数字罗盘2030》指明欧洲未来十年数字化转型之路[J].科技中国,2021(6):96-99.

[51] 中华人民共和国国民经济和社会发展第十四个五年规划和2035年远景目标纲要[Z].2021-03-13.

[52] 关于加快构建全国一体化大数据中心协同创新体系的指导意见[Z].2020-12-23.

[53] 关于印发《全国一体化大数据中心协同创新体系算力枢纽实施方案》的通知[Z].2021-5-24.

[54] 工业和信息化部关于印发《新型数据中心发展三年行动计划(2021—2023年)》的通知[Z].2021-07-04.

[55] 王若林.Uber还是滴滴快的,谁更能体现共享经济的未来?[J].

互联网周刊，2015（10）：22-23.

[56] MEEKER M. Internet trends 2017［R/OL］. 2017. https://www.kleinerperkins.com/ perspectives/internet-trends-report-2017.

[57] IT桔子. 2020—2021中国新经济十大巨头投资布局分析报告［R］. 2021.

[58] 孟天广. 政府数字化转型的要素、机制与路径——兼论"技术赋能"与"技术赋权"的双向驱动［J］. 治理研究，2021，37（01）：5-14+2.

[59] 赵峥. 地方数字治理：实践导向、主要障碍与均衡路径［J］. 重庆理工大学学报（社会科学），2021，35（04）：1-7.

[60] 赵亮. 数字治理视角下地方政府公共服务能力提升路径研究——以Z市为例［D］. 南宁：广西大学，2020.

[61] 万相昱，苏萌. 数字化治理：大数据时代的社会治理之道［EB/OL］.（2020-12-10）. https://www.sohu.com/a/437462119_100016190.

[62] 张建峰. 数字治理：数字时代的治理现代化［M］. 北京：电子工业出版社，2021.

[63] 徐继华，冯启娜，陈贞汝. 智慧政府：大数据治国时代的来临［J］. 中国科技信息，2014（Z1）：108.

[64] 郁建兴，高翔. 以数字化改革提升政府治理现代化水平［EB/OL］.（2022-03-07）. https://nic.zjgsu.edu.cn/2022/0307/c2953a118613/page.htm.

[65] 罗敏，张佳林，陈辉. 政府职能转变与政府建设的三维路向［J］. 社会科学家，2021（05）：145-149.

[66] 岳嵩. 新时代政府职能转变的四个向度［J］. 人民论坛，2019（11）：50-51.

[67] 陈水生. 公共服务需求管理：服务型政府建设的新议程［J］. 江

苏行政学院学报，2017（01）：109-115.

[68] 陈文.政务服务"信息孤岛"现象的成因与消解［J］.中国行政管理，2016（07）：10.

[69] 任豪.数字经济的信用监管［EB/OL］.（2019-12-19）.https://credit.yuncheng.gov.cn/doc/2019/12/19/2178.shtml.

[70] 吴晶妹.我国信用服务体系未来："五大类"构想与展望［J］.征信，2019，37（08）：7-10+92.

[71] 毛振华，陈静.数据要素市场化的核心［EB/OL］.（2021-07-09）.http://k.sina.com.cn/article_5367424460_13fec65cc01900veap.html.

[72] 吴晓灵.构建面向数字时代的金融科技监管框架［EB/OL］.（2021-11-16）https://baijiahao.baidu.com/s?id=1716573863307778742&wfr=spider&for=pc.

[73] 麦肯锡.三大创新打造国际一流的营商环境［EB/OL］.https://www.mckinsey.com.cn/三大创新打造国际一流的营商环境/.

[74] 腾讯研究院."监管沙盒"——开启数字治理探索之路［EB/OL］.（2021-03-05）.https://new.qq.com/rain/a/20210305A0BUXY00.

[75] 薛洪言.监管沙盒有何局限性？［EB/OL］.（2020-02-16）.https://baijiahao.baidu.com/s?id=1658663098540098454&wfr=spider&for=pc.